Hommage à Matila C. Ghyca
Hommage à Jay Hambidge

L'ARCHITECTURE CACHÉE

OUVRAGES DU MÊME AUTEUR

publiés aux Éditions Dervy-Livres,
dans la collection « *Architecture et Symboles sacrés* »

LES NOMBRES CACHÉS, Ésotérisme arithmologique (1978)

LA FORME INITIALE, Symbolisme de l'architecture traditionnelle (1985)

Collection "Architecture et Symboles Sacrés"

GEORGES JOUVEN
Architecte en Chef des Monuments Historiques

L'ARCHITECTURE CACHÉE

Tracés harmoniques

DERVY-LIVRES
26, rue Vauquelin
PARIS Ve

Ouvrages dans la Collection
« Architecture et Symboles sacrés »

Angkor au centre du monde, par Pierre GRISON

Du symbole et de la symbolique, par R.A. SCHWALLER de LUBICZ

Nombre d'or (Le). Clé du monde vivant, par DOM NEROMAN

Principes et méthodes de l'Art Sacré, par Titus BURCKHARDT

Temple dans l'homme (Le), par R.A. SCHWALLER de LUBICZ

Temple de l'Homme (Le), Apet du Sud à Louqsor. Contribution à l'étude de la pensée pharaonique. Trois tomes, 1 200p., 101 pl., 300 fig., par R.A. SCHWALLER de LUBICZ.

Temples de Karnak (Les), par R.A. SCHWALLER de LUBICZ Photographies de *Georges et Valentine de Miré*. Notices, schémas et dessins de *Lucie Lamy*. Relié toile.

© *Dervy-Livres*, Paris, 1979-1986

Tous droits de traduction, de reproduction
et d'adaptation du texte et des gravures
réservés pour tous les pays, y compris l'U.R.S.S.

N° ISBN : 2.85076.104.4

INTRODUCTION

Certains auteurs, pensant que nos ancêtres avaient inclus le Beau dans leurs œuvres par des procédés secrets, se sont livrés à des recherches pour retrouver ces procédés et disposer ainsi d'un système esthétique universel applicable à l'architecture et aux autres arts.

Poussés par l'espoir de découvrir ce mystérieux système, à la façon dont furent autrefois poussés nos ancêtres eux-mêmes par la poursuite de la quadrature du cercle ou celle du mouvement perpétuel, ces auteurs n'ont en réalité fait qu'attribuer à nos aïeux leurs propres théories et leurs propres idées, se donnant ainsi sans fondement caution et justification. Nous sommes obligés de constater que les résultats de ces recherches ont été décevants et qu'il en résulte une grande confusion.

Mais, bien que les énoncés fassent presque totalement défaut, si l'on s'astreint à considérer le problème de l'ésotérisme antique comme un fait archéologique, justiciable comme toute autre discipline d'une étude rationnelle, il apparaît effectivement que les Anciens ont mis en œuvre des pratiques ésotériques. Par la secrète inclusion dans leurs œuvres de figures chargées d'implications métaphysiques, auxquelles nous conserverons la dénomination devenue traditionnelle de « tracés harmoniques », ils pensèrent pouvoir assurer à ces œuvres une perfection comparable à la perfection de la Création divine.

Le développement de nos recherches nous ayant montré que l'ésotérisme des tracés était intimement lié à la notion plus générale d'ésotérisme des nombres qui le précédait, nous avons adopté pour en présenter les résultats la division du verset alexandrin des Écritures :

« Tu as tout ordonné avec mesures, poids et nombres. »

Sagesse, 11, 20

et l'avons scindé en deux parties : la première, intitulée *Les Nombres Cachés, ésotérisme arithmologique*, plus spécialement consacrée aux Nombres est déjà parue (1), la seconde, intitulée *L'Architecture Cachée, tracés harmoniques*, fait l'objet de cette publication. Il nous est en effet apparu que les hommes ayant eu à l'origine recours aux nombres pour tenter d'inclure à leurs créations architecturales la perfection des œuvres du Grand Architecte, la connaissance des Nombres devait précéder celle des tracés harmoniques. *L'Architecture Cachée, tracés harmoniques* fait suite à une précédente étude intitulée *Rythme et Architecture*, concernant l'architecture classique française ; parue il y a plus de vingt ans (2), cette étude demeure parfaitement valable. Nous conserverons les termes mêmes de la résolution qui la précédait : « Nous nous sommes fixé d'une façon absolue de ne rien publier qui ne soit matériellement exact et logiquement démontré. »

Nous dressons pour le lecteur à qui ce sujet est déjà familier le rapide bilan de nos récentes recherches. Après avoir exposé les origines métaphysiques de la doctrine des Anciens et ses justifications historiques, particulièrement pour le Dieu Un et son Temple, après avoir

---

(1) *Les Nombres Cachés, ésotérisme arithmologique*, Paris, 1978, éditions Dervy-Livres, 5, rue des Grands-Augustins, Paris VIe. Nous nous référerons à cet ouvrage dans le présent texte par le sigle N.C. suivi du numéro du chapitre en chiffres romains, exemple : N.C., XII.

(2) Jouven G., *Rythme et Architecture*, Les Tracés Harmoniques, publié avec le concours du Centre National de la Recherche Scientifique, Vincent Fréal, Paris, 1951, épuisé.

présenté le tracé de la Grande Pyramide débarrassé de
ses images parasites, nous donnons la première lecture
du tracé d'Ictinos pour le Parthénon. Ce tracé nous a
permis de mettre en lumière le rôle primordial du divin
module de 10 unités, dont l'utilisation fut généralisée
dans l'architecture des édifices sacrés antiques. En raison de leur intérêt pour l'ensemble de l'étude, nous
avons ensuite repris le tracé de Sainte-Sophie de Constantinople et les plus remarquables tracés de notre architecture classique française déjà présentés dans *Rythme et
Architecture*.

    Nous nous sommes efforcé de faciliter la lecture de
notre travail et de le rendre accessible à tous ceux
qu'effraie le mot « mathématiques ». La lecture d'éléments cachés, qu'ils soient arithmologiques (nombres) ou
harmoniques (architecture), ne s'invente pas : elle se
retrouve. Les principes de l'ésotérisme sont discrètement
évoqués en clair dans de nombreux ouvrages anciens : il
faut, en les lisant, ne pas oublier que le plus ardent
désir des ésotéristes du passé était que leurs messages
soient lus par ceux qui plus tard s'en trouveraient capables. C'est le désir écrit de Platon pour les rébus de
l'Ame du Monde et du Nombre nuptial ; c'est le désir
écrit de saint Jean pour les rébus du Nombre de la Bête
et de la Jérusalem céleste ; c'eût sans doute été également le désir d'Imhotep pour les sanctuaires de Saqqarah et celui d'Ictinos pour le Parthénon si leurs messages nous étaient parvenus. Il tombe donc sous le sens
que nous n'ayons pu échapper à quelques calculs pour
présenter les artifices utilisés par de telles personnalités.
C'est pourquoi, l'expérience nous ayant montré que les
mathématiques arithmologiques rebutaient les uns tout
en passionnant les autres, nous n'avons conservé dans le
texte que le minimum indispensable à sa compréhension
et reporté en annexes les connaissances permettant de
suivre les jeux d'esprit des Anciens, notamment l'étude
du système pythagoricien de la récurrence des formes
dynamiques, fondement de l'harmonie géométrique.

    L'Architecture Cachée est divisée en deux parties de
longueur sensiblement équivalente : la première traitant

de la théorie, la seconde rapportant des exemples concrets. C'est ainsi que les cinq premiers chapitres exposent les principes arithmétiques et géométriques qui de l'Antiquité à la Révolution Française ont assuré la permanence et l'unicité de la doctrine, alors que le chapitre VI et les suivants rapportent des applications concrètes de cette doctrine.

Nous recommandons à ceux de nos lecteurs qui ne sont pas familiers de ces questions, de prendre attentivement connaissance des principes théoriques des tracés avant d'en suivre les développements concrets ; cela leur permettra de comprendre comment nos ancêtres, soutenus par une doctrine devenue caduque, réalisèrent alors des chefs-d'œuvre que toutes nos actuelles connaissances ne nous ont pas permis de surpasser.

Terminologie :

On pourra remarquer que tout au long de cette étude, nous désignons par le vocable d'initiés les architectes qui mirent en œuvre des Tracés. Si ce qualificatif convient parfaitement à Ictinos et aux Antiques de l'époque du secret pythagoricien et platonicien, nous pensons qu'il dépasse quelque peu nos confrères du XVIIIe siècle, même lorsqu'ils reçurent l'initiation maçonnique, ce qui ne fut pas, de loin, le cas pour tous. Nous avons cependant adopté, pour la facilité de l'exposé, ce qualificatif simplificateur ; chacun pourra l'ajuster suivant les époques et ramener à l'Ésotérisme ce que l'Initiation aurait d'excessif.

Le vocable d'« Architecture traditionnelle » sera utilisé pour désigner l'Architecture tracée.

CHAPITRE PREMIER

LA QUERELLE DES ANCIENS ET DES MODERNES

La nature du Beau
L'Affaire de la Colonnade du Louvre

> « Cela est-il beau parce que cela plaît ? Ou bien cela plaît-il parce que cela est beau ? »
>
> Saint Augustin
> *De vera religione*,
> chap. 30

Cet exergue emprunté à saint Augustin (354-430) pose avec élégance le problème de la nature du beau ; il témoigne aussi qu'il y a bien longtemps que cette question préoccupe nos ancêtres. Nous souhaitons montrer ici comment la métaphysique des mathématiques fut autrefois appliquée aux œuvres architecturales et cela depuis plus de quarante siècles.

Ce n'est qu'à la période moderne qu'un débat s'est instauré à ce sujet, car pour la philosophie antique ce n'était pas un problème ; toute l'Antiquité pensante a considéré que les mathématiques étaient la représentation sur terre de l'absolu divin et nous n'avons jamais trouvé trace d'une opinion contraire. Les sceptiques et les non-initiés, s'ils doutaient, doutaient en silence. Ainsi l'inclusion des divines mathématiques dans une œuvre construite constituait une garantie de Beauté ; savoir les incorporer à un monument donnait la certitude de se conformer aux règles de la Création, garantes de la Perfection divine ; le concept de beauté s'effaçait ainsi devant celui beaucoup plus absolu de Perfection.

La discussion n'est donc devenue publique qu'à la période moderne, à l'occasion de la diffusion des doctrines rationalistes. Deux théories répondant à deux attitudes philosophiques contraires s'opposèrent alors ; elles servent encore aujourd'hui de point de départ aux discussions sur ce problème du passé.

Les uns soutiennent, à la manière des Anciens, que les mathématiques sont le fondement du monde intelligible et du monde visible, de l'esprit et de la matière. Les proportions possèdent donc, comme les idées, une existence en soi ; elles sont la conséquence des médiétés arithmétiques, géométriques ou harmoniques, expression de la divine perfection dérivant de la nature même du nombre, étudiée par les Initiés, tels que Pythagore et Platon. Par suite, toute ligne, toute surface, tout volume dont les éléments sont disposés conformément à ces proportions reflètent l'idée de la Beauté. Cette beauté repose ainsi sur un fondement objectif, indépendant de l'homme même, indépendant aussi de toutes les variations de ses goûts, de tous les caprices de sa sensibilité ; elle est générale, universelle, éternelle. Pour les Anciens, cette beauté abstraite avait en outre le suprême mérite d'être l'expression de l'absolu divin ; il en résultait que les discussions qui auraient mis en doute les vertus de la beauté de l'abstraction mathématique originelle couraient le risque d'être taxées d'impiété.

Les autres combattent cette croyance aux idées-essences que les cartésiens français déclaraient innées. Ils estiment, comme les sensualistes anglais, que la beauté est un fait d'expérience et que les proportions sont une création de l'homme.

CHAPITRE I

Le problème ainsi posé, nous l'avons déjà dit, est insoluble.

Il s'agit en effet d'une question subjective, domaine non justifiable de démonstrations rationnelles, chacun conservant à ce sujet son initiative spirituelle et la maîtrise de sa pensée ; seuls les initiés croyaient savoir et pouvoir communiquer par le procédé des tracés (on pourrait dire l'artifice des tracés), objet de cette étude, les vertus des proportions, éléments éminemment abstraits, aux éléments matériels concrets de leurs constructions. Dans le domaine voisin des correspondances chiffrées, qui a fait l'objet de la première partie de cette étude, il semble que l'Antiquité classique ne se soit pas posé autant de questions au sujet des correspondances isopséphiques et gématriques (NC, XII) ; l'artifice de correspondance entre le Verbe divin et le Verbe humain était, à défaut de rigueur, si simple qu'il était intelligible par tous ; au contraire, nous verrons bientôt que le procédé autrefois utilisé par les architectes pour assurer la correspondance de l'abstraction des nombres et de la géométrie avec leurs œuvres était beaucoup plus subtil tout en présentant un aspect indéniablement concret et réel.

Enfin, nous nous trouvons là devant un phénomène du temps passé ; nos analyses nous ont montré que la mise en œuvre des tracés harmoniques, expression de la métaphysique mathématique, a cessé à la Révolution ; on ne peut guère en effet considérer comme un renouveau ou l'expression d'une continuité l'utilisation par quelques architectes contemporains de renom (Vidal, Le Corbusier) de la géométrie platonicienne dynamique. Le phénomène des tracés harmoniques est passé et bien passé.

Aussi nous bornerons-nous à l'examiner et le décrire comme un fait disparu, en cernant au mieux les époques actives d'application de cette métaphysique.

Pour prendre aisément conscience du problème, nous relaterons tout d'abord un épisode assez proche de notre temps pour que nous puissions encore nous représenter sans trop d'effort l'esprit des personnages et leurs actions. C'est un épisode architectural bien connu de la Querelle des Anciens et des Modernes, concernant la construction de la Colonnade du Louvre et la création de l'Académie d'Architecture. Nous le rapportons d'autant plus volontiers qu'il fut, à notre connaissance, le seul affrontement public entre traditionalistes et novateurs, entre initiés et non-initiés.

La Querelle des Anciens et des Modernes a rempli de son tumulte la France de la fin du XVII siècle et du début du XVIII ; elle nous arrivait d'Italie, où elle avait en bref pris naissance sur le thème : « Pétrarque et Dante valent bien Homère et Platon. » Le débat passa les frontières et la querelle devint chez nous générale, totale et passionnée (lettres, arts, mœurs).

L'étonnant comportement des architectes du Roi, s'opposant au tout-puissant Colbert, a été traditionnellement considéré comme une conséquence de rivalités professionnelles, alors qu'on ne peut comprendre leur obstination qu'en replaçant cette lutte dans le cadre de l'affrontement entre deux tendances spirituelles : d'un côté l'ésotérisme traditionaliste initié des Anciens s'appuyant sur la doctrine métaphysique des tracés, de l'autre l'esprit des Modernes s'appuyant sur la matérialité de la Tradition dégagée de toute préoccupation métaphysique.

Colbert (1619-1683), sans doute le plus grand bâtisseur depuis l'Antiquité, qui avait déjà en puissance la haute main sur les constructions du Roi, fut nommé « Surintendant et Ordonnateur Général des Bâtiments, Arts, Tapisseries et Manufactures de France » en 1664. Il aurait aimé inspirer le nouveau style et présider à la formation du nouveau goût ; malgré ses qualités bien connues (intelligence, amour du travail, ténacité, efficacité), pas plus sa formation que sa personnalité ne le préparaient à être un promoteur en cette matière. Il s'opposa donc bientôt à Le Vau, premier architecte, traditionaliste et initié, soutenu par le Roi, qui ne voyait pas d'un bon œil régner dans ce domaine réservé ce fils de drapier, autoritaire et peu compétent (du moins Le Vau le pensait-il).

Puisqu'il en était ainsi, Colbert, se tournant ailleurs, décida de renouveler le personnel et l'esprit de la Surintendance.

Il avait pour ami le Receveur Général des Finances de Paris, Perrault, aussi séduisant que beau, aîné de la tribu des Perrault, composée de cinq frères remarquables et tous Modernes déterminés. Dans les bureaux du Receveur travaillait son jeune frère Charles qui, s'étant pris de passion pour l'architecture après de banales études de droit à Orléans, faculté alors quelque peu périphérique, meublait ses loisirs par la réalisation de quelques travaux de transformation et d'adjonctions à la maison de famille de Viry ; il appartenait donc à cette espèce que redoutent les professionnels : l'amateur éclairé plein d'esprit qui, dans un domaine qui le passionne, en sait, ou tout au moins pense en savoir plus que quiconque et que les professionnels en particulier.

Colbert nomma donc en 1663 Charles Perrault (1628-1703) premier Commis de la Surintendance, charge que celui-ci conserva quinze ans, jusqu'en 1678 ; il ne la quitta qu'à la suite de la brouille entre Colbert et le Receveur des Finances, convaincu de quelque irrégularité comptable.

Colbert était normalement secondé dans sa charge par trois Intendants et trois Contrôleurs, formant avec lui le Conseil des Bâtiments du Roi, et par une petite Commission composée de Le Vau, Premier Architecte, Charles Le Brun, Premier Peintre, et François Mansart, ancien Premier Architecte. Cette Commission choisissait à l'origine les architectes et décidait de l'architecture des projets ; mais bientôt ce fut Charles Perrault qui décida tout et pratiquement fut le Maître de la Construction, et ceci presque jusqu'à la fin de sa carrière.

Aussi, à la mort de François Mansart en 1666, Charles Perrault fit nommer pour lui succéder à la petite Commission, celui qui allait devenir le théoricien des Modernes, son frère le médecin, Claude Perrault (1613-1688), son aîné de quinze ans, remarquable savant, membre de l'Académie des Sciences, se piquant également d'architecture, mais n'ayant jamais rien construit ; cela fit déjà fortement murmurer la vieille garde.

A quelque temps de là, à la suite du renvoi du Bernin (1) que Louis XIV avait fait venir de Rome pour lui confier l'achèvement de la façade du Louvre sur Saint-Germain-l'Auxerrois, Colbert réunit son petit Conseil et le chargea de réaliser lui-même cet ouvrage.

Le petit Conseil, qui décida de se décharger sur l'architecte d'Orbay de l'établissement matériel des dessins, ne put se mettre d'accord sur un parti architectural.

Le Vau, Premier Architecte du Roi, Le Brun, Premier Peintre du Roi, ne purent résister longtemps à l'assaut combiné des Perrault et le médecin-architecte, protagoniste de l'idée d'une colonnade déjà présentée par Léonor Houdin en 1661, procéda quasiment seul à la construction (secondé par d'Orbay).

On démolit donc les fondations du Bernin. En 1670, le gros-œuvre de l'actuelle colonnade était achevé ; en 1672, on posait le fronton ; en 1678, on songeait à couvrir le bâtiment.

*
* *

Mais l'affaire avait fait du bruit : comment le frère du Premier Commis, médecin sans expérience, rejetant les règles traditionnelles de composition et de construction, pouvait-il avoir été chargé d'un des deux plus beaux chantiers de France (l'autre étant Versailles avec Le Vau).

Au point de vue de la composition, les Anciens reprochaient à la Colonnade son aspect théâtral dû à l'ordre colossal double que nous connaissons.

---

(1) Le Cavalier Bernin, architecte, peintre et sculpteur italien, né à Naples en 1587, mort à Rome en 1680.
Il a modelé la Rome moderne ; il venait de terminer la Colonnade de Saint-Pierre de Rome (1663) lorsque Louis XIV l'appela en 1665 pour terminer la façade du Louvre, du côté de Saint-Germain-l'Auxerrois. Il commença les travaux de cette façade, mais son irascibilité et ses prétentions le firent remercier avant 1666.

Surent-ils ou ignorèrent-ils que les projets dessinés par l'architecte François d'Orbay, suivant un parti indiscutablement imaginé par Claude Perrault, étaient « tracés » dans la meilleure tradition des Anciens ? Louis Hautecœur avait déjà signalé que la Colonnade du Louvre faisait partie des nombreux monuments dont les hauteurs de soubassement et d'étage sont en proportion divine (rapport ϕ).

De plus, dès la création de l'Académie d'Architecture en 1671, François II d'Orbay (1631-1697) avait été nommé académicien par le Roi. Comme il était l'élève et le gendre de Le Vau, 1er architecte, notable Ancien, et que les nominations des premiers académiciens se firent par cooptation, il était possible d'avoir quelques soupçons. Nous avons donc procédé à l'analyse du dessin original reproduit par L. Hautecœur (*L'Architecture Classique*, t. II, 1, p. 448) et trouvé sans surprise un très simple tracé classique de thème V 5 (fig. 1, voir ci-dessous, pp. 18 et 19).

Quant à la construction, la technique en était déplorable : les armatures de fer dont Perrault avait truffé la colonnade firent éclater la pierre et Jacques-Ange Gabriel (1703-1782), architecte du Roi, dut pratiquement la reconstruire en 1735 ; le détail ne valait guère mieux : les chéneaux n'évacuèrent pas l'eau, les menuiseries n'étaient pas conformes, etc., etc.

C'est à cette époque que Claude Perrault, grand érudit et infatigable travailleur, désireux d'asseoir sur de solides bases la doctrine des Modernes, dont il se trouvait par sa position être chef de file, publia une remarquable traduction illustrée de Vitruve : *Les dix livres d'architecture de Vitruve corrigés et traduits nouvellement en français, Paris, 1673*, accompagnés de commentaires.

Ce sont ces commentaires, alors âprement discutés, qui constituèrent la Doctrine des Modernes.

Et lorsque son frère Charles eut quitté la Surintendance et qu'il l'eut bien entendu suivi, il publia encore *L'Ordonnance des cinq espèces de colonnes selon la*

18 L'ARCHITECTURE CACHÉE

méthode des Anciens, 1683, qui ne connut, et pour cause, qu'un médiocre succès.

*
* *

Pendant ce temps, la résistance des Anciens s'organisait autour de celui qui allait devenir leur théoricien, François Blondel, Ingénieur-Architecte (1617-1686), non moins illustre personnalité que son rival Charles Perrault.

François Blondel, type d'honnête homme du XVIIe siècle, grand voyageur dans sa jeunesse, était venu à

Fig. 1

Dessin et tracé de la Colonnade du Louvre

Archives nationales, O¹ 1667

CHAPITRE I

l'architecture séduit par la beauté des monuments des grandes villes d'Europe, d'Afrique du Nord et d'Asie Mineure qu'il avait visitées. Ses bonnes relations avec Colbert lui valurent successivement d'être chargé de la reconstruction du Pont de Saintes, des fortifications de Rochefort, de la Provence et de la Saintonge, puis de celles des Isles d'Amérique.

A son retour des Isles, il fut nommé membre de l'Académie des Sciences, comme l'était déjà Claude Perrault, Conseiller et Professeur du Roi en Mathématiques, Maréchal de Camp, Maître de Mathématiques du Dauphin, Seigneur des Croisettes et de Gaillardon et fut, en 1671, chargé de la construction de la Porte Saint-Denis, son œuvre la plus connue.

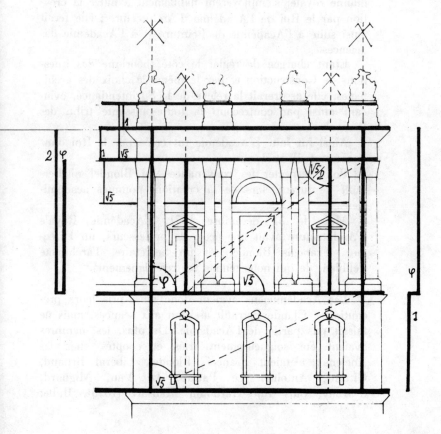

Ses très savants écrits sur l'architecture, telle la *Résolution des quatre principaux problèmes d'Architecture*, sont aujourd'hui illisibles et le laborieux *Tracé en un seul trait continu du galbe des colonnes*, l'un de ces « quatre principaux problèmes », est aux antipodes du charme de *Peau d'Ane* ou de *Cendrillon* des *Contes de ma mère l'Oye* qu'écrivit le séduisant Charles en 1697 pour meubler sa disgrâce.

Par bonheur, le « Cours d'Architecture » que Blondel professa de 1675 à 1688 à l'Académie et qui constituait le catéchisme des Anciens est au contraire fort intéressant ; nous allons longuement nous y référer.

Les Anciens donc, ne pouvant s'attaquer directement à la Surintendance des Bâtiments, dispensatrice de la manne royale, s'employèrent habilement à hâter la création par le Roi de l'Académie d'Architecture ; elle ferait ainsi suite à l'Académie de Peinture et à l'Académie des Sciences.

Etant chargée de régler le côté théorique des questions de Construction et par là même le choix des architectes, elle assurerait la relève de la Surintendance, évinçant ainsi par contrecoup la toute-puissante tribu des Perrault.

Ainsi fut fait. L'Académie fut créée par le Roi dans le courant de 1671.

Pour respecter les convenances, ni Blondel ni Perrault ne furent, lors de la création, nommés académiciens.

Mais le 31 décembre 1671, l'Académie Royale d'Architecture avait une école de professeurs, un Directeur, François Blondel, et un Secrétaire, l'architecte Félibien, de qui nous tenons ces renseignements.

Les Académiciens avaient donc ainsi pris leurs précautions : Claude Perrault assistait aux séances, mais ne faisait pas partie de l'Académie. De plus, les membres avaient été soigneusement triés et cooptés chez les Anciens : c'étaient François Blondel, Libéral Bruand, Gittard, Antoine, Le Pautre, Le Vau, Mignard, d'Orbay, puis Jules-Hardouin Mansart (1675), Bullet

(1685), c'est-à-dire tous ceux que nos analyses nous ont révélé être des initiés, tous donc foncièrement opposés tant aux Perrault qu'aux doctrines modernes.

*
* *

Colbert, qui perdait ainsi la mainmise sur l'architecture, fut le grand vaincu de cette affaire : les Anciens avaient triomphé et l'Académie présida jusqu'à la Révolution aux destinées de l'architecture sans nouveau conflit. Mais ce simple combat, auquel on ne prêta alors guère attention, constituait, tant pour la Tradition que pour la Société, les premiers symptômes d'un mal profond, contre lequel on ne peut rien : la vieillesse.

Un siècle plus tard, l'édifice traditionnel allait s'écrouler, non pas tant parce qu'il était mauvais (les cahiers de doléances, déposés à la veille de la Révolution, ne dépassaient pas le stade des habituelles, normales et justifiées revendications), mais parce qu'il était usé. Les Révolutions de la fin du XVIIIe siècle, que ce soit la Révolution industrielle anglaise ou la Révolution politique française, toutes deux aboutissement de l'évolution de la bourgeoisie commencée à la Renaissance, furent dans leur tendance universelle beaucoup plus la manifestation de l'avènement de ce nouveau cycle, ère de civilisation matérielle et rationaliste, que sa cause ; les révolutionnaires, paysans ou philosophes, bourgeois, marchands ou ouvriers, furent plus des acteurs que des promoteurs ; dans ce sens, les Perrault furent du côté des vainqueurs du Grand Combat.

CHAPITRE II

LA NOTION DE TRACÉ ET LES THÉORIES DE L'ARCHITECTURE

> « Qui voudra ample tesmoignage de mon dire, qu'il lise Hérodote, Pline et autres. »
>
> Epistre dédicatoire
> de l'Architecture
> de Philibert de l'Orme, 1567.

La Notion de Tracé

Notre vieux langage appelait trait ou tracé les dessins des Maîtres Maçons et Charpentiers. Ces termes désignaient tant les procédés géométriques mis en œuvre pour établir ce dessin que le dessin lui-même. Ces tracés, transmis et perfectionnés de générations en générations, étaient conservés par les Loges de Compagnons du Bâtiment et demeuraient secrets. Ce Secret permettait de conserver la tradition et d'assurer aux Loges un monopole professionnel, contrepartie de l'initiation au Compagnonnage.

L'un des plus précieux documents graphiques d'Architecture que nous possédions sur le Moyen Age,

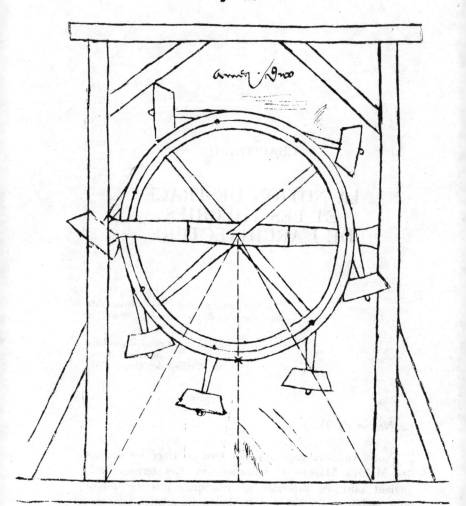

« Maint ior se sunt maistre dispute de faire torner une ruee par li seule. Ves ent ci
con en puet faire par mailles non pers ou par vif argent. »

Maint jour, se sont maîtres disputés pour faire tourner une roue par elle seule. Voici comment on
peut le faire par maillets non pairs ou par vif-argent.

Fig. 2
Villard de Honnecourt : le mouvement perpétuel

sinon le plus précieux, l'Album de dessins commentés de Villard de Honnecourt, architecte picard du XIIIᵉ siècle, grand voyageur, débute ainsi par la présentation de l'auteur :

> « Villard de Honnecourt vous salue et prie tous ceux qui travaillent aux divers genres d'ouvrages contenus dans ce livre de prier pour son âme et de se souvenir de lui ; car dans ce livre, on peut trouver grand secours pour s'instruire sur les principes de la maçonnerie et des constructions en charpente. Vous y trouverez aussi la méthode de la portraiture et du trait, ainsi que la géométrie la commande et l'enseigne. »

Il ajoute plus loin en parlant du trait :

> « Toutes ces figures sont des tracés de géométrie » (fig. 2).

Et c'est Viollet-le-Duc et son École qui ont, au XIXᵉ siècle, fait revivre ce vocable en essayant de retrouver la tradition disparue des tracés d'architecture, « trait » secret qui, au-dessus des dessins techniques nécessaires à l'élaboration et à l'exécution des bâtiments, exprimait la pensée métaphysique de l'Architecte et lui permettait d'inclure le Beau dans ses réalisations.

Le tracé devait permettre à nos anciens confrères initiés de conformer leur pensée créatrice à celle du grand Architecte ; cette pratique possédait en outre l'inappréciable avantage de marquer très nettement la différence entre le Concepteur et l'Exécutant, ceci surtout à l'époque classique française où les architectes cherchaient déjà à se différencier des architectes-entrepreneurs, ceux que le monde anglo-saxon appelle aujourd'hui « builders » et vers qui regarde périodiquement notre profession : Philibert Delorme les dénonçait déjà avec vigueur.

Nous avons exposé dans la première partie de notre étude (*Les Nombres Cachés*, ch. I, II, III) la justification profonde de ces pratiques. Toute l'Antiquité pensante (Chine, Inde, Sumer, Egypte, Grèce, Écritures, Amérique préhispanique) a cru que le Dieu [1] (ou les Dieux) avait à l'origine « calculé » la Création au moyen des Nombres (nous dirions aujourd'hui des « mathématiques ») et a considéré que l'Absolu des Nombres, don privilégié du Ciel à la Terre, était le seul concept universel commun aux Dieux et aux Humains. La découverte par Pythagore de l'expression des accords musicaux consonnants par des rapports entre les 4 premiers nombres, les 4 nombres divins constituants de la petite Tetractys (octave 2/1, quarte 4/3, quinte 3/2) en fournit une éclatante confirmation. Les Sages (*les Initiés*) pratiquant secrètement les Mathématiques pensaient qu'ils pouvaient ainsi dialoguer avec leurs Créateurs, et apprendre comment imiter la perfection de la Création.

Ce très simple et très logique concept de calcul du Monde disparut des esprits et des mœurs vers le Ve siècle, après que la chrétienté eut définitivement conquis l'Occident. L'apport massif de la rudesse d'esprit des invasions barbares submergea le classicisme grec qui ne devint qu'un lointain souvenir. Saint Thomas succéda à Saint Augustin et l'élite chrétienne, abandonnant l'étude des sciences exactes, s'assujettit à la seule scolastique qui tint lieu de discipline universelle ; les mathématiques, science divine des Anciens en même temps que domaine privilégié de la connaissance, tombèrent en sommeil pour ne reprendre vie qu'à la Renaissance.

Quelques esprits d'élite, tel le moine franciscain anglais Roger Bacon (1214-1294), le « docteur admirable », médecin, chimiste, astronome, physicien et mathématicien, tentèrent de réagir : Bacon, accusé du crime de magie, de sorcellerie et de relation avec le démon, fut condamné à la prison perpétuelle ; il ne dut son salut qu'à l'intervention du Pape Clément IV, l'un de ses anciens disciples.

Après cette éclipse qui détruisit officiellement la tradition et fit disparaître même son souvenir (la Cabale ne constitua qu'un bien modeste refuge et la période classique ne dura pas trois siècles), les modernes initiés que sont aujourd'hui nos ingénieurs, constructeurs, chimistes, médecins, physiciens, mathématiciens, reprenant une tradition disparue, calculent à nouveau leurs conceptions à la façon dont leurs grands ancêtres, imitant le Dieu Unique, avaient autrefois calculé les leurs ; mais ceci avec une différence : alors que les Anciens avaient (et pour cause) limité les divins calculs de correspondance aux structures spirituelles, nos contemporains ne calculent que les structures d'éléments matériels : c'est ainsi qu'il apparaît que la voûte mince du C.N.I.T., le Palais de la Défense (1966. P.J.C.) n'a pas été moins soigneusement calculée, mais d'une toute autre manière et pour de toutes autres raisons que la façade du Parthénon (440 A.J.C.), voilà matière à ample méditation.

Aujourd'hui, certains, pensant que les deux traditions ont la même origine et le même objet, s'efforcent à nouveau de les relier et la physique contemporaine reprend contact avec la métaphysique pour explorer les théories du continu et du discontinu. Et pourtant l'on aurait pu supposer que Cantor aurait été le dernier à aller chercher caution spirituelle auprès du Dieu [1] ou de son représentant : Pythagore et les Écritures avaient décidément la vie bien tenace (cf. NC, ann. IV).

Les calculs de résistance des matériaux

Ce qui précède nous permet de situer par rapport aux tracés des Anciens initiés les calculs auxquels procèdent aujourd'hui ingénieurs et architectes préalablement à la construction des bâtiments, ou plus exactement les dispositions résultant de ces calculs. Les constructions se trouvent ainsi conditionnées par des calculs, élément intellectuel abstrait, que ne connaissent pas les exécutants ; comme la pertinence de ces calculs est une source de Beauté pour ces constructions, les notions caractérisant un Tracé se trouvent ainsi réunies : nous devons donc considérer les épures résultant de calculs de statique comme des tracés. Mais ces tracés ne sont pas des tracés harmoniques : ils ne reposent pas sur des croyances métaphysiques abstraites et secrètes mais sur des lois physiques expérimentales connues de tous ; leur objet essentiel n'est pas la recherche du beau en soi, mais la recherche de la stabilité et de l'économie de matériaux. Le beau, résultant de l'application de lois physiques, est philosophiquement différent du beau métaphysique.

Les Anciens avaient subtilement éludé la différenciation entre les deux concepts physique et métaphysique, en désignant par le vocable Métaphysique les ouvrages d'Aristote consacrés au Surnaturel pour l'unique raison qu'ils étaient rangés à la suite ou à côté des livres de physique sur les rayons des bibliothèques (Μετα τα φμσικα βιβλια). Les uns attribuent ce classement à Andronicus de Rhodes, philosophe péripatéticien vivant à Rome du temps de Cicéron, les autres aux érudits de la célèbre bibliothèque d'Alexandrie. Il faut seulement se souvenir que le préfixe grec meta (à côté, à la suite) implique aussi la notion de dépasser et d'englober.

Si, par une hypothèse malheureuse, notre actuelle civilisation disparaissait à la suite de quelque cataclysme cousinant avec la bombe à neutrons ou celle à virus, nos lointains descendants, remontant peu à peu un nouveau cycle de l'humanité encore au stade de la construction par empilement, s'émerveilleraient devant les vestiges ancestraux de la Tour Eiffel ou du Palais de la Défense ; leurs chercheurs redécouvriraient alors peu à peu comment des Initiés d'autrefois, que l'on appelait « les Ingénieurs », avaient inclus de mystérieux calculs dans ces constructions pour en assurer la stabilité. L'un de ces chercheurs écrirait alors un ouvrage célébrant la redécouverte des sommations et médiétés : pardon ! nous voulons dire des mystérieuses intégrales, âme de ces calculs.

Nos recherches nous ont montré que les tracés harmoniques métaphysiques disparurent à la Révolution, faisant alors place aux tracés physiques résultant des calculs de statique, vulgarisés par Gaspard Monge (1),

---

(1) Le Beaunois Gaspard Monge (1744-1818) est le type du Bel Esprit de la fin du XVIIIᵉ siècle. Ce fut le fondateur de l'École Poly-

père des études modernes de Bâtiment. Cette substitution ne résulte pas d'une simple coïncidence mais d'une inéluctable évolution.

La fin du XVIIIe siècle est une étape de la Civilisation : la manifestation la plus marquante en est la Révolution ; mais cette substitution des tracés statiques rationnels aux tracés harmoniques métaphysiques, si elle n'en est qu'un élément très accessoire, n'en est pas moins significative.

Laissant donc résolument de côté les tracés modernes physiques résultant des calculs de résistance des matériaux, nous nous consacrerons uniquement à l'étude des tracés harmoniques métaphysiques secrets, aujourd'hui disparus. Nous nous vouons à l'archéologie ésotérique : il ne s'agit pas là d'esthétique mais d'histoire de la civilisation.

Les Théories de l'Architecture

Toutes les époques, de l'Antiquité à nos jours, ont produit des « Théories de l'Architecture », ouvrages bien caractéristiques dans lesquels un technicien notoire ou un architecte en renom, chef d'École, fait le point sur la construction ; il y expose sa Doctrine et y définit la Mode du moment, que nous appelons encore Style. Mais alors que la quasi-totalité des très nombreuses « Théories de l'Architecture », écrites de Vitruve (2) (Ier

---
technique et l'auteur du premier manuel scientifique de Statique (1788). C'est également lui qui a fait entrer dans le domaine scientifique la Géométrie Descriptive, la Stéréotomie et la Perspective.
(2) Vitruve (né vers 88 avant J.-C.), mort vers 26 avant J.-C.), architecte romain. Il accompagna sans doute les légions de Jules César en Gaule et en Espagne pour construire fortifications et machines de guerre. Il réalisa probablement la basilique de Fano, qu'il décrit dans son traité ; c'est sous Auguste qu'il écrivit son *De Architectura*, la plus ancienne Théorie de l'Architecture qui nous soit parvenue. Il y rapporte les théories d'ouvrages grecs, aujourd'hui disparus, celui d'Ictinos notamment. Le manuscrit, dont les illustrations ont été perdues, a été retrouvé en 1414 à la bibliothèque du Mont-Cassin et fut publié en 1488 par Sulpicio di Veroli. Il a été traduit de multiples fois en français. Pour les architectes, les meilleures traductions sont celles de Perrault au XVIIe siècle et d'Auguste Choisy au XXe siècle.

siècle avant J.-C.) à Blondel, fondateur de l'Académie d'Architecture en 1671, évoquent plus ou moins clairement les tracés et leur pratique, toute référence aux tracés disparait subitement des Théories écrites au XIXe et au XXe siècles par les Professeurs de Théorie de l'École des Beaux-Arts, successeurs de nos Anciens Académiciens. Ces ouvrages n'évoquent en définitive que la notion de convenance (celle que l'on appelle aujourd'hui fonctionnalisme).

Un de nos confrères, Miloutine Borissavlievitch, homme de vaste culture, a dressé l'inventaire et l'analyse des principaux auteurs du monde occidental ayant écrit sur l'architecture et son esthétique *(Les Théories de l'Architecture, op. cit.)*.

On ne peut citer tous ces auteurs (Borissavlievitch en a analysé 70 et il en existe encore bien d'autres) et nous renvoyons à la lecture de l'étude de notre confrère ceux que cette question intéresse. Disons seulement que Platon et Plotin y voisinent avec saint Augustin, Alberti avec Philibert Delorme, Schopenhauer, Hegel et Thiersch avec Victor Hugo et Le Corbusier.

Les théories de tous ces auteurs sont aussi diverses que leurs personnes : pour nous architectes, nous y découvrons la plupart du temps qu'à la façon de Monsieur Jourdain, nous faisons de la prose (ou de l'architecture) sans le savoir.

Borissavlievitch lui-même expose alors sa propre théorie : la théorie optico-physiologique : elle est plutôt meilleure que celle des autres.

Mais si, pour les architectes, ces témoignages écrits sont professionnellement peu enrichissants, ils intéresseront par contre les historiens de l'architecture, et nous y puiserons souvent.

Nous considérons que de toutes les théories récentes (ou relativement récentes), le plus caractéristique témoin est constitué par les *Éléments et Théorie de l'Architecture* de Julien Guadet (1834-1908), aussi estimables et estimés que respectables et respectés. Cet ouvrage, d'une probité intellectuelle intégrale, a été le bréviaire des élèves de l'École des Beaux-Arts jusqu'aux environs des années 1930, le nôtre donc. C'est une très bonne et très sage information qui ne soulève aucun des problèmes sans réponse qui sont pourtant les plus intéressants. Il est totalement vide de philosophie spirituelle et Guadet lui-même dit dans sa préface :

« L'au-delà de l'enseignement ne nous appartient pas. »

A qui appartiendra-t-il donc, s'il appartient pas à un professeur de Théorie ?

La question nulle part n'est posée de savoir si la poursuite du Beau aux époques passées, présentes et futures, ou même simplement passées, est un problème d'esthétique rationaliste, donc personnel, ou s'il est possible de recourir à des artifices (tels les tracés harmoniques des Anciens, objet de cette étude) pour inclure le beau en soi dans les constructions.

Si nous n'avions pas conservé au vieux Guadet un pieux amour de jeunesse, nous dirions que sa Théorie est plus l'expression de la laborieuse *Philosophie de l'Art* de Taine (1828-1893), contre laquelle nous nous révoltions déjà à l'École, que l'œuvre d'un Architecte de sa valeur.

C'est volontairement que nous avons passé sous silence d'autres excellents ouvrages plus récents, tel le *Gutton (op. cit.)* qui sont plus des encyclopédies commentées que des théories de l'architecture et qui, pas plus que « le vieux Guadet », n'ont évoqué le problème.

*
* *

Les Modernes

En France, c'est aux périodes préclassique et classique que les écrits sur ces points de vue théoriques percent le plus clairement.

Le chef de file des Modernes, Claude Perrault, dont nous avons déjà fait connaissance, a exposé au grand jour sa pensée dans la magnifique traduction de Vitruve qu'il publia en 1673, accompagnée de précieuses annotations. Cette théorie classique, qui préconise l'utilisation de rapports simples, a pratiquement servi d'introduction aux études d'architecture de l'École des Beaux-Arts jusqu'à la veille de la guerre de 1940.

Il est difficile de savoir si Vitruve était ou n'était pas « initié », c'est-à-dire, pour Perrault, Ancien ou Moderne. Si le Romain a longuement et clairement exposé la théorie modulaire de l'architecture (voir page 47), reprise d'auteurs grecs ou hellenistiques, il ne fait qu'une brève allusion à la géométrie dynamique (voir page 65).

Est-ce en raison du secret qui de tout temps a protégé la géométrie dynamique architecturale ou beaucoup plus probablement, comme le pense Pierre Gros *(op. cit.)*, parce que le Romain ne possédait que de médiocres notions de mathématiques, domaine réservé des Grecs ; s'il parle de géométrie, dont il est certain qu'il connaissait l'existence et l'utilisation, c'est sans en évoquer le caractère de divine perfection. Le désir de publier un ouvrage exhaustif, qui perce tout au long de son manuel, l'a peut-être poussé à cette évocation. D'ailleurs, Vitruve aurait pu servir de référence aussi bien aux Anciens qu'aux Modernes et nous mesurons aujourd'hui combien l'épithète de « *mauvaise* » aurait pu précéder le traditionnel vocable « Querelle des Anciens et des Modernes », querelle que l'implacable Swift, tenant des Anciens, tourne en ridicule lorsqu'il évoque, dans les Voyages de Gulliver (1726), les démêlés entre gros-boutiens et petits-boutiens.

*
* *

Les Anciens

Toute différente est la Doctrine des Anciens. Ses principes généraux, à défaut de leur mise en pratique qui demeura secrète, en sont publiquement et très explicitement exposés dans les deux longues citations qui suivent, que nous rapportons intégralement à dessein. En bref, pour faire de la bonne architecture, les architectes doivent imiter et reproduire dans leurs œuvres les principes et les dispositions que Dieu, le Grand Architecte, a fait présider à la Création du Monde, puis ensuite à son fonctionnement. Cela les conduit à la mise en pratique de tracés modulaires, connus de tous et enseignés à tous, pratiquement ceux des Modernes ; mais aussi à des tracés géométriques dynamiques dont le Secret est à peine effleuré.

Philibert Delorme (3), (1515-1570) et Blondel (1617-1681), nos deux Théoriciens Anciens les plus notoires, sont des initiés.

Philibert Delorme, âgé de 50 ans, parvenu au faîte des honneurs, a fait paraître en 1567 son « Premier

---

(3) Philibert Delorme, fils, frère et cousin d'architectes connus, est le plus célèbre des architectes français de la Renaissance et également le premier en date des Théoriciens français influents.

Né à Lyon en 1515, il fit en 1534 le voyage de Rome pour y étudier les monuments antiques, puis revint à Lyon travailler avec son père. Son protecteur, le Cardinal Jean du Bellay, l'appela à Paris et le fit nommer architecte du Roy, puis Inspecteur des Bâtiments.

Pour le roi, il dirigea les travaux de Fontainebleau (1543-1559), de Saint-Germain, de Villers-Cotterets, de la Muette et dessina le tombeau de François Ier à Saint-Denis (1563).

Pour le Cardinal Jean du Bellay, il construisit Saint-Maur ; pour Diane de Poitiers, Anet (1552-1556) ; pour le Cardinal de Lorraine, Meudon ; pour Catherine de Médicis, la Galerie de Chenonceaux (1556) et les Tuileries (1563).

Ses œuvres ont été publiées par son contemporain Jacques Androuet du Cerveau (1515-1584), architecte d'Henri III, graveur remarquable, dans « Les plus excellents Bâtiments de France », Paris, 1576-1579.

Philibert Delorme se lia d'amitié à Rome avec François Rabelais (1495-1553), autre protégé du Cardinal du Bellay. François Rabelais, esprit universel, disciple de Vitruve et d'Alberti, grand lecteur de Marsile Ficin (le traducteur de Platon), décrit dans « Gargantua » l'idéale Abbaye de Thélème ; celle-ci est entièrement construite sur le thème du Nombre parfait 6 (N.C., VI). Elle est élevée de six étages, son plan exagonal mesure 396 pieds de côté (36 $\times$ 36) et ses tours d'angle 180 pieds (36 $\times$ 50) ; deux entrées de 36 pieds de large permettent le passage de six hommes « piques en avant ». Ce très simple tracé, rattaché aux nombres premiers 2, 3, 4, 13, n'étant cité que pour montrer les préoccupations arithmologiques d'un bel esprit de la Renaissance.

Tome de l'Architecture », sous-titré « Nouvelles Inventions pour bien bastir et a petitz frais ». Tant la langue, qui est plus celle d'un bâtisseur que d'un poète, que la présentation typographique rendent pénible la savoureuse lecture du premier ouvrage de Théorie renouant avec la tradition antique ; nous en avons donc donné une traduction libre.

Voici un extrait de l'« Epître au lecteur » :

« Aux lecteurs bénévoles, Salut. »	« Aux lecteurs bénévoles, Salut. »
. . . .	. . . .
« Peu d'Architectes reçoivent tant de graces et faveurs de Dieu, de (les) pouvoir cognoistre et entendre, ainsi qu'il luy plaist ouvrir les sens et l'intelligence à un chacun pour luy donner cognoissance de ses œuvres, et des proportionnées mesures, je ne diray d'Architecture, mais aussi de toutes autres choses, lesquelles luy mesmes a ordonnées à la première création, sous certaines mesures, pois et nombres, ainsi que plus à plein nous le déduirons quelque jour (Dieu aydant) en notre Tome et œuvre des Divines Proportions : ou nous conseillerons à un chacun de vouloir imiter les mesures et justes causes, et par conséquent dignes d'estre plustost	« Peu d'Architectes sont assez favorisés par Dieu pour connaître et comprendre *[les sept Arts qui rendent l'Architecture parfaite]*. C'est ainsi que Dieu, s'il lui plaît d'ouvrir nos sens et notre intelligence, peut faire connaître à tous, non seulement les proportions de l'Architecture, mais aussi celles des œuvres qu'il a créées au moyen de mesures, poids et nombres. C'est ce que nous expliquerons un jour plus en détail (Dieu aidant) dans notre Tome traitant des Divines Proportions. Nous y conseillerons à chacun de s'efforcer d'imiter ces mesures ; elles sont justifiées par leur origine qui les rend beaucoup plus dignes d'être utilisées que

Fig. 3

L'Admirable Architecte
Dieu [1] personnifié par un point dans un cercle

ensuivies, que celles qui ont esté escrites, inventées et faictes par les hommes, tant aux édifices antiques que modernes, ainsi qu'on les voit encore en divers lieux.

« Car Dieu est le seul, le grand, et l'admirable Architecte, qui a ordonné et créé de sa seule parole toute la machine du Monde tant céleste que élémentaire et terrestre, avecques un si grand ordre, une si grande mesure, et si admirables proportions, que l'esprit humain sans son ayde et inspiration ne les peult comprendre, et signamment l'architecture et fabrique du corps humain, je ne diray en la composition et coagmentation de ses parties spirituelles, humides et solides (ainsi que les contemplent les médecins), mais bien en la grande harmonie et plusque admirable proportion et symmetrie qui est entre tous les membres et parties tant intérieures que extérieures d'iceluy.

« Laquelle contemplent ou doivent contempler et sçavoir les doctes et experts Architectes, à fin de l'accomoder aux basti-

celles qu'ont inventées et pratiquées les hommes dans les édifices anciens et modernes, qui nous sont parvenus.

« Car Dieu est le seul, le grand, et l'admirable Architecte, qui a ordonné et créé de son seul Verbe le Monde, le Ciel, la Terre et les Éléments. Il l'a fait avec un tel ordre, de telles mesures et de si admirables proportions, notamment en ce qui concerne l'Architecture et le Corps Humain, que notre Esprit ne peut les comprendre sans son aide et son inspiration. Parlant du corps humain, c'est à sa grande harmonie et aux admirables proportions entre le corps et les membres, que je pense et non à l'anatomie qui est du ressort des médecins.

« C'est cette Création que contemplent ou doivent contempler les Bons Architectes, pour conformer les bâtiments qu'ils

ments qu'ils entreprennent avecques une divine excellence, voire autre que celle qui vient des proportions communes et accoustumées : ainsi que (Dieu aydant) nous le déduirons bien par le menu, et démonstrerons familièrement audit Tome et œuvre, ou nous parlerons des sainctes et divines mesures et proportions données de Dieu aux saincts pères du vieil testament : comme à son Patriarche Noé, pour fabriquer l'Arche contre le cataclysme et déluge : à Moyse, pour le Tabernacle de l'autel, des tables, des courtines, du parvis et autres : à Salomon, pour le Temple qu'il édifia en Jérusalem, et deux maisons qu'il feit, une pour luy, et l'autre pour sa femme, fille de Pharaon. Il se voit cas semblable en Ezechias de l'homme qui s'apparut à luy, ressemblant estre d'airain, et tenant en une main une fiscelle, et en l'autre un roseau ou canne, portant les mesures et proportions lesquelles Dieu seul luy monstra pour restaurer et redifier le Temple de Jérusalem.

entreprennent à la Divine perfection, plutôt qu'aux proportions habituelles.

C'est ce que (Dieu aidant) nous expliquerons en détail et démontrerons simplement au tome où nous rapporterons les saintes et divines mesures et proportions indiquées par Dieu aux Pères de l'Ancien Testament : au Patriarche Noé pour fabriquer l'Arche, à Moïse pour le Tabernacle de l'Autel, les Tables, les Tentures et le parvis, à Salomon pour construire le Temple de Jérusalem et deux maisons l'une pour lui et l'autre pour sa femme, fille de Pharaon.

C'est encore ainsi qu'apparut à Ezechiel, l'homme d'airain, qui tenait d'une main un cordeau, de l'autre une canne graduée portant les mesures et les proportions indiquées par Dieu pour restaurer le Temple de Jérusalem.

« J'en pourrois alleguer assez d'autres qui se trouvent dans l'Escripture saincte, n'estoit que je serois trop prolixe. Véritablement telles proportions sont si divines et admirables, que je ne puis contenter mon esprit de les lire, relire, contempler, et, si ainsi je dois dire, adorer, pour la grande majesté et divinité de celuy qui les a données et prononcées.

« O grande et insigne bonté de Dieu envers les hommes ! O magnifique et supernaturel Architecte, qui as tant voulu honorer l'Architecture et favoriser à l'Architecte, que luy envoyer des hauts cieux, et prononcer de ta très sacrée bouche les vraies mesures et proportions desquelles il se doit ayder, non pour faire œuvres qui approchent à celles des saincts pères du vieil testament, mais beaucoup plus excellentes que celles que les Architectes des Empereurs, Roys et Princes ont jusques aujourd'huy construit.

« Certes, je ne me puis assez merveiller, comme

« Si je ne craignais d'être prolixe, je rapporterais bien d'autres exemples tirés de l'Écriture Sainte. Vraiment, ces proportions sont si divines et si admirables que je ne peux lasser mon esprit de les lire, relire, contempler et j'ose le dire adorer quand je pense à la grande majesté et à la divinité de celui qui les a énoncées.

« O grande et insigne bonté de Dieu envers les Hommes ! O magnifique et Surnaturel Architecte, qui a assez voulu honorer l'Architecture et favoriser les Architectes pour leur dire de sa bouche du Haut des cieux quelles mesures et proportions ils doivent utiliser.

S'ils ne peuvent ainsi réaliser des œuvres approchant celles des Pères de l'Ancien Testament, du moins réaliseront-ils des ouvrages bien meilleurs que ceux que les Architectes des Empereurs, Rois et Princes ont jusqu'ici construits.

« Je ne peux que m'étonner que des mesures

CHAPITRE II

tant de divines mesures et proportions n'ont esté cogneuës, conservées, et pratiquées par les anciens, ou par aucuns des modernes. Quant à moy, je confesse librement et franchement que les Palays, Chasteaux, Églises et maisons que j'ay par mon ordonnance faist construire jusques à présent, et sont par la grace de Dieu prisées et louées des hommes, ne me semblent rien (jaçoit que les proportions y soient gardées, selon l'art de la vraye Architecture des hommes) quand je les confère et compasse avecques les divines proportions venues du ciel (ainsi que nous avons dit) et celles qui sont au corps de l'homme. De sorte que si lesdicts édifices estoient à redifier, je leur donnerois bien autre excellence et dignité, que celles que les hommes y trouvent aujourd'huy ....
..... »

et proportions aussi divines n'aient été connues, conservées et pratiquées par les Anciens et certains Modernes. Quant à moi, je confesse bien franchement que les palais, églises et maisons dont j'ai jusqu'à maintenant dirigé la construction et qui, grâce à Dieu, sont appréciés des hommes ne me semblent rien (j'y ai cependant appliqué les proportions et règles de l'Architecture des hommes) lorsque je les redessine en y incluant des tracés suivant les divines proportions, tant celles venues, comme nous l'avons dit, du Ciel, que les Proportions du Corps Humain.

De sorte que si j'avais à refaire ces édifices, je leur donnerais bien d'autres qualités que celles que les hommes y trouvent aujourd'hui. »

Si l'on s'en tenait littéralement à cette déclaration biblique, les dimensions des édifices décrits dans l'Ancien Testament (Arche de Noé, Arche d'Alliance, les 3 Temples. Maison de Salomon), étant des multiples des nombres premiers 1, 2, 3, 5, 7, à la manière de la Pyramide (voir page 113), Philibert Delorme n'aurait disposé que d'un modeste arsenal de proportions.

Or, l'épître au lecteur est précédée d'une dédicace à la reine, où l'auteur annonce une suite conditionnelle :

> « Ce faisant, Madame, vous me donnerez courage de continuer le second Tome et Volume de notre Architecture, qui est des Divines Proportions et Mesures de l'ancienne et première Architecture des Pères du Vieil Testament, accommodé à l'Architecture Moderne, lequel volume je mettray en lumière moyennant la grace de Dieu, quand il vous plaira de me le commander. »
>
> « A Paris, le 25e jour de novembre 1567. »

N'a-t-il pas plu à « Très vertueuse et très illustre Dame, Madame Catherine, Royne de France, mère du Roy très chrétien Charles IXe de ce nom » de commander ce deuxième Tome ?

Ou peut-être Philibert Delorme s'est-il ravisé en pensant aux conséquences de ses révélations ? Toujours est-il que ce deuxième Tome n'a jamais vu le jour ; mais Philibert Delorme utilisait déjà depuis longtemps des tracés géométriques puisqu'en 1563, il avait déjà inclus les « Divines mesures et proportions » à ses dessins sous la forme d'un symbole italien bien connu, que nous avons reproduit en couverture, à l'occasion de la construction des Tuileries pour la même très illustre Dame (fig. 59) ; il existe là une contradiction qui peut résulter tant de la publication tardive des « Nouvelles Inventions » rédigées avant que l'Architecte n'ai été initié, que de la volonté de conserver le secret traditionnel protégeant la géométrie dynamique.

Après cette pétition de principe d'un nouvel Initié, c'est Blondel, professeur à l'Académie d'Architecture nouvellement créée (1675-1688) et théoricien des Anciens, qui écrit plus pratiquement dans son « Cours d'Architecture », à propos du Temple de la Rotonde, l'ancien Panthéon d'Agrippa à Rome (28 A.J.C.) aujourd'hui église Sainte-Marie-des-Martyrs (fig. 4) :

Fig. 4

Le Panthéon de Rome (église Sainte-Marie-des-Martyrs)

Proportions du temple de la Rotonde :

« Je finis ces exemples en disant que je me suis souvent étonné que tant de personnes curieuses en Architecture ayant pris soin de rechercher avec une exactitude superstitieuse les mesures des bâtiments antiques jusqu'à nous en marquer des minuties imperceptibles ; et que personne ne se soit avisé d'étudier à fond l'artifice dont les Architectes anciens se sont servis pour donner à leurs édifices la beauté qui les rend aujourd'huy tellement recommandables, n'y ayant point d'apparence qu'ils ayent agy sans art et sans règles, et qu'ils ayent toujours travaillé au hazard et en tâtonnant. Cette étude pourtant n'est pas indigne d'un homme d'esprit et les remarques qu'il feroit sur cette matière seraient à mon sens très utiles au public, à qui l'on découvriroit des secrets que l'on a point encore enseignez dans l'Architecture. L'on en peut voir quelque preuve dans ce peu que j'en ay dit cy-avant, lorsque j'ay parlé des Arcs de Triomphe, de la Porte et des Tabernacles de la Rotonde et de divers autres batiments anciens ou modernes. Mais à dire vray, il n'y a rien de si surprenant, ny qui m'ait tant donné de plaisir, que lorsque méditant sur la structure entière du Temple de la Rotonde, j'ay trouvé que toutes ses parties sont jointes ensemble avec un artifice si merveilleux et sous des proportions tellement uniformes, qu'un petit nombre de lignes tirées à propos, déterminent par leur rencontre toutes les grandeurs qui entrent en la composition de cet ouvrage, qui par l'aveu de toutes les personnes intelligentes est le plus parfait et le plus entier de tous ceux qui nous restent de l'Antiquité. »

(T. III, chapitre IX, p. 748)

Et Blondel, grand initié, complète ce passage par la présentation de la première analyse graphique « support d'un *tracé harmonique* » publiée. Elle est à ce titre remarquable. C'est le tracé de thème $\sqrt{3}$ (voir infra, p. 78) du Panthéon de Rome (fig. 5 et 6). Nous lisons

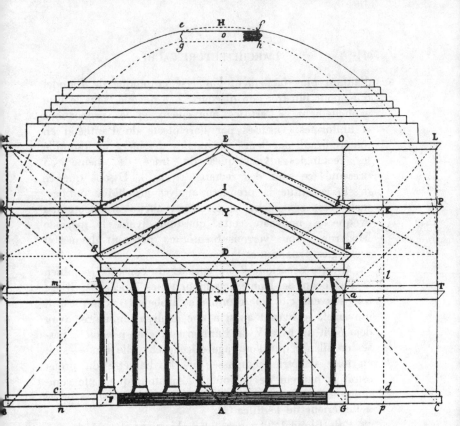

Fig. 5   *Le Panthéon de Rome - Tracé de Blondel*

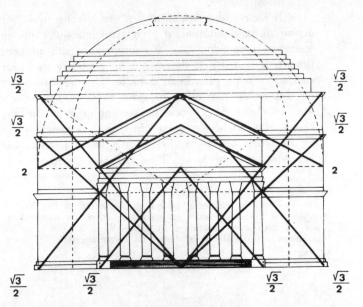

Fig. 6   *Lecture du tracé de Blondel*

d'autant plus facilement l'analyse graphique de Blondel que, pour illustrer son discours, il a dévoilé, sans le dire explicitement, « l'artifice merveilleux et les proportions si uniformes » utilisés par l'architecte du Panthéon en matérialisant par leurs diagonales dessinées en pointillé les rectangles dynamiques du tracé de thème $\sqrt{3}$ présenté (ce sont des rectangles $\sqrt{3/2}$). Disons que ce dessin constitue la première analyse graphique publiée, mais c'est également la dernière ; aucun architecte n'a évoqué à nouveau cette question avant la période Moderne. (Nous verrons bientôt ce que sont thèmes et rectangles dynamiques.)

A cette occasion, il est curieux de constater combien le Panthéon de Rome passionnait nos Ancêtres ; il est très souvent cité en exemple et Rabelais encore, esprit universel, se livrant aussi à une analyse sommaire, avait déjà écrit au livre V de Pantagruel : « Et n'estoit à passer en silence que l'ouvrage d'icelle chapelle ronde estoit en telle symétrie compassé que le diamètre du projet estoit la hauteur de la voûte. » Ajoutons que cette commune dimension est de 144 pieds romains, mesures prises à l'intérieur de l'édifice (4).

Puis Blondel, devançant les objections des Modernes, dit un peu plus loin :

« Je sçay bien qu'entre les Architectes qui ont acquis de la réputation, il y en a quelques-uns qui ne sont pas persuadez que la connaissance des proportions leur fust utile ; ils veulent au contraire que tout ce qu'il y a de plus beau dans les Ouvrages de l'Art ne soit qu'un pur effet du génie et de l'expérience ; que les règles de Théorie ne servent qu'à les embarrasser et à émousser, pour ainsi dire, la pointe et le vif de leurs inventions, l'esprit n'agissant jamais plus heureusement que lorsqu'il est affranchi de toutes sor-

---

(4) C'est en nous référant à l'analyse graphique erronée (fig. 5 et 6.) pratiquée par François Blondel sur un dessin inexact du Panthéon de Rome que nous avons mentionné les thèmes V2 et V5 (infra. p. 76). Nous avons rectifié cette erreur dans « La Forme Initiale ».

tes de servitudes, et que l'on luy laisse une entière liberté pour ses productions. »

(T. III, p. 755)

*
* *

Ces deux extraits des deux plus remarquables Théoriciens français de l'Architecture sont tout ce que nous savons de la Doctrine des Anciens dans notre pays ; à partir de ces principes et des résultats d'analyses graphiques semblables à celle de Blondel, et après avoir « lu Hérodote, Pline et autres » ainsi que nous y invite Philibert Delorme en tête de ce chapitre, nous nous sommes efforcé d'en reconstituer les éléments : nous disons bien haut que notre travail n'aurait pas vu le jour sans la publication des ouvrages de Matila Ghyca qui, vers 1925, remit à la mode l'étude des mathématiques dynamiques platoniciennes et à qui nous faisons hommage de ce livre.

CHAPITRE III

LE TRACÉ MODULAIRE ARITHMÉTIQUE
LE REPORT A L'UNITÉ

> Ἀριθμῳ δε τε παντ ἐπέοικεν.
> « *Tout est ordonné par le Nombre.* »
> Pythagore.

> « *Mais tu as tout réglé avec mesure, nombre et poids.* »
> Bible, *Sagesse*, 11, 20.

On appelle Tracé Directeur ou Tracé Harmonique un ensemble figuré généralement rectangulaire dont le dessin d'une part coïncide avec les lignes principales déterminantes d'une construction (contours, axes, lignes de limite ou de changement de plan) et d'autre part inclut des mesures, des proportions et des formes exprimant des notions métaphysiques. Il existe deux sortes de tracés : le tracé arithmétique et le tracé géométrique.

Le tracé arithmétique, qui est une représentation figurée de la vie des nombres traduits en mesures et longueurs, est le plus ancien et de beaucoup le plus universellement répandu : Vitruve l'a parfaitement défini il y a vingt siècles ; ce chapitre ne fera que rapporter cette tradition. Le dessin modulaire arithmétique, repris de Vitruve, a constitué chez nous la base de l'enseignement théorique de l'Architecture de la Renaissance à l'époque contemporaine. Il a fallu l'influence de la Bauhaus et de Le Corbusier pour mettre fin après la guerre 1940 à ce passé glorieux, arrivé à bout de souffle.

Le tracé géométrique dont la théorie, contrairement à celle du tracé arithmétique, demeura secrète, apparut postérieurement, peut-être vers le Ve siècle avant J.-C. ; c'est une conception purement pythagoricienne qui trouva audience dans les pays méditerranéens après que la Renaissance y eut diffusé la culture grecque antique ; nous en exposerons les principes au chapitre suivant.

En schématisant, on peut dire que les tracés arithmétiques qui remontent à la plus haute Antiquité utilisèrent pour la mise en proportion des bâtiments les rapports entre leurs dimensions mesurées en nombres entiers de modules (le module pouvant faire place à sa fraction rationnelle, la minute, ou à toute autre unité traditionnelle de mesure) ; alors que vers le Ve siècle avant J.-C. les tracés géométriques ajoutèrent les rapports irrationnels de la géométrie dynamique pythagoricienne et platonicienne aux rapports rationnels. Mais ces procédés étaient tous deux avant leur naissance même dominés et liés par leur commune origine, le Grand Architecte, qui les avait réunis sous l'autorité de ses deux symboles divins, 1 et 2, exprimés par le carré et le double carré, symbole de la conjonction du Ciel [1] et de la Terre [2].

*
* *

Les deux conditions du tracé modulaire arithmétique

Vitruve et les Théoriciens à sa suite nous disent (et ils le répètent inlassablement et y reviennent sans arrêt) que pour qu'un bâtiment possède une harmonie d'ensemble (eurythmie), il faut qu'il remplisse deux conditions :

I. 1re CONDITION : NOTION DE COMMODULATIO OU SYMÉTRIE

Les dimensions des différents éléments composants d'un bâtiment doivent être *symétriques*, au sens étymologique du mot, soit commensurables, c'est-à-dire que les dimensions de ces éléments doivent pouvoir être mesurées en nombres entiers (ou fractionnaires appelés minutes) d'une même unité : le module *(notion de commodulatio)*. On appelle module une unité de convention adoptée pour la construction d'un bâtiment ; dans notre architecture classique, le module est généralement égal au demi-diamètre bas de la colonne (pour simplifier, nous ne parlerons plus des minutes, simples sous-multiples du module exprimés en nombres fractionnaires rationnels, en les considérant comme jouant le même rôle que le module). Le mot symétrie (synonyme grec de commodulatio) exprimait autrefois la commensurabilité entre les diverses parties d'un tout ; il a gardé cette signification jusqu'au milieu du XVIIe siècle ; l'architecte Fréart de Chambray (1615-1676), tenant des Anciens, la lui donnait encore dans son « Parallèle de l'Architecture Ancienne et Moderne », Paris 1650. Ce mot qui aujourd'hui implique la notion d'identité de la disposition d'éléments par rapport à un axe ou à un point, a donc perdu totalement son sens d'origine.

Le vieil adage scolastique « Commensuratio pulchrificat » — « La commensurabilité engendre la beauté » — justifie l'usage de la commodulatio ; les auteurs modernes disent que la notion de commodulatio exprime la recherche du Beau par le moyen du report ou de la référence à l'Unité.

On retrouve dans cette première condition la très simple et très courante notion de logistique.

Les exécutants savaient obligatoirement que les bâtiments étaient cotés modulairement en cotes rondes ; mais ils ignoraient les vues du concepteur et les raisons pour lesquelles il avait choisi ces cotes qui pour lui exprimaient le caractère de la construction. Vitruve par exemple, tenant de la tradition grecque, recommande l'utilisation des nombres 6, 10, 16, c'est-à-dire des multiples des nombres premiers (nombres divinement *créés*, N.C. V) 2, 3 et 5. Six est un nombre parfait (le seul nombre *parfait parfait* des pythagoriciens N.C. V), dix, le tetractys est la base universelle du Cosmos (N.C. VIII) et la valeur de la quasi-totalité des « modules métrologiques » méditerranéens. Seize, carré de quatre, symbole de la puissance terrestre, est le nombre sur lequel repose le système métrologique grec (1 pied = 16 dactyles).

Plutarque dans son « de Isis et Osiris » expose tout au long une particularité de 16, se rapportant à la correspondance sommation-produit, primordiale pour les pythagoriciens. Seize constitue dans l'expression figurée des nombres carrés un pivot arithmologique analogue au 5 dans d'autres domaines (N.C. IV). La somme des côtés du nombre figuré 16 est égale au produit de ses côtés.

soit pour 16 carré : $4 + 4 + 4 + 4 = 4 \times 4 = 16$
alors que cette somme est plus grande lorsque le nombre figuré est plus petit que 16 :
exemple : pour 9 carré : $3 + 3 + 3 + 3 = 12$; $3 \times 3 = 9$ et plus petite lorsque le nombre figuré est plus grand que 16 :
exemple : pour 25 carré : $5 + 5 + 5 + 5 = 20$; $5 \times 5 = 25$

Philibert Delorme (*op. cit.* Livre VIII, p. 235), s'en tenant toujours aux nombres premiers divinement créés, recommande suivant la plus pure tradition biblique, l'utilisation des nombres 2, 3, 6, 7, 10, et de leurs produits, ajoutant aux nombres de Vitruve, le symbole des 7 jours de la Création, repris par les Juifs, de Sumer et de l'Egypte.

Nos deux auteurs préconisent en commun le nombre

10 dont nous verrons bientôt qu'il régna de façon absolue sur toute l'Antiquité méditerranéenne.

Les Sumériens, les Égyptiens et les Grecs avaient ajouté à cet arsenal les deux nombres 11 et 13. On peut donc dire que tous les nombres premiers plus petits que 17 furent utilisés par les constructeurs de l'Antiquité.

Il est difficile de dire si le nombre 17 fut arbitrairement choisi. Platon dans le Théétète (Théétète 147, d) limite la recherche des irrationnelles à la racine de 16, sans que l'on ait trouvé de raison bien valable à l'exclusion de celle de 17.

Cette universelle utilisation des plus petits nombres premiers s'apparente au postulat énoncé par la « deuxième clé » de l'arithmologie (N.C., p. 68). Les Anciens pensaient, en effet, que les Nombres les mieux aimés des Dieux étaient ceux qui, pour la valeur la plus faible, possédaient le plus grand nombre de diviseurs (ou ce qui revient au même de multiplicateurs) ; à leur tête se trouvait au sommet le Dieu [1], exprimé par le carré, « figure initiale » parfaite qui possède une infinité de diviseurs :

$$(1 \times 1 \times 1 \times \ldots\ldots = 1)$$

A sa suite viennent bien évidemment les multiples des plus petits nombres premiers : plus les facteurs sont petits, plus grand sera le nombre de diviseurs, plus le nombre sera proche du [1] divin.

Platon, prince de l'arithmologie, rapporte deux exemples bien connus de ce jeu mathématique. L'un se présente sous la forme d'une charade : celle du grand nombre nuptial idéal de la République, $(3 \times 4 \times 5)^4 = 12.960.000$ qui possède 225 diviseurs (La République VIII, c.) ; l'autre est énoncé en clair : c'est le nombre des foyers de la « Ville idéale » des Lois, défini par factorielle 7, soit $7! = 5.040$ qui possède 60 diviseurs (Les Lois 737, c.).

Les Mayas moins ambitieux ne cultivèrent que les 15 diviseurs de 364 et les 9 diviseurs de 91.

II. 2ᵉ CONDITION : NOTION DE PROPORTIO

Les différents éléments composants du bâtiment mesurés à l'aide du module doivent présenter entre eux des rapports de proportion convenables pour répondre à la notion de proportio et aboutir à l'harmonie (eurythmie) du bâtiment.

Comme l'étude des nombres, l'étude des proportions passionna autrefois nos ancêtres. Notre désaffection pour les mathématiques originelles nous empêche aujourd'hui de saisir l'intérêt présenté par les discussions sur le choix des proportions : A vingt siècles d'intervalle, les deux Académies, celle de Platon et celle de Blondel, se consacrèrent avec passion à ce genre de débat (nous en avons développé le détail à l'annexe III, page 279). Fallait-il utiliser la moyenne arithmétique, ou mieux la moyenne géométrique, ou mieux encore la moyenne harmonique pour mettre en proportion tel ou tel élément ?

Les Pythagoriciens disposaient déjà de ces trois moyennes ou médiétés et l'utilisation exclusive de l'une d'elles, dans le tracé d'un bâtiment, dotait celui-ci d'un thème mélodique secret, l'apparentant métaphysiquement à l'Esprit du Créateur. L'utilisation systématique d'une même proportion créait une récurrence entre les diverses mesures du bâtiment ; ce qui revient à dire que l'on pouvait toutes les déduire les unes des autres dès que l'on en connaissait le thème, c'est-à-dire l'espèce de la proportion utilisée.

Alberti dans son « *de re aedificatoria* » — 1481 — IX, 6, exprime très clairement cette notion :

« L'harmonie est un accord de plusieurs sons plaisants... Quant à l'harmonie architecturale, elle consiste en ce que les architectes se servent de surfaces simples qui sont ses éléments, non pas confusément et pêle-mêle, mais en les faisant correspondre les uns aux autres par l'harmonie et la symétrie : si l'on veut dresser des murailles autour d'une aire qui serait par exemple deux fois aussi longue que large, il ne conviendrait pas d'employer les consonnances triples, mais seulement les doubles. »

Nous avons aujourd'hui si bien perdu cette notion de proportion mathématique que l'on ne se souviendrait même pas de Briseux (1660-1754), architecte parisien, théoricien de second ordre dont nous allons bientôt dire quelques mots, qui en donne le détail, s'il n'avait d'autre part relaté dans son « Traité du Beau essentiel dans les Arts, appliqué particulièrement à l'Architecture », Paris 1712, les dessous de la querelle entre Blondel et Perrault, l'Ancien et le Moderne : cette querelle constitue un bel exemple de la mesquinerie de deux grands hommes. Cependant il faut dire à l'avantage de Briseux qu'en même temps qu'il énonce algébriquement, comme nous nous contentons de le faire aujourd'hui, les rapports des proportions, il recourt encore au réalisme de la notation pythagoricienne, en identifiant les proportions par leur plus basse valeur chiffrée énoncée à la grecque, les médiétés, soit 2, 2 et 3, se situant ainsi en position centrale :

— la proportion arithmétique est la proportion 1, 2, 3 ;
— la proportion géométrique est la proportion 1, 2, 4 ;
— la proportion harmonique est la proportion 2, 3, 6.

Les néo-pythagoriciens découvrirent au premier siècles sept nouveaux types de proportions ; Briseux les cite toutes ; à titre d'exemple, n'en mentionnons qu'une : la proportion 1, 3, 9, 27, 81 ; ces subtilités nous dépassent aujourd'hui.

Analogie musicale

A la suite de Platon et de Blondel, nombreux furent également les auteurs qui voulurent justifier l'emploi de certains rapports mathématiques dans l'architecture en se référant à l'usage que l'on fait de ces rapports en musique. Le plus célèbre à notre époque classique fut le Père Ouvrard (1624-1694). Si du point de vue de la qualité de la sensation, il existe une analogie entre l'œil et l'oreille, on ne peut guère admettre que les rapports architecturaux, dont l'expérience prouve que la variété est infinie, soient limités aux seuls intervalles musicaux consonnants (octave 2, quinte 3/2, quarte 4/3) ou même à ceux de la gamme pythagoricienne ; mais les deux sortes de rapports : rapports architecturaux modulaires et intervalles musicaux, ont comme point commun de s'exprimer par des nombres simples ; les deux disciplines se rejoignent ainsi dans une même origine : le Nombre, « divin ordonnateur du Monde ». Nous verrons au contraire que le rythme dynamique, base des tracés géométriques, est commun à l'architecture et à la musique, ainsi d'ailleurs qu'à tous les autres Arts.

Nécessité technique du recours aux nombres simples dans l'élaboration des plans

En plus des notions symboliques que pouvaient permettre d'inclure dans les architectures nombres et rapports simples, c'était pour nos ancêtres une nécessité absolue de recourir à des schémas de construction assez élémentaires pour que les indications données au Compagnon par le Maître d'Œuvre sur le chantier puissent demeurer en mémoire de chacun. Il est bien probable que les briques jouèrent à l'origine le rôle de module ;

elles ont pratiquement conservé les mêmes dimensions cotées en pieds qu'il y a quarante siècles.

La diffusion des « bleus », des « toiles » et des « ozalid », documents de chantier que l'on peut multiplier à l'infini par simple tirage à partir d'un calque, ne date guère que de la fin du XIXe siècle ; jusque-là, les projets devaient être coûteusement redessinés sur papier ou sur toile pour les exécutants. Quant à l'Antiquité, on peut imaginer les difficultés de diffusion des dessins du concepteur aux exécutants dont beaucoup ne savaient pas lire ; car de toute éternité, les constructions dignes de ce nom ont toujours été préalablement pensées et figurées : il n'a jamais existé de temple conçu sur le tas. Nos confrères d'aujourd'hui, qui, pour la moindre construction, manipulent des monceaux de tirages, évoqueront avec envie l'architecte de Salomon et d'Hiram arrivant au chantier du Temple avec la seule traditionnelle canne de jonc à la main. La Bible nous rapporte en deux lignes ce qu'il disait à ses conducteurs pour implanter ce bâtiment légendaire :

« La longueur de l'aula sera de 40 coudées, sa largeur de 20 coudées, sa hauteur de 30 coudées. »

I Rois 6, 1

Malgré ce schéma simplificateur, nous devons savoir que les méthodes de construction étaient perfectionnées, et que Salomon, par exemple, disposait d'appareilleurs et de tailleurs de pierre d'élite, la Bible nous dit :

« Quand on bâtit la Maison *(Le Temple)*, on la bâtit de pierres toutes préparées dans la carrière : marteaux, pics, aucun outil de fer ne fut entendu dans la Maison quand on la bâtissait. »

I Rois 6, 7

De toute façon, Salomon et son architecte étaient les seuls à qui Yahvé avait révélé ces nombres, pendant que les compagnons, à l'aide de « fiscelles et de cannes portant les mesures », comme l'a dit plus haut Philibert

St Pierre, St Paul et St Etienne apparaissent à l'abbé Gunzo et dévident des cordeaux pour marquer le plan de la future basilique de Cluny.
Miniature de la vie de St Hugues, B. N. lat. : 17716, Fol. 43 XIIe siècle (page 23).

Fig. 7

Légende de l'implantation de la basilique de Cluny

Delorme, se contentaient de mettre en place la matérialité de l'assiette du bâtiment sacré.

Cette obligatoire simplification de la structure de base et des mesures des plans, totalement perdue aujourd'hui, a été assez remarquée par Pierre du Colombier pour lui faire écrire :

« Les anciens maîtres disposaient de l'étonnante faculté de concevoir en esprit même des bâtiments étendus et de les développer sur place sans l'intermédiaire d'un projet. »

(op. cit.)

alors qu'il aurait pu écrire :

« Les anciens maîtres concevaient leurs projets suivant des tracés assez simples pour qu'ils puissent être facilement retenus par tous. »

Au Moyen Age, les légendes à ce sujet sont nombreuses : saint Paul, saint Pierre et saint Etienne apparaissent en rêve à l'abbé Gunzo et délimitent par des cordeaux la basilique Saint-Hugues à Cluny (fig. 7), Girard le Cambrien voit en rêve le fils du roi implanter une basilique, le Pape Libère trace dans la neige miraculeusement tombée le plan de la basilique Sainte-Marie-Majeure, etc.

*
* *

Exemples de tracés

Comme exemples de tracés modulaires caractéristiques d'éléments théoriques de l'architecture, nous choisirons quatre tracés tirés d'ouvrages classiques :

a) Le chapiteau ionique de Caesar Caesariano (fig. 8) ;

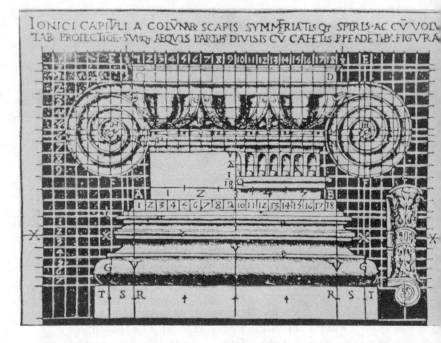

Fig. 8

Le chapiteau ionique de Caesar Caesariano

b) Le dessin de la porte dorique (fig. 9) (Philibert Delorme, L'Architecture, L. VIII, ch. III, p. 236) ;

c) Le tracé du portique d'une façade suivant un carré (fig. 10) (Philibert Delorme, L'Architecture, L. VII, ch. XV, p. 226) ;

d) Le tracé d'une petite chapelle (fig. 11) (Philibert Delorme, L'Architecture, L. VII, ch. IV, p. 235).

Le caractère commun de tous ces tracés, aussi bien résultant d'exemples théoriques que tirés de constructions réalisées, est d'être supporté par un quadrillage, dont chaque carré élémentaire mesure un module de côté ; les dimensions des éléments du dessin peuvent donc s'exprimer suivant un nombre entier de modules et satisfont ainsi à la notion de symétrie, mais il est difficile de déceler pour les spectateurs non avertis que nous sommes aujourd'hui le type de proportion utilisé. Le plus grand intérêt de ces tracés est avant tout de nous montrer quelles lignes principales ont choisi leurs auteurs

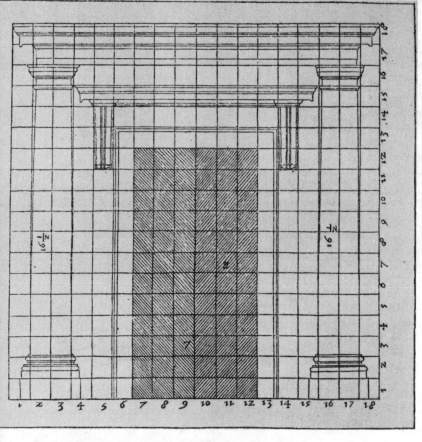

Fig. 9

Dessin de la Porte dorique de Philibert Delorme

Fig. 10

Tracé du Portique d'une façade

CHAPITRE III

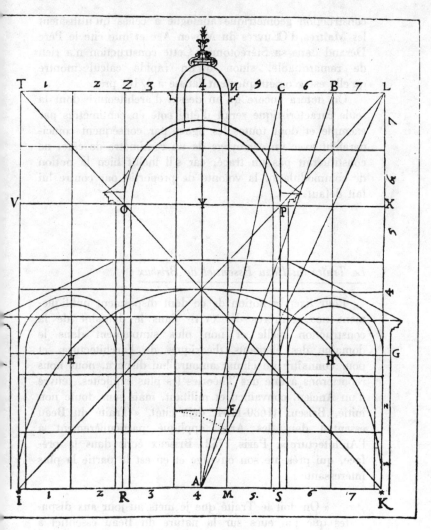

Fig. 11
Tracé d'une petite chapelle par Philibert Delorme

pour déterminer les éléments de l'architecture. Cependant, personne n'étant infaillible, signalons que Philibert Delorme a glissé dans le dessin de sa petite chapelle une construction géométrique analogue à celles qu'utilisaient les Maîtres d'Œuvres du Moyen Age et que cite le Père Derand dans sa Stéréotomie. Cette construction n'a rien de remarquable, sinon qu'un rapide calcul montre qu'elle est géométriquement fausse à 1/10e près.

On notera encore qu'un dessin d'architecture dont la seule caractéristique serait d'être coté en centimètres par exemple et dont toutes les lignes par conséquent coïncideraient avec un carroyage de un centimètre de côté, ne constituerait pas un tracé, car s'il inclut bien la notion de commodulatio, la volonté de proportio par contre lui fait défaut.

*
* *

Le Traité du Beau Essentiel de Briseux

Pour fixer la notion de ce dont disposaient publiquement nos confrères du XVIIIe dans le domaine de la construction réelle et non plus simplement dans le domaine des éléments théoriques de l'architecture, et pour connaître un climat aujourd'hui disparu, nous nous reporterons à une des Théories les plus explicites, œuvre d'un Ancien, convaincu et militant, mais sans doute non initié, Briseux (1680-1754, déjà cité), « Traité du Beau essentiel dans les Arts, appliqué particulièrement à l'Architecture », Paris 1752. Briseux écrit dans la préface, qui présente son ouvrage et en est la partie la plus intéressante :

« On doit le Traité que je mets au jour aux disputes que j'ai eues sur la nature du Beau essentiel à l'Architecture, avec plusieurs de mes confrères. La plupart, marchant avec confiance sous la bannière de Perrault, refusent de faire dépendre ce beau des proportions. »

le mot proportions étant pris là dans sa stricte signification mathématique.

Et après avoir regretté que Blondel n'ait pas dit tout net à Perrault qu'on ne peut pas plus changer la proportion des colonnes que modifier l'harmonie des accords musicaux, il écrit :

« Au reste, Perrault a si mal modulé les Ordonnances d'Architecture qu'il a données au public *(allusion à l'ouvrage de Perrault, Ordonnance des Cinq Ordres de colonnes, 1683)* qu'on ne s'est jamais avisé de les mettre à exécution. »

Mais surtout Briseux propose des « modèles », qui ont pour nous l'intérêt majeur de montrer que les lignes principales des tracés n'ont pas changé depuis la plus lointaine origine, (cela est fort important, mais constitue malheureusement le seul intérêt de ces analyses pleines de conviction à défaut de vues générales). Il dénomme ces « modèles » : « preuves par l'expérience » (ce que nous appelons « analyses graphiques »). Il donne ainsi le tracé de la Villa Capra (Vicence) (fig. 12) et d'autres bâtiments italiens pour terminer par l'analyse de la Porte Saint-Denis du Sieur François Blondel, son grand homme. Puis il en vient (c'est bien naturel) à proposer comme modèle le tracé de ses propres œuvres, en particulier celui du projet de l' :

« Élévation sur la principale entrée d'une maison de plaisance pour un souverain. »

C'est un très classique tracé arithmétique qui met en œuvre la proportion harmonique appliquée à une honnête architecture XVIIIe siècle.

Briseux, qui ne compte pas parmi les grands noms, ne fut sans doute pas initié ; mais ses écrits, rapportant les premiers éléments de la doctrine, constituaient une base et une bonne introduction à ceux que leur tournure d'esprit dirigeait plus avant dans l'Initiation.

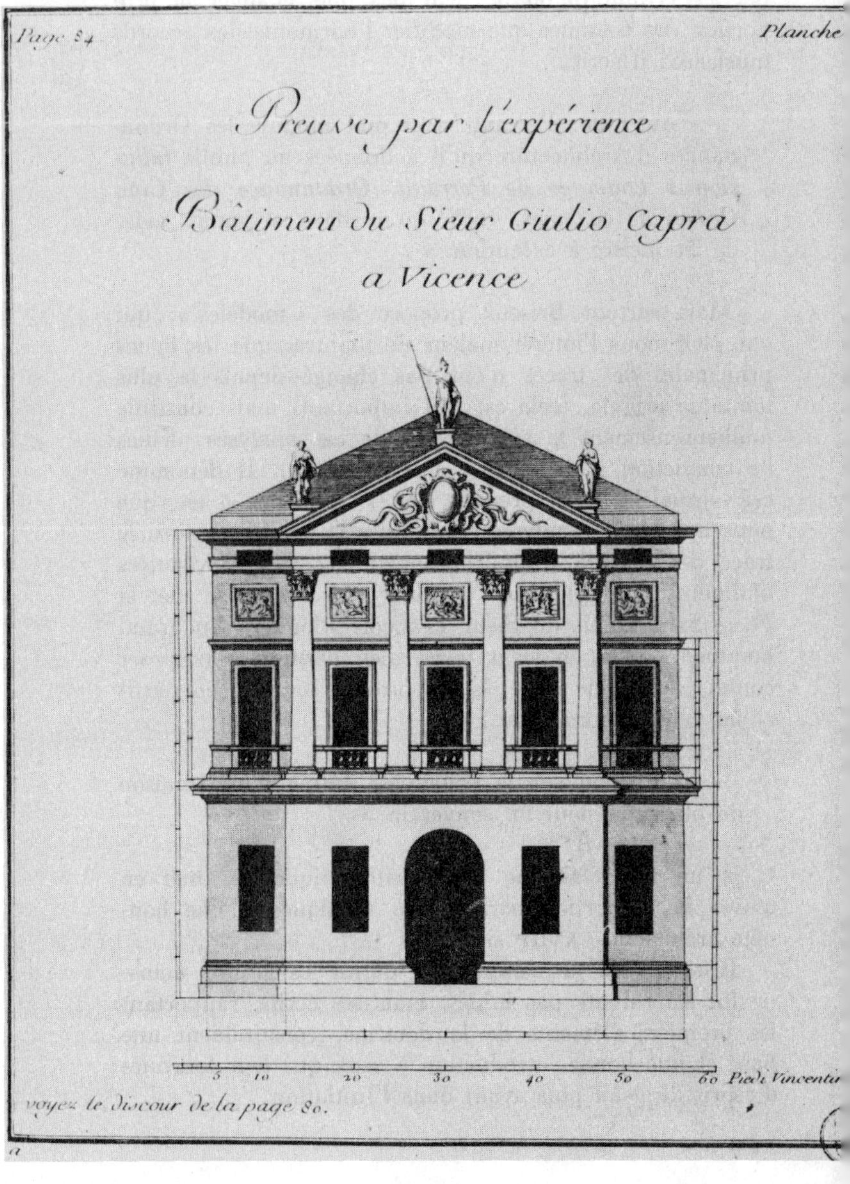

Fig. 12

Preuve par l'expérience de Briseux - Tracé de la Villa Capra

CHAPITRE IV

LE TRACÉ GÉOMÉTRIQUE OU DYNAMIQUE
LA RÉCURRENCE DES FORMES

> Ἀει ο θεος γεωμετρει.
> « *Dieu est géométrie.* »
>
> Platon.

Le tracé géométrique, apparu vers le Ve siècle avant J.-C., est un perfectionnement et un aboutissement du tracé arithmétique. Il est caractérisé par le fait que les rapports entre nombres entiers rationnels qui régissent les tracés arithmétiques y sont remplacés par des rapports entre nombres irrationnels dynamiques du domaine de la tradition pythagoricienne.

Nous devrons toujours nous souvenir que nous n'avons rencontré cette discipline de tracés, s'appuyant sur les connaissances mathématiques des philosophes grecs du Ve siècle (géométrie dynamique et partage en moyenne et extrême raison exprimée par le nombre φ) que dans les aires géographiques imprégnées de l'esprit classique grec. C'est le cas de la France de la Renaissance ; Philibert Delorme le dit on ne peut plus clairement dans « l'épistre dédicatoire » de son architecture : « Qui voudra ample témoisgnage de mon dire, qu'il lise Hérodote, Pline et d'autres. »

Nous devrons toujours nous souvenir également, que la connaissance de la division en moyenne et extrê-raison (le rapport φ) subit une totale éclipse au haut Moyen Age et ne réapparut qu'après la traduction d'une copie arabe des Eléments d'Euclide (285 A.J.C.) par le géomètre Campanus de Novare (XIIIe siècle) ; encore cet ouvrage qui traite du pentagone étoilé et de la moyenne et extrême raison ne fut-il publié qu'en 1482.

Et c'est encore Vitruve, qui, reprenant des ouvrages grecs et alexandrins disparus, nous rapporte de façon certaine l'utilisation de la géométrie.

« Difficiles que symetriarum questiones geometricis rationibus et methodis inveniuntur. »

(I. 1. 15)

« Lorsquelles sont difficiles, les questions de symétrie se résolvent aussi par des rapports et des méthodes géométriques. »

Il mentionne par la suite dans le cours de son ouvrage le seul exemple de tracé géométrique jamais dévoilé par l'Antiquité, indiquant en clair que l'on peut dessiner un atrium en utilisant le côté d'un carré comme petit côté de l'atrium et la diagonale de ce carré comme grand côté de l'atrium ; il se garde d'ailleurs de donner quelque justification que ce soit à sa proposition. A la Renaissance, Paccioli di Borgo puis Philibert Delorme reprendront cette indication à la suite de Vitruve.

A l'encontre du tracé modulaire, la théorie et le dessin du tracé géométrique, qui faisaient appel à des mathématiques secrètes, ont toujours été entourés du plus vigilant secret ; les initiés défendaient ainsi contre le vulgaire leur autorité tant spirituelle que matérielle : elle n'aurait pas résisté à la divulgation de doctrines dont le commun était incapable de comprendre les aspirations. Nous ne possédons donc pas pour les tracés géométriques de théorie explicite analogue à celle que nous a laissée Vitruve pour les tracés arithmétiques ; nous ne pouvons que la reconstituer.

Les tracés géométriques, s'appuyant sur la géométrie dynamique pythagoricienne et platonicienne, naquirent, semble-t-il, à l'époque même où les Écritures et leur secrète parente la Cabale puisaient un nouveau souffle arithmologique dans la pratique des nombres sacrés pythagoriciens et les découvertes mathématiques des Grecs. La géométrie égyptienne secrète des arpédonaptes (mot à mot, les tendeurs de cordeaux : les géomètres qui après chaque crue du Nil réimplantaient le parcellaire) en constitue l'origine ; mais seule l'analyse graphique d'œuvres égyptiennes et grecques de cette époque pourra nous dire si les Égyptiens avaient ou non appliqué avant les Grecs la géométrie dynamique à leurs constructions, nous n'en avons pas jusqu'à maintenant rencontré.

La notion d'esthétique est moderne, presque contemporaine. Ce n'est qu'en 1762 que l'on trouve mentionné le mot « artiste » dans le dictionnaire de l'Académie Française. Pour les Anciens, ce que nous appelons le Beau était l'expression de la Perfection de la Création divine ; pour y atteindre, l'homme devait l'imiter et s'en inspirer : l'imiter pour l'honorer, comme les Égyptiens et les Chaldéens ; rivaliser avec elle pour l'égaler ou la dépasser, comme les Grecs.

Réciproquement, les Anciens étaient persuadés que les Dieux voyaient d'un œil favorable la volonté des Humains de créer à leur imitation. Aristote dit dans son « Éthique à Nicomaque » :

« Nous pouvons croire que les Dieux ont plaisir à voir briller dans le Monde ce qui ressemble le plus à leur propre nature. »
(X, 8, 1178-1179),
cité par J.-P. Adam.

Depuis toujours le rythme, dont la manifestation la plus simple est le rythme binaire, était apparu aux Anciens comme le moyen choisi par Dieu pour animer et faire vivre le Monde ; ce rythme se manifestait par la mystérieuse et immuable répétition des phénomènes astraux, des saisons, des jours, ou par la succession des générations d'hommes, d'animaux ou de plantes, se reproduisant toujours semblables à elles-mêmes. Ghyca définit ce rythme de façon imagée comme une « périodicité perçue » ; les poètes et les philosophes depuis l'Antiquité l'avaient plus poétiquement dénommé « l'Éternel Retour », cet éternel retour que Nietsche redécouvrit quarante siècles plus tard.

En ce qui concerne la construction, nos ancêtres architectes désirant honorer les Dieux en imitant leur perfection cherchèrent à transférer ce rythme créateur à l'espace construit.

Pour reproduire et imiter les divins rythmes successifs du Temps, ordonnés par Dieu [1] au moyen de la durée des phénomènes naturels (jours, saisons, gestation des créatures), ils leur assimilèrent les rythmes géométriques instantanés de l'espace créés par eux, l'architecture par exemple mesurée au moyen d'unités d'origine divine (pieds ou coudées). (Les rythmes possèdent en réalité deux dimensions, temps et espace ; nous adopterons cependant l'hypothèse simplificatrice ci-dessus pour la clarté de l'exposé.) Nos ancêtres cherchèrent donc à inclure dans la construction des formes se reproduisant en elles-mêmes semblables à elles-mêmes, en un mot à créer un rythme des formes. Ces formes dans un bâtiment répondant normalement aux lois de la pesanteur sont engendrées par des verticales et des horizontales déterminant des rectangles. Le problème revenait donc à trouver des formes, des rectangles, capables à l'imitation de la Nature de se reproduire en soi, semblable à soi-même, en un mot capables de créer un rythme, à l'imitation du rythme divin.

Nous demandons au lecteur de lire attentivement le paragraphe qui suit, clé de l'esthétique pythagoricienne et platonicienne, retrouvée par l'Américain Jay Hambidge *(op. cit.)* sans que, malheureusement, il en ait su montrer les aboutissements architecturaux.

Considérons le carré ABCD (fig. 13), de côté égal à 1 par définition (1 pied, 1 coudée, 1 plèthre, 1 mètre ou

CHAPITRE IV 69

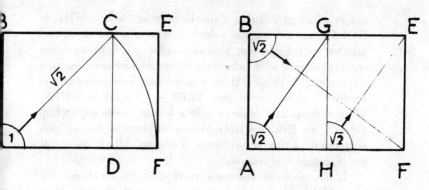

Fig. 13

Le rectangle $\sqrt{2}$ et sa décomposition harmonique

n'importe quelle autre unité de mesure). Sa diagonale AC est égale à $\sqrt{2}$ (Théorème de Pythagore).

$$AC^2 = AB^2 + BC^2 = 1^2 + 1^2 = 2$$

d'où AC = $\sqrt{2}$. En rabattant AC sur AF, nous obtenons le rectangle ABEF dont les côtés AB et AF sont 1 et $\sqrt{2}$.

Pour alléger le texte, nous appellerons tous les rectangles dont les côtés sont proportionnels à 1 et $\sqrt{2}$: rectangles $\sqrt{2}$. De même, les rectangles $\sqrt{3}$, $\sqrt{4}$ (le double carré) et $\sqrt{5}$ seront les rectangles dont les côtés sont proportionnels à 1 et $\sqrt{3}$, $\sqrt{4}$ et $\sqrt{5}$. (En langage mathématique, ce rapport entre les côtés d'un rectangle s'appelle « le module du rectangle » ; nous bannirons cependant ce vocable, en raison des confusions qu'il ne manquerait pas d'entraîner avec le « module » vitruvien). Nous les désignerons dans toutes nos illustrations par leur sigle écrit dans un angle du rectangle et encadré d'un quart de cercle ; la diagonale du rectangle issue de cet angle et marquée d'une flèche permettra d'individualiser le rectangle sans indétermination.

Poursuivant notre dessin, nous diviserons en deux parties égales le grand côté AF et tracerons deux nouveaux rectangles inclus dans le premier, soit ABGH = GHEF ; un très rapide calcul montre que ces deux rectangles sont également des rectangles $\sqrt{2}$ dont les côtés correspondants sont orientés perpendiculairement au côté du rectangle ABEF. Il en résulte que l'observateur qui regarde les trois rectangles ABEF — ABGH et GHEF, ne perçoit qu'une seule et même forme : celle du rectangle $\sqrt{2}$, au lieu des trois formes différentes qui se présenteraient à lui si la figure d'origine ABEF avait été un rectangle quelconque.

L'ensemble de ces trois rectangles (le rectangle origine ABEF, et les deux rectangles résultants ABGH et GHEF) se reproduisant en soi, identiques à eux-mêmes, constituent donc un rythme, correspondance du rythme divin. D'autre part, en dehors de toute métaphysique et sur le plan matériel et uniquement physiologique, il est instinctivement plus facile, donc plus agréable, de percevoir une seule et même forme que trois formes différentes : notre instinct simplificateur et notre louable sens du moindre effort y trouvent leur compte.

Cette belle simplification de ne percevoir qu'une forme au lieu de trois exprime ce que les Mathématiciens ont appelé le *principe de la récurrence des formes*. Alberti l'a magistralement écrit dans son « De re aedificatoria » : « lineamenta sentiamus ubi una atque eadem in illis videtur forma » (nous apprécions de ne voir dans un ensemble qu'une seule et même forme). Il constitue le principe de base de l'utilisation de la géométrie dynamique.

Une forme est donc dite récurrente lorsqu'elle se reproduit sous une forme identique dans une autre forme.

Nous pouvons alors maintenant mesurer la différence entre les tracés harmoniques arithmétiques et géométriques. Le tracé arithmétique met en jeu la récurrence des mesures par l'usage de proportions, alors que le tracé géométrique met en jeu la récurrence des formes en s'appuyant sur la géométrie dynamique pythagoricienne que nous définissons immédiatement à la suite. C'est cette même récurrence qu'évoque le Père Teilhard de

CHAPITRE IV

Chardin dans « Mon Univers », *op. cit.*, p. 29, si ce n'est que pour notre sujet, nous limiterons le jeu sacré au domaine des tracés.

> « A ce jeu sacré, la loi de récurrence qu'est l'Union Créatrice se prête avec une souplesse merveilleuse. »

Ceci n'est bien entendu que l'embryon de la géométrie dynamique. Sa découverte et l'étude de ses infinies possibilités ont frappé d'admiration et d'étonnement des esprits universels de la qualité de Pythagore ou de Kepler. Elles ne sont plus aujourd'hui qu'une simple curiosité pour les lycéens et quelques spécialistes.

*
* *

Nous devons donc, avant d'énoncer les quatre postulats du jeu des tracés, définir la notion de rectangle dynamique et celle de thème (fig. 14-15-16).

A. Notion de rectangle dynamique

On appelle rectangle dynamique un rectangle dont les côtés sont égaux ou proportionnels, l'un à l'unité, l'autre à la racine carrée des nombres entiers, à l'exemple du rectangle $\sqrt{2}$ examiné ci-dessus.

Après avoir désigné par la lettre n ces nombres entiers, nous répétons que nous signalerons ces rectangles sur les dessins par le sigle de la racine carrée les caractérisant soit $\sqrt{n}$ écrit dans un angle du rectangle et encadré d'un quart de cercle ; la diagonale du rectangle issue de cet angle et marquée d'une flèche permettra d'individualiser ce rectangle sans indétermination. Les rectangles dynamiques se construisent facilement à la règle et au compas à partir du carré (fig. 15).

Il apparaît d'une façon absolue que, dans le domaine

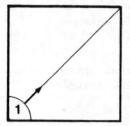
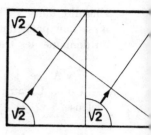
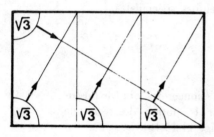
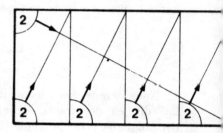
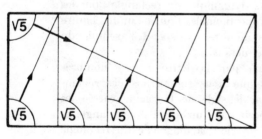
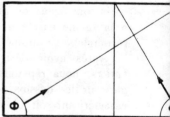

Fig. 14

Rectangles de base des thèmes dynamiques et leurs décompositions harmoniques les plus simples

CHAPITRE IV

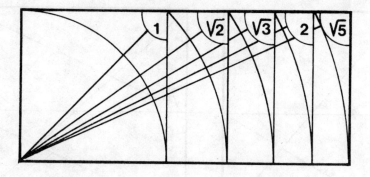

Fig. 15

Construction des rectangles dynamiques à partir du carré

des tracés harmoniques utilisés par les Anciens, n est toujours inférieur ou égal à 5,

$$n \leqslant 5$$

Une fois encore les Anciens, pour qui le nombre 5 constituait un seuil et un pivot, ont adopté un système limitant leur jeu aux cinq premiers nombres ; mais ce qu'ils ont fait intuitivement, sans doute poussés par l'expérience, les mathématiciens modernes l'ont justifié par le calcul théorique (voir annexe V, p. 307).

B. *Notion de rectangle de thème $\sqrt{n}$*

On appelle rectangle dynamique de thème $\sqrt{n}$, ou plus simplement rectangle en $\sqrt{n}$, un rectangle dont le rapport des côtés s'exprime uniquement en termes $\sqrt{n}$ et en nombres entiers rationnels, que nous désignerons par le symbole r, (y compris les fractions).

Il apparaît également de façon absolue que r comme n est toujours inférieur ou égal à 5.

$$r \leqslant 5$$

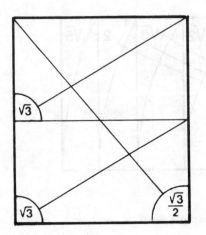
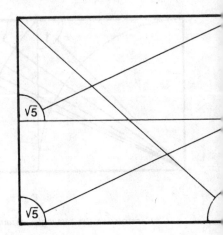
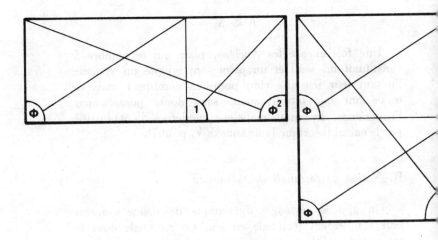

Fig. 16

Les rectangles apparentés des thèmes $\dfrac{\sqrt{3}}{2}, \dfrac{\sqrt{5}}{2}, \varphi^2, \dfrac{\varphi}{2}$

Exemple :

a) le rectangle $\dfrac{\sqrt{2}+3}{2}$ est un rectangle de thème $\sqrt{2}$

b) le rectangle $\dfrac{\sqrt{5}+1}{2}$ est un rectangle de thème $\sqrt{5}$

Rappelons encore que la dénomination rectangle dynamique a été reprise de Platon (Théétète 147 d) par l'Américain Jay Hambidge qui a fait resurgir de l'oubli où elle était tombée depuis la Renaissance l'étude des formes pythagoriciennes et platoniciennes (J. Hambidge, Dynamic Symetry, Yale University Press, 1924).

*
* *

Matila Ghyca, reprenant et commentant l'œuvre de Hambidge dans deux ouvrages bien connus, « Esthétique des proportions dans la Nature et dans les Arts » paru en 1927, et « Le Nombre d'Or » paru en 1931, divulgua chez nous la symétrie dynamique de la doctrine pythagoricienne et platonicienne.

Platon qualifiait de : δυναμει συμμετροι les nombres commensurables en puissance : $\sqrt{2}$, par exemple, nombre incommensurable, devient 2, nombre commensurable, quand on l'élève au carré ($\sqrt{2} \times \sqrt{2} = 2$) ; nous appellerons plus simplement les nombres tels que $\sqrt{2}$: nombres dynamiques.

Cette terminologie ne nous est plus familière, mais le vieux langage mathématique de la Renaissance avait traduit littéralement et exprimé parfaitement cette notion : « une ligne droite est dite *pouvoir* une figure quand le carré décrit sur icelle est égale à cette figure. Ainsi deux lignes sont commensurables en puissance, lorsque non pas les lignes, mais les carrés d'icelles lignes peuvent être mesurés par une même superficie ». (Henrion, Les quinze livres des Éléments géométriques d'Euclide, Paris, 1552, p. 403.)

** *

Devançant les démonstrations de Jean-Pierre Pérez et de Boris Maldant, que nous avons reportées en annexe V à la fin de notre ouvrage, nous énoncerons les quatre postulats du jeu des tracés.

Postulat 1

Il existe trois thèmes de tracés harmoniques dynamiques :

— le thème $\sqrt{2}$ — à titre indicatif $\sqrt{2} = 1,4142135$
— le thème $\sqrt{3}$ — à titre indicatif $\sqrt{3} = 1,7320508$
— le thème $\sqrt{5}$ — à titre indicatif $\sqrt{5} = 2,2360679$
Le thème $\sqrt{3}$ est d'un emploi exceptionnel.

Postulat 2

Le carré, rationnel par définition, mais qui peut s'exprimer irrationnellement, puisque $\sqrt{1} = 1$, ne caractérise pas à lui seul un thème, mais s'associe universellement et indifféremment à chacun des thèmes ci-dessus.

Il en est de même du double carré, $\sqrt{4} = 2$, rectangle constitué par deux carrés juxtaposés.

Le nouveau système harmonique dynamique, venant s'ajouter au système modulaire arithmétique, reprenait et incluait ainsi dans ses structures le Ciel [1] (carré) et la Terre [2] (double carré), et s'apparentait ainsi au pair impair originel, support des plus anciennes traditions cosmogoniques.

Postulat 3 (loi du non mélange des thèmes)

Les rectangles en $\sqrt{2}$, en $\sqrt{3}$, en $\sqrt{5}$, énoncés ci-dessus, forment chacun en soi un groupe homogène clos, que nous avons dénommé thème $\sqrt{2}$, thème $\sqrt{3}$, thème

√5. Chacun de ces thèmes ne saurait être mélangé ni à un autre thème, ni à un autre groupe dynamique, ni à un groupe géométrique quelconque (sauf le carré).

En effet, le calcul algébrique qui exprime avec exactitude et facilité les dessins géométriques des Anciens montre que lorsqu'on introduit dans un calcul en √5 par exemple une expression en √2, ce calcul se bloque et demeure sans résultat. Cette particularité correspond tant à la notion instinctive, qui nous fait redouter une fausse note en musique, qu'à un théorème de mathématique dont nous ne donnons pas la démonstration. C'est cette notion qu'avait déjà exprimée Alberti au sujet du tracé arithmétique (supra, page 52).

Postulat 4
___

Les formes des rectangles utilisées pour dessiner les tracés sont pour chaque thème celle du rectangle dynamique du thème et celle du rectangle apparenté obtenu en divisant par deux la racine caractérisant le thème (souvenons-nous que le second côté du rectangle de base représente toujours l'unité) (fig. 16). Il faut encore voir dans cette particularité une parenté avec l'omniprésent pair impair ; 1 et 2, origine du Cosmos.

*
* *

L'ARCHITECTURE CACHÉE

Un tableau récapitulatif permettra une vue d'ensemble des trois thèmes.

P.M. — Carré et double carré font partie de chaque thème.

	Carré Dieu [1]	Rectangle dynamique de base du thème associé au carré	Double carré Temple [2]	Rectangle dynamique de base du thème associé au double carré
P.M. Thème $\sqrt{1}$	1	(carré) Dieu 1	2 le Temple	$\sqrt{4} = 2$ ou $\frac{1}{2}$ (double carré)
Thème $\sqrt{2}$	1	Rectangle $\sqrt{2}$ Le Temple	2	Rectangle $\frac{\sqrt{2}}{2} = \sqrt{2}$ (P.M.)
Thème $\sqrt{3}$	1	Rectangle $\sqrt{3}$	2	Rectangle $\frac{\sqrt{3}}{2}$
Thème $\sqrt{5}$	1	Rectangle $\sqrt{5}$ Rectangle φ $\frac{\sqrt{5}+1}{2}$ $\varphi^2 = \varphi + 1 = \frac{\sqrt{5}+3}{2}$	2	Rectangle $\frac{\sqrt{5}}{2}$ Rect. $\frac{\varphi}{2} = \frac{\sqrt{5}+1}{4}$ (voir infra annexe IV, p. 289)

Nous remarquons que :

1) **Les thèmes s'expriment uniquement au moyen des cinq premiers nombres** ; nous ne manquerons pas alors de nous souvenir que ces cinq premiers nombres sont les plus remarquables supports de l'ésotérisme chiffré (N.C., V).

2) Dans le thème $\sqrt{5}$ vient s'inclure un rectangle qui se révèlera étonnant (nous en reparlerons en annexe), *le*

rectangle d'or ou rectangle $\varphi = \dfrac{1+\sqrt{5}}{2} =$ 1,6180349

Ses côtés a et b sont en rapport de moyenne et extrême raison, soit :

$$\frac{a}{b} = \frac{a+b}{a}$$

ce qui revient à dire que le rapport du plus grand côté au plus petit est égal au rapport de la somme des deux côtés au plus grand.

Le rectangle $\varphi^2 = \varphi + 1$, constitué par un rectangle φ et un carré, se trouve être le seul rectangle faisant partie d'un thème à présenter cette particularité. On pourrait cependant évoquer l'analogie avec le double carré $2 = 1 + 1$.

*
* *

EMPLOI DES TRACÉS GÉOMÉTRIQUES

Valeurs approchées fractionnaires des racines

Il était beaucoup moins simple de coter et d'implanter des tracés géométriques s'appuyant sur les irrationnelles incommensurables que des tracés modulaires cotés en nombre entiers simples. Aussi subtils qu'ils aient été, les tracés géométriques ont fait perdre aux constructeurs deux avantages majeurs : la facilité de communication aux exécutants, même si à l'époque où ils apparurent cette facilité de communication n'était plus un impératif, et la simplicité d'implantation.

Pour permettre aux architectes de coter en cotes rondes les dimensions irrationnelles des rectangles dynamiques dessinés dans leurs plans, les mathématiciens avaient fourni pour chacune des trois racines des thèmes, des séries de valeurs approchées, exprimées en fractions rationnelles ; la plus connue est la série de Fibonacci, concernant la divine proportion : φ.

$$\varphi = \frac{1}{1}, \frac{2}{1}, \frac{3}{2}, \frac{5}{3}, \ldots \frac{a}{b}, \ldots \frac{a+b}{a} = 1,618$$

(voir annexe IV, p. 289).

Par exemple, nous verrons bientôt que le stylobate du Parthénon construit par Ictinos est tracé en $\sqrt{5}$, ($\sqrt{5} = 2,2366$).

Il mesure 360 modules sur 160, sa proportion est donc égale à

$$\frac{360}{160} = \frac{18}{8} = 2,25, \text{ or } \frac{18}{8}$$

est le cinquième terme de la série des valeurs approchées fractionnaires de $\sqrt{5}$, qui étaient déjà connues du temps de Platon.

Les récentes expositions (1975) de dessins originaux de deux grands Initiés, Andréa Palladio (1518-1580) et Inigo Jones (1572-1651), sont révélatrices à ce sujet et nous ne devons donc pas perdre de vue que l'utilisation d'un tracé géométrique oblige l'architecte à mettre en œuvre des plans aux cotes plus complexes que celles qu'entraîne le tracé arithmétique.

L'extraordinaire subtilité d'Ictinos pour le tracé du Parthénon a surmonté ce problème, c'est l'unique exemple que nous en connaissions (chapitre VII).

*
* *

De plus, la doctrine des tracés géométriques n'a jamais été divulguée du temps de leur utilisation, alors que Vitruve ou Vignole avaient tout dit sur les tracés modulaires.

Les quatre postulats que nous avons énoncés en nous référant tant au modèle de Blondel, qu'en nous appuyant sur le résultat de nos analyses graphiques et sur les textes, constituent une règle idéale pour de parfaits tracés à l'usage de parfaits traceurs : il en a existé.

Vauban, Mansart, Jacques-Ange Gabriel, Claude-Nicolas Ledoux, ont scrupuleusement appliqué les règles théoriques évoquées ci-dessus. Ils ne les ont d'ailleurs pas appliquées à toutes leurs œuvres, mais seulement sans doute à celles qui leur tenaient le plus à cœur. C.N. Ledoux par exemple a tracé le pavillon du Directeur et le pavillon d'entrée d'Arc et Senans ; les autres bâtiments, peut-être œuvre de ses collaborateurs, ne paraissent pas tracés.

La plupart de nos anciens confrères (comme beaucoup d'entre nous le font d'ailleurs encore aujourd'hui, suivant une tradition assez imprécise) paraissent s'être souvent contentés de l'application de quelques règles, on pourrait presque dire recettes : les plus courantes étant l'utilisation de la proportion dorée ou de $\sqrt{2}$ pour la hauteur relative des étages (Colonnade du Louvre, bâtiments de la place de la Concorde, etc.), l'utilisation de rectangles dynamiques pour le dessin des baies ou le dessin des contours des bâtiments, etc., c'est-à-dire une utilisation partielle.

Cependant, la règle du non mélange des thèmes, dont l'application exprime l'intelligence du système dynamique, fut toujours scrupuleusement respectée.

En conclusion, si la rigueur de la théorie des tracés géométriques que nous avons exposée peut vous paraître extrême, vous pourrez attribuer cette rigueur aux scrupules d'un adepte qui n'a pas eu la chance d'être guidé par la « Sagesse » de quelque providentiel Initié, ou par la pratique encore vivante de la géométrie platonicienne.

Tout ce que nous avons rapporté résulte d'expériences passées ; il est difficile de se diriger à l'aise dans cet édifice, depuis deux siècles en ruine.

CHAPITRE V

LE CARRÉ ET LE DOUBLE CARRÉ
DIEU ET SON TEMPLE

> « Et, en avant du Sanctuaire, (il avait 20 coudées de long, 20 coudées de large et 20 coudées de haut), il fit un autel de cèdre et le recouvrit d'or fin. »
>
> Rois 6, 20.

Les sanctuaires méditerranéens, qui ont sans doute été les premières constructions tracées, présentent des dispositions caractéristiques.

a) Les plans de ces édifices sont tracés suivant le carré, symbole du Dieu Un, et le double carré, symbole du Temple sa demeure terrestre. Ces deux formes sont l'expression graphique des deux nombres divins [1] et [2] (N.C., II) ; le double carré représente la conjonction du Ciel [1] et de la Terre [2].

Dans une prochaine et dernière étude sur les tracés, nous montrerons comment la « Forme initiale » carrée a universellement servi de point de départ aux tracés des « monuments clés » que ce soit l'Hécatompédon du Parthénon ou le carré du transept de nos cathédrales.

b) Ces plans se mesurent au moyen de nombres symboliques simples, la plupart du temps multiples du module décimal par les nombres premiers, tels que 10, 50, 100, 280, 360, 440, 1 040. (Les Écritures ne conservèrent que 1, 2, 3, 5, 7, pour la construction des trois Temples, n'utilisant pas le 11 et le 13 égyptiens.)

c) Ces édifices comportent généralement un symbole de l'ascension (pyramides des complexes funéraires égyptiens, frontons des temples antiques, plus tard clochers de nos églises). Les étages des ziggourats babylonniennes et les degrés des plus anciennes pyramides furent la première expression de ce symbole.

d) Ces édifices sont orientés au soleil levant, et deux pylônes sont implantés en façade. Leur dualité symbolisait la demeure terrestre du Dieu [1] et permettait à l'origine tant l'implantation du bâtiment que l'observation des variations solaires. L'étymologie latine du mot orient *orientem*, naissant) est par elle-même éloquente.

Il convient de faire une exception pour les temples cubiques surmontés de cornes, édifiés au sommet des ziggourats babylonniennes ; les cornes, symbole de puissance dont nous conservons encore aujourd'hui le lointain souvenir dans les mitres de nos évêques, peuvent évoquer tant le culte lunaire (l'orientation solaire est alors sans objet) que les cultes dérivés du taureau védique.

Les complexes funéraires égyptiens

Notre première rencontre avec le carré et le double carré, matérialisés par des mesures relevées dans des fouilles de bâtiments antiques, est égyptienne. C'est aux très importants complexes funéraires de Saqqarah, tant celui de Zoser, le plus célèbre des souverains de la troisième dynastie, construit par l'architecte Imhotep, qu'au complexe de l'Horus Sekhem Khet, son fils, récemment fouillé par J.-P. Lauer, que nous avons vu le thème s'exprimer avec toute sa netteté (fig. 19 et 20).

La face extérieure de l'enceinte du complexe de Zoser mesure 1 040 coudées de longueur environ, sur une largeur égale à la moitié, c'est-à-dire que cette enceinte a la forme d'un double carré.

La face intérieure de l'enceinte du complexe de

l'Horus Sekhem Khet, implanté sur un terrain voisin, mesure également 1 040 coudées (ce nombre a été évidemment repris du sanctuaire de Zoser) elle comporte une pyramide carrée de 220 coudées, un carré de 360 coudées et deux doubles carrés de 220 coudées.

Mais l'Egypte est un pays si surprenant qu'il est très possible que les complexes de Saqqarah soient déjà les héritiers d'une tradition longuement établie.

*
* *

J.-P. Lauer, à qui nous avions fait part de nos recherches sur les monuments qu'il a fouillés et relevés, est alors remonté aussi loin qu'il semble que l'on puisse remonter, en signalant le double carré du tombeau de Nagada, où l'on pense que fut inhumé Ménès-Narmer, le premier roi légendaire d'Egypte ; ce tombeau, qui mesure 100 coudées sur 50, date du troisième millénaire et précède d'environ 250 ans les constructions d'Imhotep.

A la suite, nous jalonnons les siècles de monuments remarquables.

Citons l'exemple bien connu du complexe de la Grande Pyramide : la base de la Grande Pyramide est carrée (440 coudées/440 coudées) tandis que la Chambre du Roi (10 coudées/20 coudées) et le Temple qui est accolé à la Pyramide (40 coudées/80 coudées) sont doublement carrés, illustrant le thème divin 1 et 2. Il suffit d'ailleurs d'ouvrir presque au hasard un recueil de relevés de bâtiments sacrés égyptiens pour rassembler une moisson du thème 1 et 2.

Les Grecs ont hérité la tradition : Platon, Critias, 116 d) nous rapporte les dimensions du temple de Poséidon de la légendaire Atlantide.

« le sanctuaire de Poséidon était long d'un stade, large de trois plèthres et d'une hauteur proportionnée », le stade valant 600 pieds et le plèthre 100 pieds : ce temple formait un double carré et mesurait environ 200 mètres sur 100 ; quelle pouvait être la hauteur proportionnée de ce monstre ? (A moins que ce n'ait été une enceinte sacrée à la façon des Égyptiens.) Le Parthénon se conformera fidèlement à cette tradition.

Il va sans dire que Vitruve, à la suite des Grecs, fait pour la construction des temples et des basiliques une règle de l'emploi du carré et du double carré, sans en fournir de justification.

Les 3 Temples des Écritures

Après avoir évoqué le Temple de Moïse (Exode 27-30), (N.C., II), c'est une place tout à fait particulière que nous réservons au Temple de Salomon construit entre 975 et 932, car il est l'ancêtre quasi physique de nos églises. La Bible (I Rois 5-7) rapporte l'historique détaillé de l'opération, réalisée suivant les révélations faites par Yahvé à Salomon. Celui-ci, fils de David et de Bethsabée, fut roi des Israélites de 971 à 932. C'est une des fortes personnalités de la Bible, qui en compte cependant beaucoup. Il nous apparaît aujourd'hui comme un souverain de droit divin régnant de main de maître sur un état riche et puissant. Son accession au trône fut mouvementée, puisqu'il dut d'abord décapiter l'opposition et faire successivement exécuter son frère aîné Adoniyyahou, le grand-prêtre Ébyatar, le chef des armées Joab, et quelques notables (Chiméï). Et là-dessus, la Bible de rapporter très sérieusement :

« Plus d'adversaire ni d'histoire fâcheuse ! »
(1 Rois 5, 18).

« Ainsi la Royauté devint stable dans la main de Salomon. »
(1 Rois 2, 46).

Ce sage et rude monarque eut un règne heureux ; mais

comment sa vieillesse n'aurait-elle pas connu quelque faiblesse, quand la Bible, annonçant le Grand Schisme, nous dit encore (Rois 11, 3) :

> « Il eut sept cents femmes de rang princier et trois cents concubines ; et ses femmes firent dévier son cœur ! »

Ce n'est pas le caractère quantitatif symbolique de cette information qui nous intéresse, (bien que la Bible en ait déjà été étonnée : l'amant du Cantique des Cantiques dit à son unique et incomparable amante qu'elle est à elle seule plus aimée que les mille femmes de Salomon), mais bien plutôt le fait que sur ces 1 000 (beau nombre arithmologique !) compagnes du Roi, une seule soit nommément cinq fois citée, la fille du Pharaon (1 Rois 3, 1 ; 7,8 ; 9, 16-24 ; 11, 1). Pour nous, cela veut dire que Salomon entretenait des relations suivies avec la Cour d'Égypte et cela veut dire aussi que nous ne devons pas nous étonner que les révélations faites par Yahvé à Salomon soient identiques à celles qu'il avait déjà faites à Moïse quelques siècles plus tôt (N.C., II) et que ces révélations soient toutes deux conformes aux lois qu'avait édictées, vingt siècles auparavant, le demi-Dieu Imhotep, pour la construction des sanctuaires égyptiens. Qu'on en juge.

Temple de Salomon, (la « Maison » de Yahvé)
(Bible 1 Rois 6, 2-4), bâti en 7 ans.
(en coudées)

Elément	Long.	Larg.	Haut.	Proportion	Nomb.
« La Maison »	60 = (40 prêtres) + 20 Yahvé)	20	30	Double carré carré	2, 3, 5
Oulam	20	10		Double carré	2, 5
Debir, Saint des Saints	20	20	20	Cube	2, 5
Les 2 Chérubins		10	10	Carré et double carré	1, 5
Maison de la Forêt du Liban	100	50	30	Double carré	2, 3, 5
Vestibule	50	30			
Les dix bases de bronze	4	4	3	Carré	2, 3

Nombres premiers utilisés : 1, 2, 3, 5.

La Bible rapporte encore bien d'autres nombres déterminants carrés et doubles carrés à propos des travaux accessoires du Temple, mais ce qui finit d'apparenter le Temple aux bâtiments égyptiens ou chaldéens, d'une façon générale aux édifices religieux du Croissant Fertile précédemment construits, c'est l'implantation des deux pylônes monumentaux dénommés Yakin et Boas, sur le parvis à l'entrée du Temple (1 Rois 7, 13-14-15).

C'est le Syrien Hiram qui coula ces deux signaux qui mesuraient 18 coudées de hauteur sur 10 coudées de circonférence (soit 9 m de hauteur sur 3 m de diamètre environ) ; ces deux pylônes reprenaient l'éternelle tradition des deux repères solaires destinés à orienter les bâtiments sacrés, par des visées faites au lever du soleil depuis le fond du sanctuaire, traditionnelle demeure du Dieu.

Nous en conservons dans nos foyers campagnards une tradition que bien peu savent encore lire ; les innombrables taques de fonte qui, à partir de la Renaissance, ont protégé de la flamme les maçonneries du fond de nos âtres, portent la plupart du temps l'image symbolique de ces deux pylônes, couronnés de têtes d'anges. Ils encadrent souvent le monogramme du Christ (I.H.S.) ou un soleil. Les flammes du feu évoquent symboliquement le Soleil se levant entre Yakin et Boas.

Quant au terrifiant récit de la vision d'Ezéchiel, prophète déporté, envoyé en mission (de 593 à 571) par Yahvé auprès des fils de Jacob révoltés, il se termine par un règlement d'urbanisme et un plan d'occupation des sols fixant, sur le thème du carré et du double carré, les modalités de reconstruction de la Ville Nouvelle de Yahvé Chamma (Yahvé est là). (Ezéchiel 40-48).

Nous sommes même tenté de penser que l'homme d'airain apparu au prophète, tenant d'une main une canne de six coudées et de l'autre un cordeau de lin, pour lui préciser les mesures de la Ville, est le même qui bien plus tard inspira à Claude Nicolas Ledoux les dispositions de la Ville Idéale de Chaux : les deux plans se ressemblent étrangement, à la différence près que Yahvé Chamma était carrée, alors que la Ville Idéale est circulaire. Encore Ledoux avait-il prévu à l'origine une disposition carrée que refusa Louis XV.

Que l'on sache seulement qu'un territoire carré de 25 000 coudées de côté était réservé au centre du pays pour la construction de la Cité Sacrée, qu'au centre de ce carré s'élevait le Temple entouré d'une enceinte carrée de 500 coudées de côté, bordée sur son périmètre d'un espace libre de 50 coudées.

Le parvis central était encore un carré de 200 coudées auquel on accédait par 4 vestibules mesurant chacun 50 coudées sur 25 et orientés Est, Ouest, Nord et Sud.

Le Hékal (grande salle) se présentait sous la forme d'un double carré de 20 coudées sur 40 et le Saint des Saints sous la forme d'un carré de 20 coudées sur 20 ; si Ezéchiel n'en donne pas la hauteur, c'est certainement pour nous réserver le plaisir de dire qu'elle était de 20 coudées ; ce sanctuaire formait un cube parfait, comme le Saint des Saints des temples de Moïse et de Salomon.

Il est inutile de dire que ce tracé provient en droite ligne de la tradition des complexes funéraires égyptiens du troisième millénaire.

Le jésuite italien Villalpandi a publié à Rome en 1696, en collaboration avec le graveur Pradi, un somptueux album de planches représentant la ville sainte d'Ezechiel (In Ezechielem Explanationes, Romae, 1596-1604). Le Temple de Yahvé s'y présente sous l'aspect d'une très belle architecture italienne du XVIIe siècle !

La Tour de Babel

A l'Orient du Croissant fertile, la tablette de l'Esagil, conservée au Louvre, datée du 9e mois du 26e jour de Seleucus roi (1) (12 décembre 229 avant J.-C.), nous rapporte, d'après un texte plus ancien, les dimensions de la célèbre ziggourat de Babylone, Etemenanki, la Tour de Babel de la Bible. Ce sanctuaire était élevé de 7 étages carrés, bâtis en retraits successifs.

Ses dimensions mesurées en coudées de 50,90 cm sont les suivantes :

	Longueur	Largeur	Niveau des plates-formes au-dessus du sol
1re plate-forme	180	180	66
2e plate-forme	156	156	102
3e plate-forme	120	120	114
4e plate-forme	102	102	126
5e plate-forme	84	84	138
6e plate-forme	66	66	150
7e plate-forme	48	42	180

La septième plate-forme constitue le Shakuru ou Temple de Marduk, le Dieu [1] babylonien.

---

(1) Seleucus II Callinicus, roi de Syrie de 246 à 225, troisième souverain de la dynastie des Séleucides ; son grand-père Seleucus Nicanor était un des généraux d'Alexandre le Grand qui se partagèrent les territoires conquis après la mort d'Alexandre en 323.

On voit immédiatement que ce monument a pour thème le carré (7 plates-formes carrées), le cube sumérien (180/180/180 coudées), et le nombre 6, base du système sexagésimal sumérien (N.C. p. 89).

Au passage nous noterons, ce que recommande le scribe dans le colophon de la tablette, c'est-à-dire la fin de la copie où il se nomme, nomme les origines du document recopié, etc. :

« Celui qui sait doit montrer la tablette à celui qui sait ; celui qui ne sait pas ne doit pas la voir. Conforme à une copie de tablette de Borsippa, écrit, collationné et comparé. »

Le secret n'était pas un vain mot ; il faut bien dire là au crédit des « Écritures » qu'elles avaient, quant à elles, énoncé en clair les « nombres » des 3 temples de Jahvé.

Il n'est donc pas étonnant que 4 siècles auparavant le roi Nabopolassar (625-605 av. J.C.), fondateur de la dynastie néobabylonienne, lointain prédécesseur de Seleucus, ait déjà désiré conserver « le Secret ».

Voici comment il rapporte avoir déjà restauré la Tour Etemenanki qui tombait en ruine, lors de son accession à la royauté :

« *Marduk, le seigneur, me commanda au sujet d'Etemenanki, la tour à étages de Babylone, qui avant mon temps était devenue délabrée et était tombée en ruines, d'assurer son fondement dans le sein du monde inférieur et son sommet, de le faire semblable au ciel.* »

Le monarque poursuit :

« *Je fis fabriquer des briques cuites. Comme s'il s'agissait des pluies des cieux qui sont sans mesure ou des grands torrents, je fis apporter par le canal Arahtu des flots de bitume... Je pris un roseau et je mesurai moi-même les dimensions* (à donner à la tour)... *suivant le conseil des dieux Shamash, Adad et Marduk, je pris des décisions que je gardai dans mon cœur et je conservai les mesures* (de la tour) *dans ma mémoire, comme un trésor. Je déposai* (dans les fondations) *sous les*

> briques, de l'or, de l'argent et des pierres précieuses de la montagne et de la mer. Je fis exécuter ma propre image royale portant le dupshikku et la plaçai dans les fondations. Pour Marduk, mon seigneur, je courbai ma nuque, j'ôtai ma robe, insigne de mon sang royal et je portai sur ma tête, briques et terre. Quant à Nabuchodonosor, mon fils aîné, le chéri de mon cœur, je lui fis porter le mortier, les offrandes de vin, et d'huile, aussi bien qu'à mes sujets. »

Mais Nabuchodonosor (604-562 av. J.C.) dut rapidement se lasser de porter les briques de Marduk ; voici ce qu'il raconte à ce propos :

> « Tous les peuples de nations nombreuses, je contraignis au travail de la construction d'Etemenanki... La haute demeure de Marduk, mon seigneur, j'établis sur son sommet. »

Voilà, énoncé en clair un modèle d'alliance associé à un programme de construction chiffrée. Nous le reprendrons plus en détail dans notre prochaine étude « La Forme Initiale ». Les documents ci-dessus proviennent de F. Thureau-Dangin, *op. cit.*, A. Parot, *op. cit.*, Wetzel et Weissbach, *op. cit.*).

Il faut bien dire que les rédacteurs du Pentateuque ont été pour le moins médisants au sujet de la Tour, celle-ci, appelée « porte de Dieu » ou « porte des Cieux », n'était nullement une atteinte à la majesté divine, comme le rapporte la Genèse (11, 1-9), mais au contraire un hommage à Marduk, le Dieu [1] babylonien ; nous devons cependant considérer avec indulgence le côté passionnel du récit de la Genèse, car les Hébreux, alors en captivité, furent de ceux que, sans euphémisme, Nabopolassar rapporte avoir « contraints au travail ».

Les mesures et les dispositions, divulguées par la Bible, servirent de fondement à la Doctrine des Loges de constructeurs du Moyen Age. Maçons et charpentiers y ont puisé matière à études et discussions du Bas-Empire à la période Moderne. Il en est résulté la construction d'une innombrable famille d'édifices religieux, qu'ils soient construits sur plan central ou sur plan rectangulaire. Il n'est pas possible de tous les citer. Au hasard de nos analyses, nous avons relevé : la Basilique de Tigzirt (Afrique), la Cathédrale de Parenzo et la Basilique de Valpolicella (Italie), Sainte-Sophie de Constantinople, et de nombreuses basiliques d'Afrique du Nord et de Syrie, la Maison Carrée de Nîmes, l'église de Saint-Benoît-sur-Loire (XIIe siècle) ; à l'Époque Classique : la Chapelle des Jésuites de Blois (1624), l'ancienne église des Petits Pères à Paris, l'église du Collège des Jésuites de Vienne, le Temple de l'Oratoire à Paris ; et enfin, au XIXe : la Chapelle Expiatoire de Louis XVI à Paris, par Percier (1764-1838) et Fontaine dernier des édifices tracés que nous ayons analysé (fig. 17).

La Source de la Doctrine n'était d'ailleurs pas secrète, car chacun à cette époque lisait la Bible.

La tradition, que nous avons maintenant perdue, était bien vivante : Tolstoï dans « Guerre et Paix » nous raconte encore que Pierre Bezoukov désirant se retremper aux Sources et retrouver son calme d'esprit, au temps de Napoléon Ier, se rend en Écosse pour étudier les proportions du Temple dans la Loge à laquelle il appartient.

La permanence de ce thème binaire a présidé pendant quarante siècles et à travers de multiples religions à la construction des sanctuaires, les notions de Ciel [1] et de Terre [2] font partie des constantes métaphysiques universelles, les invariants.

Les Chinois

En Chine, nous ne savons pas exactement ce que fit Li Jie (vers 1100 de notre ère), technicien de la caste des « fonctionnaires inférieurs » qui, en s'appuyant sur les travaux antérieurs de Yu Hao et d'autres, produisit le traité le plus achevé de toute la tradition millénaire de l'Architecture et de la technique de la construction de

94 L'ARCHITECTURE CACHÉE

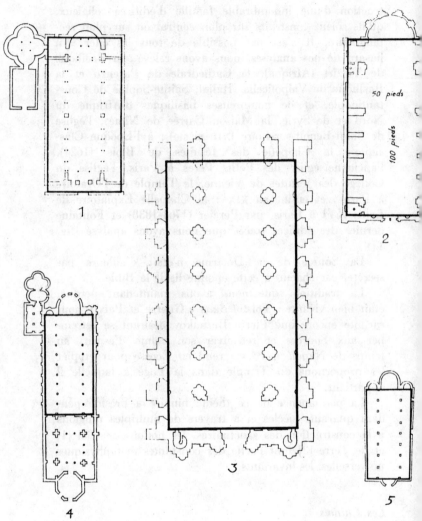

1. Basilique de Tigzirt.
2. Chapelle des Jésuites de Blois.
4. Cathédrale de Parenzo.
5. Basilique de Valpolicella.
3. Église de Saint-Benoît-sur-Loire.

Fig. 17
Tracés d'églises en doubles carrés

la Chine, le Ying-zao Fa-Shi ; peut-être est-ce un manuel analogue aux manuels d'architecture sanscrits qui le précèdent, le Mayamata et le Manasara *(op. cit.)*, nous l'ignorons car nous ne l'avons pas lu (J. Neadham, La Science Chinoise et l'Occident, trad. Paris, 1973).

Conclusion

En conclusion, le Dieu [1] et son Temple ont toujours et partout régné, dans le Temps, dans l'Espace.

Nous les avons vus apparaître il y a plus de 40 siècles dans le bassin méditerranéen pour marquer de leur symbole les pyramides et les temples des pharaons, tombeaux immuables des Rois-Dieux d'une des plus anciennes dynasties. Nous les voyons disparaître pour toujours, laissant comme ultime témoignage la très modeste chapelle expiatoire de Louis XVI construite par Percier pour perpétuer le souvenir de la fin misérable du dernier souverain de la dynastie de droit divin de notre pays. Le Grand Architecte s'est sans doute lassé lui-même de son étonnante longévité.

Le cas particulier du cercle

On ne peut terminer ce chapitre sans dire quelques mots du cercle. Cette figure, dans sa perfection encore plus simple que le carré, a partout été utilisée comme signe graphique symbolisant Dieu sous la forme d'un disque noir entouré d'un anneau clair. Mais si son graphisme très simple ne comporte que des avantages pour les ésotéristes spéculatifs (hermétiques, cabalistes), le rapport transcendant $\pi = 3{,}1415926535$ de la longueur du diamètre à celui de la circonférence, qui n'exprime pas l'Unité symbole de Dieu [1], a toujours gêné les ésotéristes opératifs, les arithmologues, qui ne savaient pas le calculer. Aussi utilisèrent-ils de préférence aux représentations de Dieu par la sphère (celle de l'âme du monde du Timée de Platon) ou par le disque des spéculatifs, la représentation par le cube, volume parfait, et le carré son constituant. Le cube exprime en effet tant l'unité rationnelle du Dieu [1] (rapport du côté du carré) que son double 2, par l'opposition de ses six faces deux à deux. Cette opposition permet également de symboliser l'élément impair mâle et l'élément pair femelle, aussi bien que le permettaient le noir et le blanc du disque circulaire.

Le cercle ne fut donc que peu utilisé pour les tracés opératifs ; il ne servit qu'à définir les θολος rondes, les premiers temples des Grecs et quelques grands partis de plans architecturaux à la manière du Panthéon de Rome ou de la Ville Idéale de Chaux de Claude-Nicolas Ledoux.

Les puristes égyptiens et grecs bannirent de leurs façades les ouvertures en plein cintre et les voûtes, qu'ils connaissaient parfaitement, pour la seule raison (nous avons bien de la peine à le comprendre aujourd'hui) qu'ils ne voulaient pas mélanger le rationnel (le carré et les lignes déterminées par la pesanteur) et le transcendant irrationnel (le rapport π du cercle au rayon).

Cette rigueur concerne d'ailleurs beaucoup plus les élévations ou le cercle s'exprime par le demi-cercle des dessus des baies où les berceaux plein cintre que les plans où il s'inscrit parfaitement dans le carré ; les nombreuses coupoles circulaires (Ste-Sophie de Constantinople, St-Pierre de Rome) sont aussi bien apparentées au carré qu'au cercle.

CHAPITRE VI

LE TRACÉ ARITHMÉTIQUE ÉGYPTIEN
LA PYRAMIDE DE CHÉOPS A GUIZEH

« Ce temple est comme le ciel dans toutes ses proportions. »
Inscription du Temple
de Ramsès II.

Existe-t-il un pays qui plus que l'Égypte antique puisse être placé sous le signe du symbolisme et de l'ésotérisme ? Il est à peu près impossible à un profane de suivre la rude poésie de la mythologie de la Vallée du Nil ou de profiter de ses admirables expressions peintes ou sculptées, sans être guidé, nous dirons même initié, par quelque subtil Égyptologue. Il semble, dans l'état actuel des connaissances, que l'Égypte peut être considérée comme le berceau et le point culminant de la Connaissance des Initiés.

*
* *

La Grande Pyramide, la seule des « Sept Merveilles du Monde » qui ait résisté aux atteintes des Hommes et du Temps, fascine ses visiteurs depuis plus de quarante siècles. Les Hommes l'ont successivement et concurremment construite, vénérée, pillée, pour ne plus aujourd'hui que l'admirer et essayer de la comprendre (fig. 18). De récentes publications soulèvent un coin du voile qui l'entoure sans totalement dissiper le mystère où baigne cette énorme construction. En bref, disons que, implantée dans son complexe funéraire, la pyramide est le sanctuaire réservé aux relations particulières du Pharaon Dieu, mort ou vivant, avec le Ciel, c'est-à-dire le Dieu [1] Soleil ; alors que le Temple attenant, résidence terrestre de ce Dieu [1] est un sanctuaire permettant l'adoration des Prêtres et l'exercice du Service Divin. Chéops, qui la fit construire, régna vers 2700 avant J.-C., suivant la chronologie généralement admise.

Des études récentes passionnantes et passionnées expliquent petit à petit le puits de service, les sapes des pillards, la chambre souterraine et son puits, la chambre dite de la Reine et sa niche, la grande galerie, la chambre du Roi et son sarcophage. Le livre des Morts appelle cette chambre « chambre de la tombe ouverte » et si à l'origine le sarcophage qu'elle abrite paraît en raison de toutes les précautions prises pour le protéger des profanateurs, avoir été destiné à la sépulture du Pharaon, certains auteurs pensent que Chéops n'y fut jamais enseveli. Les hypothèses vont encore là bon train ; par exemple, le sarcophage vide de la chambre du Roi serait à l'image de la cuve de la « Dormeuse de Malte » une cuve initiatique (Pochan, *op. cit.*) ; les égyptologues résoudront sans doute quelque jour, ces problèmes. Par contre les explications qu'ils ont données (ou n'ont pas données) de la spiritualité architecturale du monument nous laissent surpris et dubitatif. C'est pourquoi nous avons voulu essayer de démêler cet écheveau, en le passant au crible de l'universelle et éternelle doctrine des nombres. Nous dirons d'abord quelques mots de la personnalité des architectes égyptiens.

« Le livre de la Fondation des Temples » écrit par

CHAPITRE VI

GIZEH - LES PYRAMIDES - VUES DU DÉSERT, AU SUD - IVe DYNASTIE - 2723 - 2563.

Fig. 18

Les Pyramides de Guizeh

Imhotep, architecte de Zoser, souverain de la troisième dynastie, passe pour être la plus ancienne « Théorie de l'Architecture » ; il fixait dans leurs lignes essentielles l'ordonnance et les dispositions générales des édifices sacrés.

Parallèlement Imhotep fit progresser les méthodes de construction en vue d'utiliser la pierre et le granit en complément ou en remplacement du bois, de la brique crue et du pisé.

Partant de la forme tabulaire de la tombe égyptienne, Imhotep imagina la Pyramide et construisit à Saqqarah près de Memphis la première pyramide, dont les ruines après 4 000 ans nous étonnent encore par leur hardiesse et la beauté de leur exécution. Il était le fils de Kamfer, premier architecte égyptien dont le nom nous soit parvenu. Imhotep possédait toutes les qualités que Vitruve demandera plus tard aux architectes : il était administrateur, théologien, moraliste, astronome et aussi médecin. Vitruve nous dit encore que, lorsqu'un homme possède toutes ces qualités, il dépasse l'architecte et devient mathématicien : celui que sa connaissance d'une science sacrée et secrète porte au voisinage des Dieux. Et de fait, Imhotep fut divinisé à l'époque de la domination grecque et assimilé à Asclepios, l'Esculape latin. De nombreux sanctuaires lui furent dédiés. A Deir el Bahari, une chapelle fut consacrée à Imhotep et à Amenhotep, architecte d'Amenophis III et également médecin. L'Asklepéion, sanctuaire d'Asklepios et lieu d'enseignement de la médecine, situé près de la pyramide de Zoser, dont parlent les auteurs grecs, lui était dédié. (Jean Vercoutter, *op. cit.*, p. 40-41.)

Evoquons encore en quelques mots Senenmout, autre architecte célèbre, qui exerça douze siècles plus tard ; entre autres monuments, c'est lui qui érigea le Temple de Deir el Bahari, magnifique ensemble de cours, de péristyles et de jardins, dominé par la falaise thébaine, où s'élevait la chapelle consacrée à Imhotep et Amenhotep.

Tout ce qui précède nous permettra de dire que l'architecte de Chéops, constructeur de la plus célèbre de

CHAPITRE VI 101

toutes les Pyramides, n'a également pu être qu'une éclatante personnalité, bien que son nom ne nous soit pas parvenu.

On peut dire avec une quasi certitude que la totalité des monuments égyptiens a été tracée ; une étude exhaustive reste à établir. Nous avons quant à nous procédé à la facile analyse des plans des complexes funéraires de Saqqarah, notamment celui de l'Horus Sekhem Khet, fils de Zoser, implanté dans l'ensemble de Saqqarah et qui précède d'un siècle environ la construction de la Grande Pyramide (fig. 19). La base de la Pyramide de ce complexe est un carré de 220 coudées (fig. 20). Sa clôture comporte :

— un double carré de 220 coudées sur 440 (cote de la base de la Pyramide de Chéops) ;
— un carré Nord de 360 coudées ;
— un double carré Sud de 180 coudées sur 360.

La longueur totale du complexe est de 1 040 coudées.
Ce tracé exemplaire d'un temple est pour nous primordial à plusieurs points de vue :

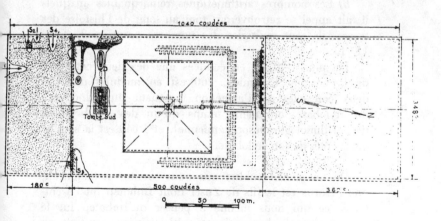

Fig. 19
Le complexe funéraire de l'Horus Sekhem Khet d'après Lauer

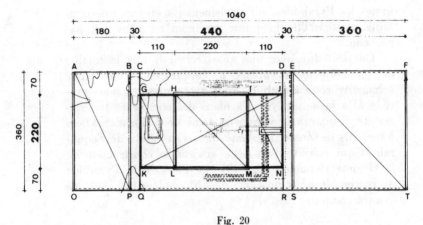

Fig. 20

Tracé du complexe de l'Horus Sekhem Khet
Expression des nombres premiers : 2, 3, 5, 7, 11

a) Ce tracé, première rencontre du thème complet du carré et du double carré sacrés, constitue le plus ancien tracé harmonique complet que nous connaissons.

b) Les nombres arithmétiques remarquables auxquels il fait appel se retrouveront tout au long de l'histoire des tracés, ils sont multiples des nombres premiers 2, 3, 5, 11, 13.

De plus, 440 est en coudées une des deux cotes-clés de la Grande Pyramide, 360 est en modules une des deux cotes-clés du Parthénon (longueur du grand côté du stylobate, en même temps qu'un des nombres-clés de l'arithmologie mésopotamienne), et 1 040 est la somme des 4 côtés de son stylobate.

On ne saurait oublier que nous sommes à Saqqarah, que l'Horus est le fils de Zoser dont Imhotep fut l'architecte, ce qui nous incline à penser qu'Imhotep fut le père des tracés harmoniques arithmétiques, ou tout au moins qu'il codifia des règles éparses avant lui. Ce que semble prouver la communication de J.-P. Lauer, éminent spécialiste de l'architecture égyptienne, concernant l'antique tombeau de Nagada, déjà mentionné page 85 Ce tombeau, antérieur de 250 ans à Imhotep, affecte déjà la forme d'un double carré, il passe pour être celui de Ménès Narmer, premier roi d'Égypte.

D'une façon générale, la quasi-totalité des mesures de l'architecture sacrée égyptienne (nous n'en connaissons guère d'autre) étaient comptées en modules de 10 coudées. La lecture du chapitre III du « Temps des Pyramides » *(op. cit.)*, l'Architecture, rédigé par J.-P. Lauer, est éloquente à ce sujet : toutes les mesures-clés des monuments exprimées en coudées se comptent par dizaines (module décimal) et sont multiples des nombres premiers 1, 2, 3, 5, 7, 11, 13 (p.m. 100, 110, 140, 150, 200, 210, 280, 440). Voilà qui rappelle étonnamment le pays d'Entre-les-deux fleuves et tendrait à confirmer que les Égyptiens ont emprunté à Sumer cette cosmogonie chiffrée (N.C. II). Cette tradition rattachée à la parenté de la base décimale avec les mains divines, se retrouvera en Grèce, notamment au Parthénon.

MESURES DE LA GRANDE PYRAMIDE

Les mesures extérieures de la Grande Pyramide ont été relevées avec la plus grande précision ; cette précision a été moins satisfaisante pour les mesures intérieures en raison des difficultés matérielles d'accès.

L'ensemble peut cependant être considéré comme satisfaisant.

a) au regard de l'état actuel du bâtiment résultant des dégradations qu'il a subies au cours des siècles,

b) au regard des irrégularités de construction dues au poids et au volume des blocs mis en œuvre,

c) au regard des difficultés du relevé dues à l'ensablement et à l'érosion du monument.

Par exemple, les côtés des carrés de base ne sont pas rigoureusement égaux, à quelques centimètres de différence près.

| Base Nord | 230 253 | Base Sud | 230 454 |
| Base Est | 230 391 | Base Ouest | 230 357 |

La précision conférée à ces mesures par les auteurs est d'environ 10 cm pour les bases et 20 cm pour la hauteur (tout cela malgré la précision mathématique au millimètre ressortant des mesures).

En ce qui concerne les mesures intérieures, nous avons utilisé le relevé à grande échelle de V. Maragioglio et C. Renaldi (*op. cit.*), qui ont personnellement relevé et mis au net des relevés existants (fig. 21).

ANALYSE GRAPHIQUE (fig. 22)

L'analyse graphique, nous a fait trouver en plus des résultats énoncés par Petrie et ses successeurs de nombreuses coïncidences tant arithmétiques que géométriques ; nous les avons rejetées, comme ne faisant pas partie d'un système cohérent. Puis, en définitive, *nous avons été amené à ne retenir, après examen systématique, que des mesures et des constatations d'analyses déjà faites par les précédents auteurs qui ont traité cette question, à les trier, à les mettre en ordre et à les interpréter.*

Tout d'abord, les mesures de la Grande Pyramide seront bien entendu exprimées en coudées, unité de mesure utilisée pour sa construction. La valeur de la coudée, qui n'est pas contestée, est de :

1 coudée = 52,367 cm divisée en
7 palmes = 7,481 cm divisés chacun en
4 doigts = 1,87025

(les dimensions au $1/10^e$ de millimètre résultant des opérations arithmétiques de division).

I. DIMENSIONS DE LA GRANDE PYRAMIDE

A. *Base de la Grande Pyramide* (relevé Pétrie et auteurs suivants)

La base est un carré parfait de 440 coudées

$$440, \text{ soit } (40 \times 11)$$

Ces mesures ne tiennent pas compte du « creusement » des faces, dont Pochan *(op. cit.)* a fourni l'explication : la Pyramide est orientée de telle façon que le jour de l'équinoxe pendant quelques minutes, au lever du soleil, seules les moitiés Ouest des faces Nord et Sud se trouvent éclairées ; ce mystérieux contraste est inexplicable pour qui ne sait que ces faces sont imperceptiblement concaves.

B. *Hauteur de la Grande Pyramide* relevé Pétrie et auteurs suivants)

La hauteur au-dessus du socle est de 280 coudées,

$$280, \text{ soit } (40 \times 7)$$

(pyramidon supérieur compris. Ce pyramidon était haut de 7 coudées et reposait sur une base carrée de côté 11 coudées). Ibn Khordabah (Pochan, *op. cit.*) rapporte que la démolition de la Pyramide commença en 1196 après J.-C. par celle de la petite pyramide rouge dont « la plate-forme du sommet forme un carré de 11 coudées de côté en coudées naturelles ». Mesure confirmée par Abd el-Latif (1162-1231). (Rappelons que le rouge était la couleur symbolique du soleil.)

Les deux dimensions A et B fixent la pente de la Pyramide, soit $\cotg P = 11/14$, qu'on ne rencontre dans aucune autre pyramide, si ce n'est à Meidoum, 3e état.

C. *Profondeur de la Chambre souterraine par rapport à la base* (Survey d'Egypte).

La profondeur de la Chambre souterraine par rapport à la base est de 60 coudées :

$$\text{soit } (40 \times \frac{3}{2})$$

D. *Altitude de la Chambre de la Reine au-dessus de la base* (relevé Pétrie et auteurs suivants)

L'altitude de la Chambre de la Reine au-dessus de la base est de 40 coudées :

$$\text{soit } (40 \times 1)$$

La chambre de la Reine est un rectangle de 10 coudées sur 11, le nombre 11 étant un des nombres premiers-clés de l'arithmologie égyptienne des tracés.

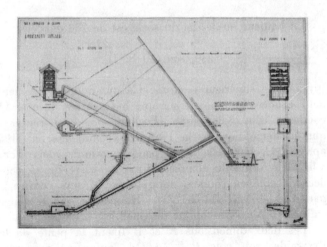

Fig. 21

Coupe de la Grande Pyramide

CHAPITRE VI

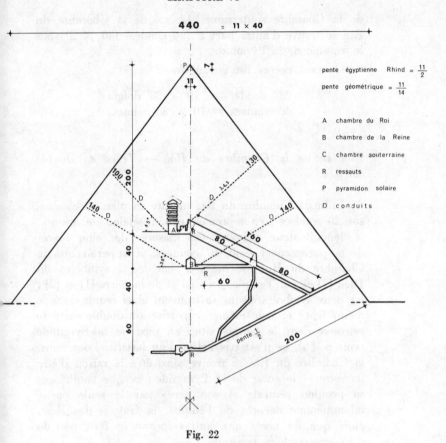

Fig. 22

Tracé de la Grande Pyramide
Expression des nombres premiers : 2, 3, 5, 7, 11

E. *Altitude de la Chambre du Roi au-dessus de la base*
(relevé Pétrie et auteurs suivants)

L'altitude de la Chambre du Roi au-dessus de la base est de 80 coudées :

soit (40×2)

Ce qui implante la Chambre de la Reine à 100 coudées et la Chambre du Roi à 140 coudées au-dessus du sol de la Chambre souterraine. Le sol de la Chambre du Roi se trouve d'autre part à 200 coudées (40 × 5) sous le sommet de la Pyramide.

On peut encore lire ces chiffres :

$$280 \text{ coudées} = 10 \times 28^2 \text{ doigts}$$
$$40 \text{ coudées} = 10 \times 28 \text{ palmes.}$$

F. *Plan de la Chambre du Roi — Tracé en double carré*

Enfin la Chambre du Roi mesure en plan 10 coudées sur 20 coudées : en reprenant comme étalon de mesure, le dénominateur commun des mesures des cinq précédents paragraphes, soit 10 coudées, il apparaît que la Chambre du Roi est mesurée par les 2 symboles du Dieu [1] et son Temple, du Ciel et de la Terre [1] et [2] ; les deux symboles divins se trouvent ainsi réunis dans le même lieu ; et si la même proportion du double carré se retrouve dans le temple situé au pied de la Pyramide (voir p. 85), ce n'est pas l'effet d'un hasard. Pour nous, la Chambre du Roi se trouve ainsi être la raison d'être terrestre et le cœur de la Pyramide ; ce que confirment sa position centrale et son accès par la seule partie monumentale décorée de l'édifice, la Galerie des Rois, alors que les accès aux autres locaux se font par de médiocres couloirs de service.

La lecture des précédentes mesures, toutes multiples de 10, nous amène à penser que le dénominateur commun de 10 coudées a constitué le module de la Pyramide. Il avait déjà constitué le module de l'Arche de Gilgamesh, le module de la Tour de Babel (p. 90), le module des Temples des Écritures (p. 88), et d'une façon générale le module privilégié des sanctuaires des pays du Croissant fertile à notation décimale. Symbolisant toujours le caractère sacré des 10 doigts des divines mains du Créateur, nous le retrouverons encore au Parthénon et en Grande Grèce où la coudée fera place au dactyle (p. 143).

De plus, saurons-nous un jour si la constance de l'utilisation du nombre 40 = (4 × 10) multiplié par 1, 2, 3, 5, 7, 11, dans l'expression des mesures déterminantes de la pyramide, peut faire penser que les Initiés Égyptiens aient déjà individualisé les quatre nombres divins 1 + 2 + 3 + 4, fondement du pair-impair et du pairement pair, générateurs de la future Tetractys pythagoricienne ?

Enfin, nous voyons que les Initiés Égyptiens, rejoignant les traditions les mieux établies de l'Initiation, recouraient déjà aux nombres premiers, les nombres incréés, (1, 2, 3, 5, 7, 11). On remarque que le 9, expression du carré trinitaire, ne fait pas partie de cette série ; le carré et le cube paraissent en effet ne pas avoir joui chez les Égyptiens de la faveur que lui ont accordée Sumériens, Hébreux et Grecs (N.C. IV).

II. EXAMEN DU SYSTÈME DES CIRCULATIONS INTÉRIEURES DE LA GRANDE PYRAMIDE

Il est admis par tous les auteurs (et cela résulte du relevé) que les circulations inclinées intérieures de la pyramide sont tracées, suivant une pente de un pour deux. Cette pente représente la diagonale du double carré, ou plus exactement dans ce cas, l'hypothénuse du triangle rectangle de côtés 1 et 2, les 2 premiers nombres divins, le Ciel [1] et la Terre [2].

Cette particularité permettait,

a) métaphysiquement, au pharaon de se déplacer dans son sanctuaire depuis la Terre [2] vers le Ciel [1] en empruntant une rampe dont la pente représente le traditionnel mariage entre ces deux nombres.

Le plus ancien texte des Pyramides que nous possédions évoque cette Ascension ; c'est une inscription de la chambre supérieure de la Pyramide de Snéfrou, père du roi Chéops : « Les Portes du Ciel sont ouvertes au Roi qui s'élève vers elles » (vers 2700 A.J.-C.).

b) accessoirement et techniquement, d'utiliser pour le tracé matériel de cette rampe une très simple construction géométrique, respectant le principe des tracés, puisqu'un élément triangulaire abstrait, *le triangle 1/2*, est utilisé pour définir un élément *triangulaire* réel correspondant, la pente de la rampe.

Nous pouvons donc penser que lorsqu'il eut défini les caractéristiques (dimensions, niveaux, emplacements) des éléments majeurs de la Pyramide, les Chambres, l'architecte les relia par des circulations de pente 1/2. Il avait alors toute liberté pour choisir et dessiner la longueur de ces galeries, celles-ci étant constituées de volées contrariées, sans que soit fixé d'emplacement obligatoire pour les raccordements.

Une galerie descendante de 200 coudées (soit 40×5) conduit au voisinage de la chambre souterraine ; une galerie de 160 coudées (soit 40×4), raccordée à la précédente, permet de gagner l'ensemble Chambre du Roi-Galerie des Rois ; la galerie des Rois, somptueux accès à la Chambre du Roi, mesure 80 coudées ; à la base de la galerie des Rois, s'ouvre sur le passage un parcours horizontal de 60 coudées donnant accès à la Chambre de la Reine ; (la Chambre de la Reine est implantée sur l'axe général vertical de la Pyramide).

La pente mariant les deux nombres divins du Ciel et de la Terre commande toute cette métaphysique ; elle a matériellement été si rigoureusement observée qu'il en résulte pour les paliers d'arrivée quelques dénivellations (peut-être) imprévues.

Pour illustrer cette théorie, nous ne pouvons mieux faire que citer A. Pochan, remarquant, sans les expliquer, les ressauts situés aux extrémités des galeries.

a) Chambre souterraine : « Ce canal (la descenderie) aboutit par un ressaut de 0,70 de profondeur à une chambre souterraine chaotique... » (*op. cit.*, p. 37).

b) Chambre de la Reine : « Après 28,56 m de trajet, on constate une curieuse dénivellation de 0,52... Le sol est alors de plain-pied avec celui de la chambre » (*op. cit.*, p. 47).

d) Chambre du Roi : « En haut de la galerie, sur un ressaut de 0,90 m au-dessus du sol de la galerie, entre deux banquettes, se trouve un palier... » (*op. cit.*, p. 57).

1° Ces particularités tendent à démontrer, ainsi que nous l'exposons page 123 que les Égyptiens ne connaissaient pas alors les irrationnelles.

En un mot, il était sans doute rituellement prévu de monter (ou descendre) dans la Grande Pyramide par des galeries de pente 1/2, représentant le mariage du Ciel [1] et de la Terre [2], quitte à franchir à l'arrivée un seuil ou un ressaut ou à cheminer par un rattrapage horizontal.

2° Cette disposition rituelle si caractéristique était d'ailleurs habituelle ; nous la retrouvons dans les pyramides de Chéphren, Djoser, Snéfrou, Mykérinos (voir tableau comparatif de J.-P. Lauer dans « Le Temps des Pyramides », *op. cit.*, p. 309).

III. LES « CONDUITS » DE LA CHAMBRE DE LA REINE ET DE LA CHAMBRE DU ROI (fig. 21 et 22)

En 1872 l'ingénieur Waymann Dixon, sondant les parois Nord et Sud de la Chambre de la Reine, découvrit deux conduits jusqu'alors insoupçonnés. Pour en retrouver les débouchés il dut perforer la paroi de la chambre sur une profondeur de 13 centimètres (2 palmes). Ces conduits dont la section mesure 0,21 m de largeur sur 0,225 m de hauteur présentent d'abord un parcours horizontal de 1,98 m puis se dirigent vers le haut suivant une pente de 30°.

Deux conduits analogues à ceux de la Chambre de la Reine débouchent également dans la Chambre du Roi ; après un parcours horizontal de 1,96 m le conduit Nord se dirige vers le haut suivant une pente de 31°, celui du Sud qui présente des dispositions analogues est incliné de 45°. L'existence de ces conduits ne correspond à aucune utilisation matérielle ; ils étaient en effet inutilisables puisqu'obturés à leurs extrémités ; et c'est métaphysiquement, par la comparaison analogique de leur pente avec celle des circulations générales que nous tenterons d'en expliquer l'existence. (Pochan, *op. cit.*, les a dénommés conduits psychiques.)

Les conduits ascendants de la Chambre de la Reine sont tracés suivant la pente de l'hypothénuse d'un demi triangle équilatéral, (soit 30°), à la façon dont les circulations générales de la Pyramide sont tracées suivant l'hypothénuse du triangle 1 sur 2. Le demi-triangle équilatéral est celui que Platon trouve le plus beau (Platon « Timée ») ; le triangle équilatéral est le symbole universel des religions du Croissant Fertile ; la pente à 30° liée au triangle équilatéral et au triangle du « Timée » symbolise analogiquement un Grand Dieu égyptien.

De même le conduit Nord de la Pyramide est tracé suivant l'hypothénuse du triangle isiaque 3, 4, 5, alors que le conduit Sud est tracé suivant la diagonale du carré ; des conclusions identiques nous font penser que l'hypothénuse du triangle isiaque et l'hypothénuse du demi-carré symbolisaient deux autres divinités du Panthéon égyptien. On est très tenté de penser à Osiris (triangle équilatéral parfait), Isis (triangle isiaque) et Horus (Carré du Soleil) ; ces conduits permettaient ansi aux 3 divinités évoquées de venir accueillir l'âme du défunt pharaon pour l'aider et l'assister dans son Ascension vers le Ciel, les chambres de la Pyramide étant le lieu du divin rendez-vous ; l'iconographie égyptienne nous a abondamment habitué à ce genre d'assistance. Mesurés à l'échelle sur le relevé de Maroglio, ces conduits mesurant 100 et 140 coudées, leur longueur « *ligne principale* » et élément déterminant du tracé, a très probablement été directement mesurée ; elle ne résulte pas de la dimension des cathètes correspondantes, les Égyptiens ne connaissant pas les irrationnelles. (Voir N.C., XI, note sur le triangle isiaque 3, 4, 5 et les triangles en nombre.)

L'exactitude de notre hypothèse concernant le rôle des canaux ascensionnels obliques permettrait de penser que tant la chambre de la Reine que la chambre du Roi furent, à l'époque conçues comme chambres sépulcrales ; cela confirmerait les suppositions des égyptologues qui pensent que les dispositions intérieures de la Pyramide furent modifiées en cours de construction pour aménager une chambre (chambre du Roi), mieux desservie et mieux défendue contre les violeurs de sépulture que la chambre de la Reine, prévue à l'origine comme unique chambre sépulcrale : la question est à notre point de vue particulier sans importance ; cela revenant à dire que l'architecte modifia simplement le tracé d'origine en fonction des adjonctions.

IV. TRACÉ DE LA GRANDE PYRAMIDE. *Conclusion* (fig. 22)

Les éléments du tracé de la Grande Pyramide se présentent alors comme il suit en langage arithmologique.

A. *Les mesures de la base carrée et de la hauteur du monument*

sont déterminées par les nombres 280 et 440.

La pente P du profil résulte de ces nombres et a pour valeur

$$\cotg P = \frac{11}{14} = \frac{11}{2 \times 7}$$

qui s'écrivait plus simplement suivant la notation égyptienne

$\dfrac{11}{2}$ (voir page 118)

B. *Les niveaux des trois éléments remarquables du monument*

sont déterminés par les nombres 40, 60, 80, 100, 200

La cote du sol de la Chambre souterraine du Puits est de — 60 coudées.

La cote du sol de la Chambre de la Reine est de + 40 coudées, soit 100 coudées au-dessus du Puits.

La cote du sol de la Chambre du Roi est de + 80 coudées, soit 200 coudées sous le sommet.

Cette disposition évoque les degrés des plus anciennes Pyramides symbolisant l'escalier rituel permettant l'ascension du défunt vers le Ciel, dans l'esprit même qui avait présidé à la construction des ziggourats babyloniennes de Mésopotamie. (La Genèse se contenta de faire monter Jacob aux 7 échelons d'une incommode échelle).

C. *Les nombres qui expriment ci-dessus en coudées les mesures de la Grande Pyramide* sont :

a) multiples de 10 (évocation des 10 doigts de la main, la tetractys grecque) ;

b) multiples de 4, (évocation des 4 nombres divins) ;

c) multiples des nombres premiers (les nombres incréés) 1, 2, 3, 5, 7, 11.

D. *La Chambre du Roi est tracée suivant un double carré* (Pétrie)

C'est un des éléments essentiels du Monument, si nous nous référons à ce qui a été dit plus haut sur l'importance spirituelle de cette forme, la Pyramide reprenait le thème du carré et du double carré déjà utilisé cent ans plus tôt au temple de l'Horus Sekhem Khet, disposition qui résultait des règles fixées ou confirmées par Imhotep deux siècles plus tôt.

E. *La pente des circulations intérieures de la Pyramide est tracée*

suivant l'hypothénuse d'un triangle rectangle dont les deux cathètes sont les nombres divins [1] et [2]. Cette pente se poursuit symboliquement dans le volume de la Chambre du Roi suivant la diagonale, mesurant 25 coudées, du double carré vertical ayant pour trace sur le sol la « dimension royale » c'est-à-dire la diagonale du double carré de la base (voir p. 124). La spiritualité de défunt Pharaon pouvait ainsi gagner le Ciel de palier en palier en ne circulant que par des cheminements divinement tracés.

F. *Quatre « conduits » inclinés*

dont deux aboutissent dans la Chambre de la Reine et deux dans la Chambre du Roi permettaient aux divinités symbolisées par leur pente ascendante de venir accueillir et assister le pharaon dans son Ascension vers le Ciel.

G. *Le plan méridien de la Grande Pyramide est très exactement orienté Nord-Sud.*

Nous ne citons que pour mémoire ce caractère primordial de la construction intimement lié au tracé. C'est sans doute la seule caractéristique de la Grande Pyramide sur laquelle tous les auteurs soient d'accord.

En conclusion, la Pyramide apparaît comme un monument solaire consacré à Osiris, devenu à l'époque de sa construction « Premier Dieu », « Celui qui est en haut de l'escalier », « Pharaon éternel », « Trône de Râ », (le soleil)...

Son tracé par paliers est un symbolique souvenir des anciennes pyramides à degrés, permettant au défunt Pharaon-Dieu de gagner le Ciel depuis les profondeurs infernales de la Dat, pour accéder au royaume de Râ, le soleil du sommet : c'est l'ascension du fond des Ténèbres vers la Lumière et la Vie Éternelle.

Max Guilmot (*op. cit.*, p. 60) rapporte là-dessus plusieurs admirables textes : voici le dernier :

« Un escalier, (haut) dans le ciel, sera construit pour (Pharaon) ; (et) qu'il y monte, sur ses (marches) jusqu'au (sommet du) firmament ! (Oui), sur (l'encens qui) fume, il monte (monte sur les vapeurs) du grand encensement. Comme une oie, il s'envole, (et parvenu au Ciel), comme un jeune soleil, il vient s'y reposer, sur le trône, ô Soleil, vide (encore) en la barque. Rame (le roi) au Ciel, Soleil, dans ton bateau ! »

(Textes des pyramides, 365-367).

ANNEXE AU CHAPITRE VI

EXAMEN ET REJET DE DIVERSES HYPOTHÈSES CONCERNANT LE TRACÉ DE LA GRANDE PYRAMIDE

Il est significatif que les auteurs qui ont étudié la Pyramide aient procédé à son analyse graphique et aient émis des hypothèses sur ce que nous appelons son Tracé. Mais ces auteurs n'étaient pas familiarisés avec les tracés et n'en connaissaient pas la doctrine. Le crédit qui leur est accordé nous a amené à examiner ces hypothèses et nous allons montrer qu'au contraire des éléments cités ci-dessus, *ces hypothèses* qui par ailleurs n'apportent aucun élément positif rationnel au crédit de la Pyramide, *doivent ne pas être retenues*.

Ce sont :

A) La détermination de la pente des faces de la Pyramide par le rapport π (Petrie, et tous les auteurs).

B) La détermination de la pente des faces de la Pyramide par le rapport $\varphi/2$ (M. Ghyca, Montel).

C) La détermination du niveau du sol de la Chambre du Roi par la surface de la section médiane (Petrie et d'autres auteurs).

D) L'utilisation du thème $\sqrt{5}$ à la Chambre du Roi (Petrie et tous les auteurs).

E) La détermination du périmètre de la base de la Pyramide par la longueur d'un secteur de méridienne (Pochan et d'autres auteurs).

De propos délibéré nous n'avons examiné que les théories des auteurs sérieux ; cela n'empêche pas d'ailleurs que nous n'ayons souvent éprouvé quelque délectation en suivant les étonnantes trajectoires mentales du feu d'artifice bien connu tiré par les Pyramidistes. C'est ainsi que Pochan a baptisé de façon imagée les auteurs atteints de « pyramidite », fièvre imaginative galopante, dépourvue de tout caractère de gravité ; et cependant, la pyramide même sans cela recèle assez de secrets sérieux pour contenter les plus exigeants.

A. *Détermination de la pente des faces de la Pyramide par le rapport* $\pi = \dfrac{22}{7}$

Les chiffres du précédent chapitre étant admis par chacun, il en résulte tout d'abord une relation signalée il y a bientôt 100 ans par l'Anglais Petrie et reprise par tous les auteurs à sa suite :

La hauteur de la Pyramide est le rayon d'un cercle dont la circonférence est égale au périmètre du carré de base de la Pyramide, ceci en retenant pour la valeur approchée de π la classique fraction $22/7 = 3{,}142$.

Ce qui se traduit ainsi :

Hauteur de la pyramide H = rayon du cercle dont la circonférence est égale à la longueur de la somme des 4 côtés de la base, soit $4 \times 440 = 1\,760$ coudées.

La longueur de la circonférence était suivant la formule bien connue $2\pi H$, en prenant pour π la valeur $22/7$, nous pouvons écrire :

$$2 \times \frac{22}{7} H = 1\,760$$

$$\text{ou } H = \frac{1\,760 \times 7}{44} = 280 \text{ coudées}$$

Cette relation est parfaitement simple et exacte. Elle paraît présenter toutes les garanties que l'on peut demander à de telles constatations ; elle est donc bien tentante et pourtant !

En effet, ce qui n'est même sans doute pas venu à l'esprit de Petrie, à savoir que ce calcul entraînait un mélange du rationnel et du transcendant, devait apparaître alors parfaitement inadmissible au purisme métaphysique d'un prêtre égyptien.

Pour déterminer la pente P d'une pyramide à base carrée, la méthode la plus simple et la plus rationnelle est de fixer le côté du carré de base et la hauteur (dans le cas particulier 440 et 280) déterminant la valeur de pente de la pyramide P, définie par sa cotangente,

$$P = \frac{1/2 \text{ base}}{\text{hauteur}} = \frac{1}{2} \times \frac{440}{280} \text{ ;}$$

aussi bien que le moyen le plus simple (celui qui était retenu par les Anciens) pour 'éfinir ce carré est de fixer la valeur de son côté et non celle de son périmètre.

Nos plus classiques égyptologues ne s'y sont d'ailleurs pas trompé : J.-P. Lauer lorsqu'il compare les pyramides des différentes dynasties les définit (comme le firent de façon quasi certaine les Égyptiens) par leur triangle directeur, (« Le Temps des Pyramides » *op. cit.*, p. 84 à 98), c'est-à-dire le triangle ayant pour côtés la moitié de la base carrée, la hauteur de la pyramide et l'apothème de la face : cette définition correspond parfaitement à la logique des tracés.

Par exemple, la pyramide de Chephren (4e dynastie), celle d'Oukersaf (5e dynastie — cote de la base 140 coudées), la totalité des pyramides de la 6e dynastie qui mesurent uniformément 150 coudées de base sur 100 coudées de hauteur, sont tracées suivant le triangle isiaque 3, 4, 5 (N.C., XI). La pyramide de Mykerinos *est tracée* suivant le triangle 4, 5, $\sqrt{4^2 + 5^2}$, que Lauer appelle « triangle égyptien » (les Égyptiens de la 4e dynastie ne calculaient pas l'hypothénuse, mais construisaient les 2 cathètes orthogonales).

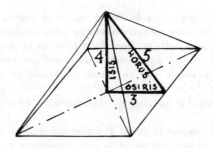

440 et 280 sont des nombres symboliques couramment utilisés par les Égyptiens depuis toujours sans aucun souci d'aboutir au rapport 22/7. — 440, multiple de 11, est 100 ans plus tôt le nombre déterminant du temple de l'Horus Sekhem Khet ; il déterminera encore sous la forme 440/4 = 110 coudées la Pyramide d'Ounas à Saqqarah. Enfin, 11 est une des mesures de la Chambre de la Reine en même temps qu'un nombre arithmologique remarquable.

280 est un multiple de 10, symbole du Monde, et de 28, nombre parfait, tous deux nombres déterminants de la mystique et de la spiritualité égyptiennes.

Pour nous, le fait que l'assemblage de 4 fois 440 et 280 ait abouti à une fraction représentant une bonne valeur approchée de π est une remarquable, coïncidence, mais c'est une coïncidence.

La pente de la pyramide s'écrit en réalité :

$$P = \frac{1/2 \text{ base}}{\text{hauteur}} = \frac{1}{2} \times \frac{440}{280} = \frac{1}{2} \times \frac{11}{7}$$

*
* *

Borchardt *(op. cit.)* signale qu'il ressort de l'étude du papyrus Rhind, formulaire à l'usage des techniciens et des arpenteurs, que les Égyptiens mesuraient les angles par leur cotangente, le dénominateur non exprimé étant invariablement le nombre 7, représentant les 7 palmes de la coudée (de même qu'aujourd'hui nous prenons par hypothèse la valeur de 1 pour le rayon du cercle trigonométrique). Ce qui revient à dire que la pente Rhind de la Grande Pyramide s'écrivait pour un Égyptien $\frac{11}{2}$, tous deux nombres suffisamment remarquables dans la symbolique égyptienne pour avoir été retenus par le Traceur, comme résultant du rapport de 440 et 280.

C'est une quasi-certitude que le Papyrus Rhind, formulaire rédigé et publié à l'usage d'arpenteurs du tas, ne saurait rendre compte du très haut niveau des connaissances des arpedonaptes égyptiens (mot à mot, les tendeurs de cordeaux) et de leur purisme mathématique qui les faisait considérer par les Grecs comme les meilleurs géomètres de l'Antiquité.

La tradition secrète de ceux-ci était orale, en qualité de Science Sacrée, et il est bien probable qu'elle soit à jamais perdue. Nous ne pouvons la soupçonner qu'à travers ses étonnantes applications.

Le nombre π n'a rien à faire à la Pyramide de Chéops, pas plus qu'il n'avait eu à faire au complexe de l'Horus Sekhem Khet.

*
* *

Il est curieux de voir qu'en définitive Petrie a sacrifié au tourment immémorial qu'a toujours provoqué chez nos ancêtres la quadrature du cercle, c'est-à-dire la transcendance de π. Pour évoquer ce problème insoluble, Philibert Delorme écrit encore en 1568 dans son Traité d'Architecture (III, 875) :

> « Les raisons de ceci seraient autant longues et difficiles à démontrer que réduire le quarré en forme ronde ou bien quarrer le rond, laquelle chose a travaillé plusieurs excellens esprits. »

Hiram, quant à lui, avait beaucoup plus simplement traité le problème du tracé de la mer d'Airain, du temple de Salomon (Bible 1 Rois 7, 23) :

> « Elle avait 10 coudées d'un bord à l'autre, une forme entièrement ronde, 5 coudées de hauteur et une circonférence que mesurait un cordeau de 30 coudées »,

d'où $\pi = \dfrac{21}{7} = 3$, ce qui simplifiait la question.

En faveur de notre argument, nous répèterons que l'expérience des tracés nous a persuadé que si Égyptiens et Grecs n'ont pas mis en œuvre de formes circulaires, arcades, voûtes, coupoles, c'est uniquement pour une raison de purisme métaphysique, en vertu de la loi du non-mélange des thèmes. Le mélange du rationnel et du transcendant aurait constitué pour eux une faute liturgique, les Mathématiques, science divine, étant intimement intégrées à la Religion. C'est la raison pour laquelle nous ne suivons pas les archéologues qui déclarent qu'Égyptiens et Grecs n'étaient pas familiers des voûtes, alors qu'ils les utilisaient couramment pour la construction des égouts et des entrepôts, ouvrages d'où l'on peut à la rigueur exclure la métaphysique.

Cependant, arrivé à ce point de notre démonstration, nous constatons qu'effectivement la coïncidence est remarquable ; cela ne nous empêche pas de tenir pour le purisme des prêtres égyptiens et de rejeter l'interprétation de Petrie.

B. *Détermination de la pente des faces de la Pyramide par le rapport $\frac{\varphi}{2}$ (M. Matila Ghyca, Montel)*

Une autre hypothèse des Égyptologues est que la pente de la Pyramide était de $\varphi/2$ (théorie de la pente d'or citée par Pochan, p. 199). Cette disposition, que Pochan range dans le secteur de l'improbable et nous dans celui de l'impossible, ne peut être retenue pour les raisons suivantes :

1) La forme de la Pyramide est nécessairement et suffisamment définie par les données arithmétiques remarquables de sa base carrée et de sa hauteur exprimées en coudées. Le Traceur de la Pyramide étant obligatoirement un Initié ne pouvait commettre l'erreur primaire d'utiliser un rapport rectangulaire (rapport entre deux côtés d'un rectangle) pour tracer une forme triangulaire.

C'est en effet de façon constante que les architectes d'autres pyramides d'Égypte, proches de la Pyramide de Chéops, déterminent légitimement la pente de ces pyramides en utilisant des triangles, tel le triangle isiaque ou triangle égyptien (côtés proportionnels à 3, 4, 5), nous avons déjà évoqué ce triangle (N.C., XI), et non des rectangles.

2) L'utilisation des tracés harmoniques géométriques nous est apparue contemporaine des progrès de la géométrie dyna-

mique pythagoricienne et platonicienne du Vᵉ siècle (avant J.-C.). Nous n'avons décelé, dans les autres complexes funéraires aucune utilisation du rapport de moyenne et extrême raison, générateur du nombre φ, divulgué vingt-cinq siècles plus tard par Euclide (vers 285 avant J.-C.).

Chacune de ces deux raisons est suffisante pour faire rejeter l'hypothèse du rectangle $\varphi/2$.

C. *Détermination du niveau du sol de la Chambre du Roi par la section médiane*

Nous ne suivons pas non plus Petrie lorsqu'il nous dit que le sol de la Chambre du Roi se trouvait à un niveau tel que la surface de la section de la Pyramide à ce niveau était égale à la moitié de la surface de la base. La figure qui en rend compte montre que cette disposition était facile à réaliser pour les constructeurs, puisqu'il suffisait de procéder à des mesures et à des visées simples. Mais aussi bien graphiquement (et les Égyptiens dessinaient fort bien) que mathématiquement, cette solution ne correspond pas aux cotes relevées par Petrie et ses successeurs sur le monument.

Soit c la valeur du côté du carré de la section théorique médiane de Petrie, il est déterminé par l'égalité :

$$C^2 = \frac{440 \times 440}{2} = 96\,800, \text{ d'où } c = \sqrt{C^2} = 311,12.$$

D'autre part, la figure 13 nous montre c également défini par la proportion

$$\frac{c}{200} = \frac{440}{280}, \text{ d'où } c = \frac{440 \times 200}{280} = 314,28 \,;$$

ce qui donnerait pour les deux valeurs de c confrontées l'impossible égalité $314,28 = 311,12$.

D. *Utilisation du thème $\sqrt{5}$ à la Chambre du Roi*

Et Petrie nous dit également que la longueur de la Chambre du Roi est de 10,476 m et que sa largeur est de 5,241 m, ce qui définit un double carré, symbole du Ciel [1] et de la

Terre [2] c'est-à-dire une enceinte sacrée de caractère terrestre. Petrie tire des dimensions ci-dessus la confirmation de la valeur de la coudée, ce qui est légitime en raison de la netteté de la valeur de ces cotes (10 et 20 coudées) attachées à des éléments bien nettement déterminés ; quant à la hauteur de la même Chambre qui de toute évidence ne peut être moins symbolique que les deux autres dimensions, Petrie nous dit qu'elle est de 5,844 m et qu'elle est ainsi égale au produit de la largeur par $\frac{\sqrt{5}}{2}$ c'est-à-dire à la moitié de la diagonale de la Chambre du Roi, et il en infère que les Égyptiens connaissaient les irrationnelles. Matériellement et mathématiquement, Petrie a raison, mais il ne savait alors pas que le choix de la hauteur de la Chambre du Roi résultait de la seule volonté arithmologique de construire un double carré (les cotes de ACGE sont $\sqrt{5}$ et $\frac{\sqrt{5}}{2}$) sur la dimension royale de la base, la diagonale AC. (Toute l'Antiquité méditerranéenne a considéré la diagonale des rectangles et des parallélépipèdes comme la dimension royale de ces figures.)

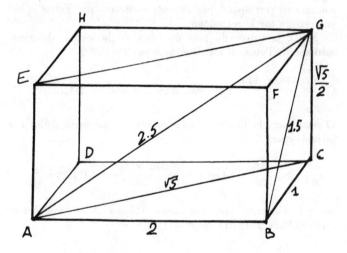

La diagonale de ce double carré vertical ACGE, ou plus exactement l'hypothénuse de son triangle-moitié, le triangle un sur deux ACG, permettait ainsi à la spiritualité de défunt Pharaon de poursuivre selon une pente uniforme à travers la

Chambre du Roi l'ascension commencée dans la Galerie des Ancêtres pour gagner le domaine de Râ et d'Osiris.

En conclusion, il n'était nullement nécessaire de connaître les irrationnelles pour construire le triangle ACG, aussi simple à mettre en place qu'un triangle isiaque 3, 4, 5, par exemple.

Les nombreuses propriétés mathématiques résultant de cette très simple disposition ont troublé certains auteurs ; voici les plus apparentes de ces propriétés, (pour faciliter les calculs, nous adopterons comme unité de mesure pour la Chambre du Roi, le module décimal de la pyramide, soit 10 coudées).

1) La longueur de la diagonale de la Chambre du Roi est rationnelle et mesure 25 coudées.

En effet, dans le rectangle AGC :

$$AG^2 = AC^2 + CG^2 = \sqrt{5}^2 + \frac{\sqrt{5}}{2} = \frac{25}{4}$$

d'où $AG = \frac{5}{2}$ modules ou 25 coudées.

2) La longueur de la diagonale de la petite face verticale de la Chambre du Roi est rationnelle et mesure 15 coudées.

En effet, dans le rectangle ADHE :

$$AH^2 = AE^2 + EH^2 = \frac{\sqrt{5}}{2} + 1^2 = \frac{9}{4}$$

d'où $AH = \frac{3}{2}$ modules ou 15 coudées.

3) Le triangle diagonal ABG est un triangle isiaque (3, 4, 5).

En effet :

BG = 15 coudées, AB = 20 coudées, AG = 25 coudées.

Ce ne sont là que propriétés résultantes, mais elles ne pouvaient qu'inciter les prêtres mathématiciens initiés et les architectes à adopter le schéma, témoin type de l'infinie Connaissance du Créateur mathématicien.

En conclusion, la Chambre du Roi n'est pas tracée suivant le thème $\sqrt{5}$; si en effet le Grand Prêtre Architecte Initié avait connu avec 22 siècles d'avance sur les Grecs les extraordinaires propriétés de la géométrie dynamique, il aurait conçu pour l'ensemble de la Pyramide un tracé dynamique triomphal homogène, à l'exemple de celui d'Ictinos pour le Parthénon (voir infra. ch. VIII). S'il ne l'a pas fait, mettant simplement en œuvre le très beau tracé arithmétique dont nous avons rendu compte, c'est qu'il ignorait encore tout simplement la géométrie dynamique ; les mânes du grand Imhotep auraient en effet frémi en considérant le mélange avancé par Petrie : une partie de π (transcendant), une partie de $\sqrt{5}$ et de φ (irrationnel), le tout mélangé à des rapports simples modulaires rectangulaires et cela pour définir une construction triangulaire ! Nous sommes plein d'admiration pour Petrie, qui écrivit son livre en 1883 : que ne pensa-t-il alors à compter jusqu'à deux !

E. Détermination du périmètre de la base de la Pyramide par la longueur d'un secteur de Méridien (Pochan)

Enfin Pochan nous dit que les dimensions du périmètre de la base de la Grande Pyramide ont été déterminées par la mesure d'un arc de méridien (*op. cit.*, p. 214).

A 2 mètres près, la somme des 4 côtés du carré de base, soit 1 760 coudées, représente 1/2 minute sexagésimale entre Memphis et Alexandrie. Il nous paraît que cette singularité est une des multiples coïncidences qu'entraîne l'usage des nombres. Nous pensons qu'un carré, tel que celui qui constitue la base de la Pyramide, est défini par son côté et non par la somme de ses quatre côtés. Nous avons déjà dit que le nombre 440 exprimant la longueur de ce côté possède pour les Égyptiens une symbolique particulière, aussi bien d'ailleurs que le nombre 280 mesurant la hauteur, ces nombres étant utilisés de temps immémorial.

Les architectes égyptiens (et leurs réalisations montrent qu'ils étaient pleins d'esprit) étaient à la recherche de spéculations métaphysiques, sur le concept philosophique des nombres, représentation abstraite et par définition exacte du Monde, invariable dans le Temps et l'Espace. Depuis toujours, les peuples, même sans connaissances géodésiques approfondies, furent en possession d'unités de mesures, définies par la longueur du pied ou de la coudée du Souverain tenant son Pouvoir de Dieu. Cette particularité liait ipso facto coudée ou pied à la Création Universelle, sans qu'il soit besoin de procéder à d'autres mesures. Henri Iᵉʳ, roi d'Angleterre (de 1100 à 1135), créant le yard le définit comme « la distance du bout de mon nez royal à mon pouce royal ». Chacun a pu voir récemment à la télévision l'amusante démonstration de J.-P. Adam qui, multipliant par des nombres choisis les dimensions métriques très précises d'un petit temple de la Déesse Fortune, (il s'agit en l'occurrence d'un abri servant à la vente des billets de la Loterie nationale), obtient très exactement la distance de la Terre à la Lune, au Soleil, et bien d'autres résultats aussi étonnants.

Nota bene : Une coupure de presse nous apprend au moment du tirage de notre étude qu'un égyptologue allemand, l'architecte Friedrich W. Hinkel a récemment découvert au Soudan le premier plan d'une pyramide (pyramide de Begrawiya). Ce sera là un bon test pour nos études.

CHAPITRE VII

LE PARTHÉNON
LE TRACÉ ARITHMÉTIQUE MODULAIRE DU PARTHÉNON

> « *Le Dieu pensait que le semblable est mille fois plus beau que le dissemblable.* »
> Platon, *Timée*.

INTRODUCTION

Sur l'Acropole d'Athènes s'élevait déjà vers 1500 avant J.-C. une Citadelle, semblable à celle de Mycène ou de Tirynthe. Dès cette époque, Pallas Athena, la Vierge Athena qui donna son nom à la Ville, ainsi que Poséidon-Erechtée, son rival, y furent vénérés. A l'époque des Pisistratides (560-510), l'on avait construit en leur honneur un temple long de cent pieds (hecatompedon). De plus, on consacra uniquement à la Déesse Vierge (Parthénos) un temple d'égale grandeur, le plus ancien Parthénon. Un troisième sanctuaire, le temple d'Athena Niké, fut également élevé en l'honneur de la déesse, en tant qu'incarnation de la Victoire. Des sanctuaires de moindre importance honoraient d'autres Divinités.

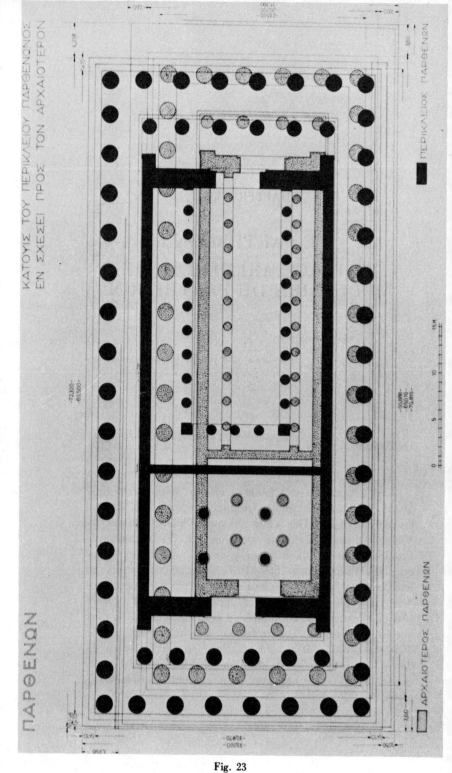

Fig. 23

Plan du Préparthénon, d'après Orlandos

A l'occasion de la Victoire de Marathon (490), il fut décidé de construire une porte monumentale à l'entrée de l'ancienne citadelle (uniquement consacrée aux divinités depuis la fin de la tyrannie en 510) et de remplacer le temple d'Athéna Parthénos par un vaste édifice de marbre. Ces deux ouvrages étaient en chantier, lorsqu'en 480 les Perses arrivèrent et ruinèrent l'Acropole. A la suite de cette destruction, Cimon, chef du Parti aristocrate (mort en 449 avant J.-C.), vainqueur de Salamine, âme de la guerre contre les Perses, fils de Miltiade, vainqueur de Marathon, éleva autour de l'ancienne citadelle une enceinte de pierre où furent incorporés, par respect pour les Dieux, les vestiges des temples détruits ; il commença également les Longs Murs, ouvrage fortifié protégeant la Ville et le Pirée.

On mit à profit cette occasion pour remblayer et agrandir l'esplanade et agrandir d'autant le terrain d'assiette des futurs bâtiments (cet emplacement constitue ce que l'on appelle aujourd'hui le « Remblai des Perses »). Seules subsistent des Monuments de cette époque les fondations d'un ancien temple d'Athena, situé entre l'actuel Parthénon et l'actuel Erechtheion. Ce dernier devait 100 ans plus tard reprendre exactement les dispositions du temple disparu qui l'avait précédé.

Cimon entreprit alors la reconstruction du Parthénon à l'emplacement même de l'actuel bâtiment, le plan était plus modeste que celui que nous voyons aujourd'hui. L'archéologue Américain B.H. Hill en a donné un dessin se superposant à celui du Parthénon (AJA, *op. cit.*) Orlandos (*op. cit.*, pl. 3) l'a repris à beaucoup plus grande échelle (fig. 23) ; la cella était déjà un hecatompedon, mesurant les mêmes 100 pieds que celle de l'actuel Parthénon. Cependant, à la suite de la rivalité de Cimon et de Périclès (499-429), chef du Parti populaire, Cimon fut banni, et la construction suspendue.

C'est alors qu'au cours de la période qui s'étend de 450 à 430, vingt années qui ont mérité le nom de « siècle de Périclès », époque du plus grand épanouissement de la puissance d'Athènes, on vit l'Acropole ressusciter

Fig. 24

L'Acropole d'Athènes

CHAPITRE VII

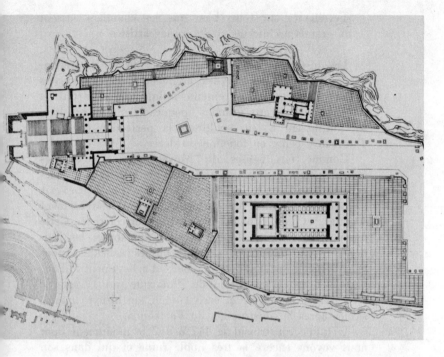

Fig. 25

Plan de l'Acropole

dans une splendeur qu'elle n'avait jamais connue (fig. 24-25).

Une commission, dont faisait partie Périclès, fut chargée de la reconstruction des monuments de l'Acropole : le Parthénon, les Propylées et l'Erechthéion. Elle chargea l'équipe constituée par les architectes Ictinos, ami de Périclès, et Callicratès et le sculpteur Phidias, qui avait sculpté la statue chryséléphantine du Zeus d'Olympie, de la construction et de la décoration du Parthénon.

La phrase de Plutarque à ce sujet est bien connue :

« Phidias inspira tous les travaux et étendait sa

surveillance sur tout, bien que les chantiers eussent de grands architectes et de grands artistes. »

Les historiens ont vu dans cette phrase la prééminence du sculpteur sur les architectes. Nous pensons plutôt qu'il s'agit d'une entente intime, de celles qui ne sont réalisées qu'aux grandes époques et où les architectes fournissent à leur sculpteur la perfection concertée d'un cadre pensé en fonction du décor.

Comme nos églises du Moyen Age, les temples étaient peints et Phidias fut celui auquel nous donnerions aujourd'hui le nom de « décorateur-coloriste ». A l'époque de Phidias, les bâtiments étaient heureusement sculptés, et l'on pouvait dire : sculpteur-coloriste. Cette mission lui conférait la haute main sur toutes les finitions, et ceci au moment même où les Athéniens pouvaient visiter le chantier en cours d'achèvement ; d'où, pensons-nous, la confusion de Plutarque qui a vécu de 45 à 125 de notre ère et écrivit donc son histoire quatre siècles après la construction du Parthénon.

L'équipe construisit de 447 à 432 le monument dont nous voyons encore la très noble ruine et qui dans son état constitue le chef-d'œuvre de la construction occidentale méditerranéenne de tous les temps.

Mnesicrate, sans doute élève d'Ictinos, construisit immédiatement à la suite les Propylées, dont la guerre du Péloponèse en 431 empêcha l'achèvement.

La construction du petit temple d'Athena Nike, dominant l'entrée de la Citadelle, décidée en 449, ne fut achevée qu'au cours de la « Grande Guerre » et ce n'est qu'en 420 que fut commencée la construction de l'Erechthéion, déjà envisagée par Périclès, en l'honneur de Poséidon.

Comme la construction des Cathédrales, la construction de l'Acropole est une œuvre collective d'hommes libres guidés par la Foi en la Divinité et la Cité. Le Parthénon est en effet autant un monument politique que religieux ; la démocratie athénienne ne reconnaissait pas d'autre chef que la Déesse, souveraine de la terre attique. C'est dans son Temple qu'était conservé le Trésor de l'État, c'est sur ses stèles que s'inscrivaient les documents du droit public ; elle était la personnification du pouvoir encore plus que ne le fut, par exemple, saint Marc à Venise.

Le Parthénon était une offrande à la Divinité : plus belle serait l'offrande, plus volontiers la Déesse viendrait habiter son Temple ; elle devait pouvoir y trouver le Beau, ce Beau qui ne visait alors qu'à être le reflet de sa divine perfection.

Plutarque nous rapporte que la moitié d'Athènes se consacra corps et âme à la construction : il énumère les matériaux utilisés, marbre, bronze, ivoire, or, ébène, cyprès ; ceux qui les mettaient en œuvre : sculpteurs, tailleurs de pierre, maçons, menuisiers, fondeurs, ciseleurs d'ivoire, peintres, serruriers ; ceux qui approvisionnaient le chantier : marchands, bateliers, charrons, charretiers, cochers, cordiers, tisserands, tanneurs, terrassiers, manœuvres, et toute une armée de sous-traitants, de journaliers et de travailleurs à façon.

Mais à la différence des cathédrales, qui furent édifiées par le Clergé et les Fidèles, sans grande participation du Pouvoir Royal, ce fut à Athènes la mobilisation spirituelle et financière totale du Pouvoir et de la Cité.

Nous ne pouvons plus aujourd'hui sur l'Acropole déserte qu'évoquer la foule disparue des statues, des stèles et des ex-votos, et sous la pureté du ciel attique, rêver à l'éclat de tout ce marbre rehaussé de somptueuses couleurs ; et lorsque tous les quatre ans, à la fin juillet, la procession des Panathénées gagnait en chantant à travers la ville le Sanctuaire de la Citadelle, c'était un éblouissement remplissant d'orgueil et de fierté le cœur des Athéniens. La fête, qui rivalisait avec les Olympiades, durait huit jours et, aux vainqueurs des « agones », nos actuelles épreuves sportives, l'on distribuait des jarres remplies de l'huile de la récolte des oliviers sacrés de la Déesse. Plusieurs de ces jarres existent encore, décorées et couvertes d'inscriptions commémoratives.

Hélas ! tout passe. Théodose II-le Jeune, Empereur d'Orient (401-450), consacra la déchéance de l'Acropole en transportant à Constantinople la statue de la Déesse, œuvre de Phidias.

Et si les installations qui suivirent (églises, forteresse, palais, mosquées, harem) ne ruinèrent pas la construction, les poudrières installées par les Turcs en vinrent finalement à bout : la foudre fit sauter les Propylées en 1655 et le bombardement des Vénitiens fit sauter le Parthénon en 1687.

Enfin, libérés de la domination étrangère en 1834, les Grecs entreprirent de conserver et restaurer l'Acropole, symbole de la Patrie.

L'architecte Balanos, à qui nous devons le relevé du monument, aidé par les hellénistes de tous les pays, fut l'âme de cette restauration.

*
* *

Le Parthénon est un Temple dorique périptère, symétrique au sens contemporain du mot, par rapport à ses axes longitudinaux et transversaux. Il comporte un pronaos, une cella ou naos, sanctuaire de l'édifice, encore appelé hecatompedon, la salle de la Parthénos (la Déesse Vierge), abritant le trésor de la Déesse et celui de la Cité, et un opisthodome, lieu de dépôt des offrandes et du matériel liturgique. Nous avons réservé au tracé du Parthénon une présentation particulière : ce tracé est en effet l'aboutissement de nos recherches. Si la découverte du tracé de Sainte-Sophie de Constantinople avait été il y a trente-cinq ans le jalon marquant le point de départ de notre promenade dans l'Antiquité, le tracé du Parthénon en marque l'aboutissement. Aussi dans les pages qui suivent avons-nous rapporté le détail de notre travail pour permettre au lecteur de participer à l'analyse du plus remarquable monument de l'Antiquité.

*
* *

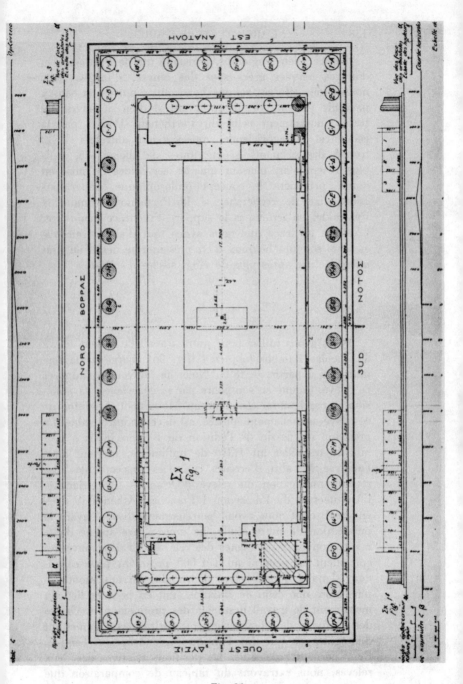

Fig. 26

Relevé du Parthénon par Balanos

Depuis bien longtemps, persuadé que le Parthénon et d'autres temples grecs sont des œuvres d'initiés, nous nous étions efforcé (comme beaucoup d'autres) et sans y parvenir (comme beaucoup d'autres) d'en découvrir les tracés, notamment celui du Parthénon. Poussé par la géométrie pythagoricienne, nous y avions autrefois (1942) trouvé des éléments géométriques de thème $\sqrt{5}$. Puis plus récemment, pensant que les servitudes de mise en œuvre primaient le concept philosophique, nous nous étions fixé de rechercher si le Parthénon, comme la Pyramide, ne serait pas le support d'un tracé modulaire. C'est un tel tracé que nous avons tout d'abord retrouvé et nous sommes heureux d'en présenter le détail en première lecture après plus de vingt siècles d'éclipse.

*
* *

Nous avons utilisé pour notre travail l'excellent relevé de Nicolas Balanos *(op. cit.)* (fig. 26) chargé de la restauration à partir de 1895. Nous ne pouvons qu'admirer ce relevé, unique en son genre par sa conscience, sa précision et par l'amour témoigné au Monument. L'édition de ce relevé, actuellement épuisée, est devenue introuvable. La précision du dessin de l'édition de Balanos nous a permis de travailler au $1/10^e$ de millimètre, mettant ainsi l'analyse à l'abri d'erreurs cumulées inacceptables. La récente publication du relevé d'Orlandos (A. Orlandos, l'Architecture du Parthénon I Planches, Athènes 1976 — en grec), dont nous avons heureusement disposé avant la publication de notre étude, ne nous a pas amené d'éléments nouveaux ; les cotes des relevés des deux ouvrages coïncident en général au 1/1 000 près. On peut cependant signaler que le relevé d'Orlandos est une monographie alors que celui de Balanos était en premier lieu un instrument de travail destiné à des professionnels. Orlandos propose de nombreuses reconstitutions, permettant d'imaginer ce que fut l'antique splendeur du Temple. Pour permettre de situer les positions relatives des deux relevés, nous extrayons du tableau de comparaison que

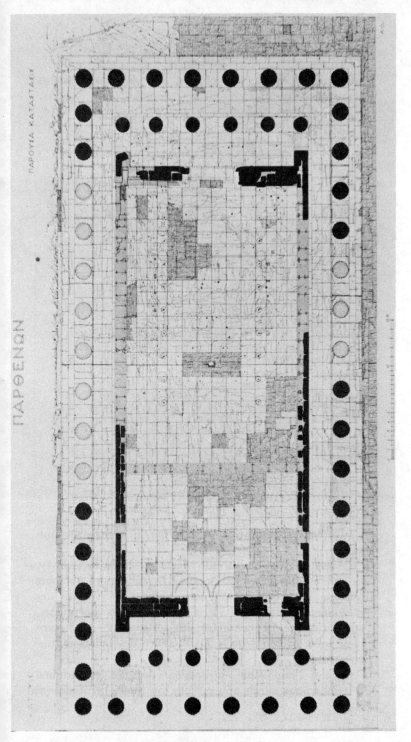

Fig. 27

Relevé du Parthénon par Orlandos

nous avons établi, les mesures de quelques éléments importants (fig. 27).

**VALEUR EN MÈTRE
DES PRINCIPALES COTES CUMULÉES DU PARTHÉNON
TIRÉES DES RELEVÉS DES BALANOS (1931)
ET ORLANDOS (1977)**

Stylobate	Côté Est	Côté Ouest	Côté Nord	Côté Sud
BALANOS ORLANDOS	— 30,870 + 30,880	— 30,880 + 30,961	+ 69,512 — 69,503	— 69,519 + 69,609
Différence absolue (millimètres) Différence relative	10 0,32/1 000	81 2,5/1 000	9 0,13/1 000	90 1,3/1 000
Hauteur de la colonne d'angle BALANOS ORLANDOS	fût + chapiteau + 10,436 — 10,430	fût + 9,576 — 9,572		
Différence absolue (millimètres) Différence relative	6 0,6/1 000	4 0,4/1 000		

De cette comparaison, nous tirons les conclusions suivantes.

Aussi soigneusement que soient exécutés les relevés, ce qui est présentement le cas, ils différeront toujours quelque peu, ceci tenant tant à l'état de vétusté des maçonneries, aux coefficients humains des opérateurs, aux différences d'étalonnage des instruments de mesure (voir infra p. 265) qu'à la différence des points d'attachement des cotes.

Seule l'impossible possession du dossier original d'Ictinos nous aurait apporté une certitude, certitude qui a d'ailleurs disparu dès l'instant de la mise en œuvre matérielle de la construction,

A l'avantage du relevé de Balamos, qui par ailleurs comporte quelques erreurs matérielles facilement décelables, nous dirons que les cotes sont mieux attachées aux éléments d'architecture, ce qui pour nous, architecte, constitue une qualité primordiale.

A l'avantage d'Orlandos, qui disposait du relevé de Balanos, nous dirons qu'il a établi une monographie, donnant une meilleure représentation du monument ; les deux relevés se complètent.

Il est donc inutile de dire l'impatience avec laquelle nous attendons aujourd'hui la publication du relevé photogrammétrique réalisé par l'Institut Géographique National sous la direction du Doyen Roland Martin.

Ce relevé, que nous avons déjà admiré lors de son exposition dans les locaux de l'Unesco, n'est pour l'instant pas coté, mais est constitué de profils et de courbes équidistantes qui n'en permettent pas la lecture chiffrée générale. Si ce relevé devait être coté, il serait intéressant que cette cotation soit faite en tenant compte des lignes principales du tracé harmonique architectural exprimant sa conception.

L'utilisation conjuguée de ces trois relevés, ainsi que des vérifications faites sur place, devraient permettre un travail définitif coté tant en modules qu'en mètres.

Nos recherches au départ ont été guidées par le renseignement traditionnel rapportant que le Temple était caractérisé par un hecatompedon de 100 pieds, renseignement précieux, bien que l'on n'ait connu ni la valeur métrique du pied, ni l'attachement des cotes de cet hecatompedon.

Notre expérience personnelle nous avait d'autre part enseigné qu'aucun temple n'est concevable sans le carré, symbole du Dieu. C'est pourquoi pour débuter nous avons recherché du côté de la cella, sanctuaire de la déesse, tous les carrés possibles, le centième de leur cote devant par définition valoir un pied, (si nous ne nous étions pas trompé). Nous n'avons bien entendu pas trouvé de carré de 100 pieds, mais nous avons remarqué que :

a) Le centre du socle de la statue chryséléphantine de la Déesse, l'intérieur du mur Est de la Cella et l'intérieur des murs Sud et Nord de la Cella déterminaient un carré (fig. 27).

Le centre du socle de la statue est marqué sur le relevé d'Orlandos (Orlandos, *op. cit.*, pl. 57, 8) par une ligne de force et une excavation très caractéristiques, malheureusement non cotées ; peut-être limite symbolique séparant, comme dans le Temple de Salomon reconstruit par Esdras, le domaine terrestre des prêtres et le domaine divin de la Déesse.

b) Que la centième partie du côté de ce carré, que nous appellerons au cours de toute cette étude *le module*, permettait de tracer un réseau de parallèles au grand axe du monument, écartées entre elles de 25 modules et que ces parallèles coïncidaient, la première (1×25) avec le rebord du stylobate de la colonnade intérieure disparue de la cella, la seconde (2×25) avec les parements intérieurs Sud et Nord des murs de la cella (côtés du carré origine de notre analyse) la troisième (3×25) avec la ligne d'axe des colonnades Nord et Sud, tous ces éléments constituant des lignes principales remarquables.

Matériellement, cette particularité nous est apparue en inclinant plus ou moins un « décimètre » transparent pour en faire coïncider la division 100 avec « les limites » du carré intérieur de la cella.

Cet essai graphique comportait tant de coïncidences remarquables que nous avons été immédiatement persuadé d'être dans la bonne voie (et ce d'autant plus que les deux nombres trouvés ainsi presque immédiatmeent à la suite, pour définir les dimensions du stylobate, à l'aide de ce module, étaient deux très beaux nombres pythagoriciens, 360 et 160), c'est-à-dire pour le premier le produit des deux divines tetractys, 10 et 36, et pour le second le produit du symbole du Temple 2 multiplié par la perfection de son cube et la petite tetractys.

Les dimensions cotées de Balanos nous permettaient donc ainsi de déterminer immédiatement deux valeurs provisoires du module.

Largeur du stylobate : 30,880 m : 160 = 0,1930 m, première valeur approchée.

Longueur du stylobate : 69,512 m : 360 = 0,19308 m, deuxième valeur approchée.

Nous avons alors établi une échelle graphique de 400 modules, avec laquelle nous avons pu mesurer en lecture directe les cotes rondes du tracé, les corrections sur la valeur du module pouvant se faire très facilement en inclinant légèrement la règle.

Cette opération nous a paru aussi rapide que nos échecs avaient été longs.

C'est alors qu'en procédant occasionnellement à des vérifications sur les mesures de la Grande Pyramide à l'aide du tableau métrologique de Pochan *(op. cit.)*, qui donne les correspondances entre les mesures de différents pays méditerranéens, nous avons vu que celui-ci fixait au pied grec une valeur de 0,30783, se décomposant en 16 doigts de 0,1924 ; notre module de 19,30 sommairement calculé se trouvait bien proche de 10 fois cette valeur.

L'introuvable Hultzsch *(op. cit.)* créditait sensiblement de la même longueur le pied attique (L = 30,83 cm = 16 doigts de 1,926 cm).

Reprenant nos calculs, au moyen de la longueur de la cella, dimension consacrée du Temple donc sans doute la plus soigneusement implantée nous avons trouvé que le module du Parthénon était de 19,244 cm, soit presque exactement 10 doigts du pied du tableau de Pochan. Les 4 millièmes de millimètres résultant de la calculatrice n'étant pas assez sûrs pour être gardés et n'intéressant pas des ouvrages de bâtiment où la précision théorique est au niveau du millimètre, nous avons adopté pour valeur définitive du module du Parthénon :

19,24 cm

soit 10 doigts du pied attique de 0,30783.

La largeur de la cella du Parthénon mesure donc 100 modules de 19,24 cm, c'est-à-dire 1 000 doigts.

Ce n'est que plus tard que nous nous sommes rendu compte que ce module de 10 dactyles (ou 10 doigts) de $\frac{1}{16}$ de pied, était un élément majeur de la construction des temples grecs, rappelant de façon troublante les modules de 10 coudées de la Grande Pyramide (voir p. 105) et des autres monuments antiques sumériens ou hébreux, d'origine encore plus lointaine.

Les origines de cette utilisation décimale se rattachent bien évidemment aux exceptionnelles propriétés du nombre 10, les dix doigts de la main, la Tétractys, fondement de l'harmonie du Monde... Mais si Vitruve et Philibert Delorme, à sa suite, ont recommandé tout particulièrement l'emploi de ce nombre, ils n'en ont jamais donné les raisons précises.

Dans le cas particulier de la métrologie grecque, il est en outre probable que des constructeurs initiés aient remarqué que la structure traditionnelle du pied grec subdivisé en seize dactyles permettait d'exprimer le rapport doré entre le pied et le module.

En effet,

$$\frac{\text{pied}}{\text{module}} = \frac{16 \text{ dactyles}}{10 \text{ dactyles}} = \frac{8}{5}$$

(5e terme de la série de Fibonacci $= 1,6 = \varphi = (1,618)$

De toute façon cette providentielle particularité permettait de beaux jeux arithmologiques, et l'utilisation de ce module de 10 doigts semble s'être partout généralisée. La mise en œuvre d'un module décimal, dans un système de métrologie à base 16, facilitait étrangement le chantier en supprimant les fastidieuses opérations de conversion et ce système conjuguant la métaphysique et les facilités techniques fut sans doute fort apprécié des maîtres d'œuvre et des tailleurs de pierre. De plus, le module de 10 doigts mesurant 20 cm environ (19,24 cm au Parthénon), la traditionnelle canne de chantier de 10 modules (soit 1,924 m) se manipulait aisément, à la manière de notre toise en bois des chantiers de l'Ancien Régime (1,949 m).

I. L'HÉCATOMPEDON

Jusqu'alors, nous avions pensé que la désignation hécatompedon ne concernait que la largeur du stylobate, 160 modules ou 100 pieds puisque la longueur de la cella ne mesurait très nettement que 155 modules.

C'est alors qu'en incluant dans l'espace sacré les deux demi-épaisseurs des murs périphériques de façade de la cella et de l'opisthodome marqués tant dans les relevés de Balanos que d'Orlandos d'une ligne d'appareil, nous avons trouvé la position des lignes principales déterminant le tracé ; la cella mesurait alors 155 modules de longueur, plus les 5 modules de l'espace intérieur sacré, correspondant à la demi-épaisseur du mur de façade,

$$155 + 5 = 160.$$

Le symbole du carré de 100 pieds (impliquant la perfection du carré de la petite tetractys, $10 \times 10 = 100$) était donc bien inclus dans le Temple de la Déesse, ainsi que le rapporte la tradition.

D'autre part, les 360 modules de la longueur du stylobate étaient divisés par les lignes principales en longueurs remarquables d'expression arithmologique classique,

$$360 = 60 + 160 + 80 + 60.$$

Nous avons retrouvé à Paestum les mêmes déterminations des lignes principales de la façade de la cella tant par l'axe du mur que par une ligne d'appareil du dallage.

On peut remarquer que le Sanctuaire du Parthénon de Cimon, dont le plan est représenté par J.-B. Hill et par Orlandos (fig. 23) en surimpression sur le plan du Parthénon de Périclès, était déjà symbolisé par un hecatompedon de 100 pieds, mais cela dans le sens de la longueur du bâtiment seulement.

C'est de cet inattendu « changement de pied », (module de 10 doigts contre pied de 16 doigts, que l'on nous pardonne ce mauvais jeu de mot), qu'ont résulté tant nos difficultés (et celles des autres) que notre découverte ; il est heureux que nous n'ayons eu que très modérément confiance dans l'analyse d'Henszelmann *(op. cit.)* qui le premier avait donné en 1860 les véritables mesures du Parthénon en pieds, soit 100 pieds sur 225 : il les avait en effet présentées dans un tel contexte qu'il était difficile de les prendre au sérieux ; nos recherches auraient alors été orientées vers des mesures exprimées en pieds et n'auraient sans doute pas abouti.

II. TRACÉ MODULAIRE DU PLAN DU PARTHÉNON (fig. 28).

Note préliminaire

Toutes les dimensions du tracé sont exprimées en modules de 10 doigts de 1,924 cm soit 19,24 cm du pied attique de 16 doigts soit 30,784 cm. Seule la cote de l'hecatompedon est exprimée tant en modules qu'en pieds, 100 pieds = 160 modules.

Le schéma du tracé du Parthénon que nous présentons ne doit pas être très éloigné, tout au moins dans

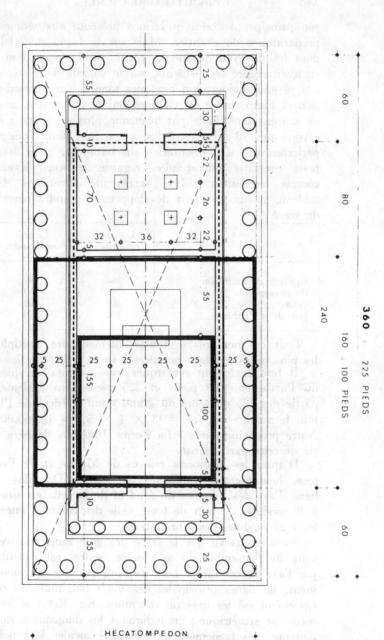

Fig. 28

Tracé modulaire du plan du Parthénon
Expression des nombres premiers : 2, 3, 5

son principe, de celui qu'Ictinos présenta aux réunions préparatoires de chantier. Mais sur la façon matérielle dont Ictinos avait dessiné ses plans, sur la façon dont il en avait chiffré les éléments, sur le volume d'un dossier qui pèserait aujourd'hui quelques tonnes, sur l'organisation et l'importance du Cabinet Ictinos-Callicratès, nous ne saurons sans doute pas beaucoup plus que nous n'en savons aujourd'hui, c'est-à-dire à peu près rien. Nous ne parlerons pas de l'orientation du bâtiment, si ce n'est pour constater que celui-ci regarde le soleil levant, comme les autres édifices sacrés méditerranéens. Un tableau, mieux que tout développement, rendra compte du tracé.

	Longueur en modules	Largeur en modules
Stylobate du Parthénon	360	160
Hecatompedon	160	160
Cella	160	100
Salle de la Parthénos	100	70

Tous ces nombres sont classiquement des multiples des plus petits nombres premiers 1 (p.m.), 2, 3, 5, 7.

Il faut également remarquer que les cotes en pieds du Parthénon, 100 pieds et 225 pieds font également partie des 225 diviseurs du grand nombre Idéal de Platon, le nombre nuptial = $(3 \times 4 \times 5)^4$ = 12.960.000. Notre prochaine étude « La Forme Initiale » donnera la clé de cette particularité.

D'après les médiocres relevés de Magne et de Penrose, heureusement confirmés par celui d'Orlandos, la ligne d'axe des colonnes du fond et de la cella est située à 20 modules du mur de fond, celle des colonnes latérales à 21 modules des murs latéraux.

Nous avons vu que le tracé des gros murs transversaux de l'ensemble du sanctuaire central est constitué par l'axe de ces murs. Lors de l'implantation du monument, les lignes principales des murs longitudinaux ont également été les axes de ces murs. En effet : le bâtiment est symétrique ; en indiquant les diagonales, nous pouvons très facilement *a posteriori* calculer leur point d'intersection avec les cotes de l'hecatompedon et en déduire l'épaisseur calculée des murs longitudinaux,

$$\text{soit } \frac{360}{160} = \frac{240}{L}$$

L désignant la largeur de 100 modules de la cella plus deux demi-épaisseurs du mur longitudinal,

$$L = \frac{38\,400}{360} = 106 \text{ modules } 66.$$

Balanos cote la largeur de la cella et de ses deux murs :

$$21{,}765 \text{ m}$$

Le calcul modulaire donne :

$$L = 100 + 6{,}66 + 6{,}66 = 13 \text{ modules } 32$$

soit en mètres :

$$113{,}32 \times 19{,}24 = 21{,}80 \text{ mètres, soit } 4{,}5 \text{ millimètres}$$

de différence.

Nous retrouverons un tracé identique à Paestum.

On peut supposer facilement les procédés d'implantation du bâtiment ; ils ont dû beaucoup ressembler à ceux qu'utilisent nos chefs de chantier lorsque par suite de quelque circonstance ils sont privés des secours des instruments modernes du géomètre : l'équipement est le même, cordeau, niveau, piges, fils à plomb, etc., etc. Cette implantation fut d'autant plus facile que le plan du Parthénon est réticulé : En traçant un réseau de droites distantes entre elles de 25 modules à partir de l'axe longitudinal du bâtiment et parallèle à cet axe, on détermine l'implantation du support de l'ordre superposé de la cella, l'intérieur du mur de la cella et la ligne d'axe des colonnes des façades latérales.

Enfin, en traçant un réseau de droites perpendiculaires au précédent, espacées de 60 modules ou 25 coudées, celui-ci combiné avec le précédent détermine le volume du sanctuaire. Les stylobates des naos sont implantés à 25 modules des stylobates des façades principales. Un réticulage analogue existe dans d'autres temples grecs. On peut alors dessiner le tracé modulaire du plan du Parthénon, déterminé jusque dans ses moindres détails, par le module de 10 doigts, subdivisé en 10 minutes de 1 doigt.

Nous nous sommes pour la suite fixé d'éviter autant que possible d'entrer dans les détails de modénature inférieurs à la minute, des mesures sur place pouvant ultérieurement seules permettre une étude plus détaillée. Dans ce tracé modulaire, il n'a pas été tenu compte des entasis (ce qualificatif, utilisé par Balanos et les différents auteurs ayant décrit le Parthénon, désigne la courbure des lignes droites mises en œuvre pour tenir compte des déformations optiques), que nous examinerons à la fin de cette étude. Mais sachons dès maintenant qu'il n'existe aucune ligne droite au Parthénon : toutes les arêtes sont composées d'éléments de droites très faiblement brisées et les « plans », de facettes imperceptiblement inclinées les unes par rapport aux autres.

Modulation des éléments constitutifs du plan

Les divers éléments constitutifs du plan du Parthénon sont modulés de façon tout aussi simple. Le socle mesure 376 modules/176. Les deux murs transversaux limitant le sanctuaire ont 10 pieds d'épaisseur, le mur intermédiaire 5 pieds, les murs latéraux 6, 5 pieds ; les dimensions des anthes, la largeur des portes, les marches du soubassement, sont également modulées, de même que le support de la statue et la totalité des autres éléments du bâtiment.

•

III. TRACÉ MODULAIRE DE LA FAÇADE EST DU PARTHÉNON (fig. 30) l'ordre dorique

Il nous paraissait à peu près certain que si l'élévation du Parthénon était tracée, ce tracé devait s'exprimer sur la façade la plus noble du bâtiment, la façade sur l'entrée : la façade Est (fig. 29). Mais ce n'est que tardivement, et après avoir maintes fois admiré les magnifiques entrecolonnements du Parthénon qu'il nous est apparu que le dessin des façades est tout entier sous la dépendance de l'ordre : le magnifique ordre dorique qui reprend là ses droits modulaires millénaires et prime la dynamique platonicienne ; son dessin règne sur l'ensemble du monument et impose ses proportions aux quatre façades (fig. 31). Cet ordre dorique est classique dans sa composition.

Il comporte un soubassement continu constitué par le socle général du bâtiment, puis une colonne cannelée, et un chapiteau supportant un entablement à nouveau continu ; cet entablement est lui-même composé d'une architrave, d'une frise, décorées de métopes cannelés et de triglyphes sculptés, et d'une corniche. Les deux façades principales du monument sont surmontées de frontons amortissant la toiture et symbolisant l'ascension vers le Ciel. La moulure supérieure rampante du fronton, dont il ne reste que des vestiges, s'amortit à chacune de ses extrémités à la base du fronton sur un antéfixe. Elle ne se retourne pas sur les façades latérales, ainsi qu'il est de règle dans notre architecture classique. Cette particularité explique que le tracé de la façade principale n'ait pas tenu compte de cette cimaise.

Mais si l'ordre dorique du Parthénon est classique dans sa composition, nous n'en avions pas moins été étonné, et cela dès le début de nos recherches, de constater que l'élément directeur de l'ordre, déterminé par le tracé, était indiscutablement la dimension du fût de la colonne haut de 50 modules et non l'ensemble formé par le fût et le chapiteau, mesurant 54 modules 5 (voir page suivante). Le Doyen Roland Martin nous en avait également-

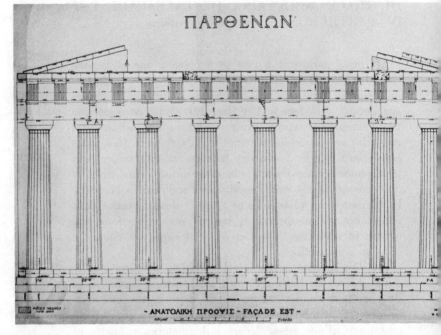

Fig. 29

Relevé de la façade Est du Parthénon par Balanos

ment fait la remarque sans que nous puissions y répondre. Nous en avons plus tard trouvé une explication possible en examinant la photographie de la colonnade dorique de la basilique de Paestum, publiée par le même auteur (Roland Martin, *Monde grec, op. cit.*, p. 64) (fig. 32). Paestum date du troisième quart du VIe siècle et son ordre dorique est ainsi l'un des plus anciens que nous connaissions. Ses chapiteaux archaïques « en miches » soutiennent un tailloir si important qu'il constitue un véritable soubassement à l'entablement, dont il est ainsi censé faire partie. Cette disposition constitue un indéniable souvenir de la construction en bois : nous pensons que les poteaux de bois, plus tard remplacés par des colonnes de marbre, portaient à leur sommet

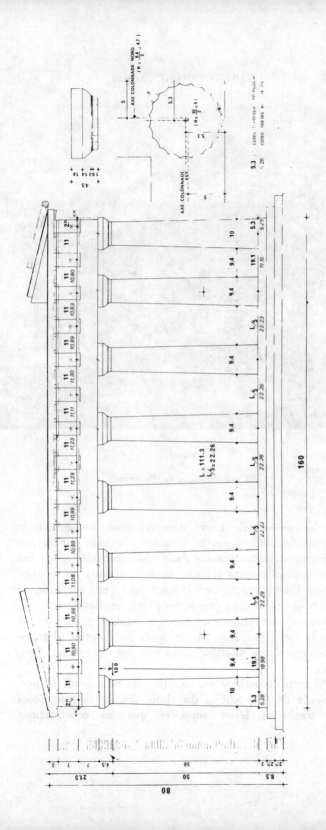

Fig. 30

Tracé modulaire de la façade Est du Parthénon

154   L'ARCHITECTURE CACHÉE

Fig. 31

L'ordre dorique du Parthénon

une longue semelle haute de répartition, empêchant le poteau de poinçonner la longrine en bois constituant l'architrave ; cette semelle était alors considérée par les constructeurs comme faisant partie intégrante du couronnement du bâtiment. Le bâtiment était ainsi constitué de ses trois éléments classiques : a) soubassement, b) poteau, c) couronnement avec sa toiture y compris la semelle de répartition placée sous la longrine d'architrave, remplacée ultérieurement par des chapiteaux décoratifs.

Si cette hypothèse est exacte, elle montrerait la permanence de la tradition du choix des lignes principales des tracés et ferait supposer que les constructions anciennes en bois étaient déjà depuis bien longtemps le support de tracés.

En Égypte, lointaine inspiratrice de la Grèce, les formes de la construction en pierre avaient déjà été traditionnellement reprises de celles de la construction en bois et pisé. On y retrouve des dispositions analogues à celles de Paestum, à la grande salle hypostyle du Temple d'Amon-Mont-Khonson (XVIII⁰ dynastie, vers 1375) à Louqsor et surtout à la salle hypostyle du Temple d'Amon à Karnak (Séthi Ier et Ramsès II vers 1312-1235) où les chapiteaux de répartition sont plastiquement partie intégrée des linteaux qu'ils supportent (P. Francastel, *op. cit.*, pl. 32 et 33).

Fig. 32

Ligne principale sous les chapiteaux en miche de Paestum

On peut également supposer qu'Ictinos, tenu au remploi des colonnes déjà préparées pour le Préparthénon monument de dimension plus modeste, remédia à cette servitude en surélevant le tracé de l'entrecolonnement de la hauteur du chapiteau. Les deux hypothèses ci-dessus ne sont d'ailleurs pas contradictoires.

Voici les valeurs modulaires de l'ordre et des éléments qui s'y rattachent (fig. 30) :

a) *Colonne et chapiteau*

Le fût de la colonne mesure 50 modules (ou 100 demi-modules) ; il constitue le fondement de la modulation de l'ordre. Cette hauteur représente 5 diamètres des « colonnes d'angles », qui définissent ainsi le module par la divine tétractys (infra p. 157).

Le chapiteau mesure 4,5 modules ainsi répartis : 10 minutes pour le collet, 3 minutes pour les gorges, 14 minutes pour l'échine et 18 minutes pour l'abaque.

b) *Socle et entablement*

Le socle du bâtiment est haut de 8,5 modules soit 2,75 modules pour la marche basse, 2,75 modules pour la seconde marche y compris la pente de 0,005 du giron et 3 modules pour la hauteur du stylobate.

L'entablement mesure 17 modules ainsi répartis : l'architrave y compris le bandeau et les gouttes avec leur support mesure 7 modules, la hauteur de la bande des triglyphes et des métopes est de 7 modules, et la hauteur de la corniche est de 3 modules sans compter la cymaise qui mesure 2 modules.

La hauteur du socle se trouve ainsi être double de celle de l'entablement.

En totalisant ces divers éléments, l'on arrive à une hauteur totale de 71,5 modules pour la hauteur de l'ordre, y compris son entablement, et de 80 modules si l'on ajoute le socle ; il en résulte que la façade se trouve inscrite dans un double carré, puisque le stylobate mesure 160 mdoules de largeur ; ce double carré ne saurait nous surprendre car nous nous souvenons qu'il est le symbole terrestre de la divinité.

Le dessin de l'ordre, *élément primordial du temple*, est donc défini par la modulation suivante :

	en modules	en demi-modules
Entablement	17 /50	34/100
Chapiteau	4,5/50	9/100
Colonne	*50 /50*	*100/100*
Soubassement	8,5/50	17/100
	80 /50	160/100

c) *Diamètre des colonnes courantes*

Le diamètre des 42 colonnes courantes est identique, soit 9,4 modules ; le diamètre étant compté d'arête de cannelure à arête de cannelure. Chaque colonne comporte 20 cannelures dessinées, nous a-t-il semblé, suivant des segments de cercles soutendus par un triangle équilatéral.

d) *Diamètre des colonnes d'angles*

Les colonnes d'angles mesurent 10 modules de diamètre. Leur alignement extérieur portant l'architrave étant bien entendu celui du parement des colonnes courantes, l'implantation de leur axe se trouve décalée dans chaque sens vers l'intérieur de :

$$\frac{(10 - 9,4)}{2} = 0,3 \text{ module.}$$

C'est donc la dixième partie du diamètre des colonnes d'angles qui constitue le module ; l'on retrouvera très exactement la même définition chez Vitruve (livre III, chapitre 3) qui évoque également la correction optique pratiquée en augmentant le diamètre de ces colonnes :

> Elles doivent être « plus épaisses de la cinquantième partie de leur diamètre ».
>
> « Elles doivent être inclinées et aussi celles qui devront être à leur alignement sur les flancs à droite et à gauche de l'édifice et auront leurs parties intérieures, celles qui regardent vers les parois, établies au fil à plomb. »
>
> (Livre III, chapitre V).

La théorie de Vitruve aurait donc donné pour les colonnes d'angles un épaississement de 1/50 de la colonne courante, soit 9,4 × 1/50 = 1,88 minute de module, alors que cette surépaisseur est au Parthénon de 6 minutes.

e) *Implantation des colonnades extérieures*

Les colonnades extérieures règnent sur les quatre façades et comportent :

— 2 façades principales Est et Ouest comptant chacune 6 colonnes intermédiaires séparées par 5 entraxes (le vide entre les 4e et 5e colonnes constitue l'axe de la façade),
— 2 façades latérales Nord et Sud comptant chacune 15 colonnes intermédiaires séparées par 14 entraxes, (la 9e colonne est donc située sur l'axe des façades latérales du bâtiment),
— 4 colonnes d'angles situées à la jonction des quatre façades ci-dessus.

CHAPITRE VII

f) *Triglyphes et métopes* (fig. 33)

La disposition des triglyphes et des métopes commande et rythme traditionnellement les entrecolonnements autant qu'elle en est la conséquence. Au Parthénon, triglyphes et métopes sont normalement implantés, mais un examen même superficiel montre que le système d'axes triglyphes-métopes qui aurait dû rigoureusement correspondre à celui de la colonnade en diffère quelque peu ; les architectes durent éprouver là quelques-unes des difficultés que signaleront plus tard Vitruve et les classiques. Une partie de ces difficultés résulte de la mise en place préalable d'un élément libre (les colonnes peuvent être sans inconvénient plus ou moins écartées à la pose) antérieurement à la mise en place de son élément directeur impératif, l'élément triglyphes — métopes (triglyphes et métopes se succèdent en théorie aussi impérativement que les nombres d'une addition). L'habileté des constructeurs sut facilement remédier à ces difficultés. Dans ce cas particulier, la disposition des triglyphes et des métopes résulta globalement de la préalable implantation des colonnes.

Il est aisé de calculer la valeur de l'ensemble triglyphes-métopes, en cumulant leurs cotes et en en prenant la moyenne. Ce calcul donne :

Un triglyphe + une métope = 11 modules

avec la valeur suivante pour chacun d'eux :

Triglyphe = 4,5 modules (9 cannelures)
Métope = 6,5 modules.

On remarquera que le triglyphe a la même dimension que le chapiteau ; triglyphes et chapiteaux étant à l'origine des éléments constructifs en bois dont le souvenir fut par la suite conservé et traduit en pierre, (le triglyphe rappelle un about de poutre, le chapiteau rappelle une semelle de répartition), il n'est pas étonnant qu'ils aient la même dimension, rappelant sans doute qu'ils

Fig. 33

Triglyphes et métopes du Parthénon

étaient à l'origine débités dans des pièces de bois de même équarrissage.

La cote théorique modulaire de la longueur de l'architrave serait donc, en totalisant métopes et triglyphes :

$$15 \text{ T} + 14 \text{ M} = 67,5 + 91 = 158,5 \text{ M}$$

soit en mètres :

$$158,5 \times 19,24 = 30,4954 \text{ m}$$

alors que les cotes de Balanos donnent 30,52 m ; la différence n'est guère appréciable.

g) *Entraxes des colonnes courantes et des colonnes d'angles*

Les colonnes courantes sont implantées sur les lignes d'un réticulage périmétrique situé à 5 modules du bord du stylobate général.

Les difficultés d'implantation des travées d'angle (que Vitruve n'a pas manqué de mentionner par la suite dans son « de Architectura », car le rythme directeur triglyphe-métope se trouve interrompu par la nécessaire implantation du dernier triglyphe en rive de frise) ont été résolues par l'adoption de la classique implantation vide pour plein, c'est-à-dire que l'espace compris entre la colonne d'angle et la colonne voisine courante est égal au diamètre de la colonne courante.

Bien que les constructeurs aient éprouvé là quelque difficulté, ainsi qu'en témoignent les différences de cote entre les deux vides des travées extérieures de la façade Est, soit 18,98 modules au Sud et 19,16 modules au Nord (et à leur suite, les cotes de l'ensemble supérieur triglyphes et métopes), la moyenne entre ces entraxes correspond à la valeur de la colonne courante.

Colonne courante : 9,4.

Moyenne des 2 vides des travées extérieures :

$$\frac{9,28 + 9,46}{2} = 9,37 \ 9,4 \text{ à 3 millimètres près}$$

et ainsi l'axe de l'avant-dernier triglyphe coïncide tant bien que mal avec l'axe du vide de la travée d'angle, à la manière dont les axes des autres triglyphes coïncident tant bien que mal avec ceux des colonnes courantes intermédiaires.

Quant aux cinq autres entrecolonnements, ils se répartissent la valeur L, comprise entre les deux entre-colonnements d'angles, soit approximativement $\frac{111,30}{5}$

= 22, 26 ; ce chiffre est légèrement supérieur à la valeur de deux ensembles triglyphes-métopes, soit 2 × 11 = 22. Là encore, tout cela fut sans doute soigneusement calepiné au cours de la construction, et l'habileté des tailleurs de marbre permit de remédier facilement à quelques irrégularités dans l'exécution de ce tracé traditionnel.

h) *Fronton*

La publication du relevé photogrammétrique de la façade Ouest du Parthénon par l'Institut Géographique National (travaux exécutés dans le cadre des activités de l'UNESCO pour le sauvetage du Parthénon, « le Fil des Pierres », Paris, 1978, p. 26) montre que le centre du cercle inscrivant le fronton se trouve sur l'axe du monument à une demi-largeur du stylobate ; c'est-à-dire à 80 modules sous la façade ; le schéma de la figure 69 rend compte de cette disposition : le rayon du fronton est donc égal à $\sqrt{5}$, diagonale du double carré de la façade.

Le rapport de la longueur totale de 360 modules à la hauteur totale de 80 modules donne aux façades latérales une proportion de 9/2, alors que le plan a une proportion de 9/4, c'est dire que les façades latérales rabattues horizontalement vers l'intérieur du bâtiment se rejoindraient sur l'axe.

Connaissant ce tracé, facile à retenir, il était aisé pour l'architecte et ses conducteurs munis de cannes de 10 modules d'implanter le bâtiment ; les plus infimes éléments en avaient été soigneusement étudiés et déterminés ; la qualité de la main-d'œuvre devait faciliter une opération qui nous paraît aujourd'hui hors de nos possibilités.

Pour conclure nous remarquerons que là encore les dimensions déterminantes de la façade, à savoir :

Largeur	160 modules
Hauteur	80 modules
Hauteur du fût de la colonne	50 modules
Diamètre de la colonne d'angle	10 modules

sont, comme pour le plan, multiples de nombres premiers 1 (p.m.), 2, 3, 5.

L'ensemble métope-triglyphe est lié par sa hauteur et sa largeur aux nombres 7 et 11 ; l'entablement aux nombres 3 et 7.

CHAPITRE VIII

LE PARTHÉNON
TRACÉ GÉOMÉTRIQUE DU PARTHÉNON

Parvenu à ce point de notre étude, nous avons, après la satisfaction de la découverte, éprouvé quelque déception de ne pas voir aboutir nos anciennes recherches orientées vers la géométrie dynamique.

Comment le célèbre Ictinos, cité par Vitruve dans la liste des architectes de premier plan, ayant écrit un ouvrage hélas disparu sur la construction du Parthénon, avait-il pu construire le plus parfait des monuments d'avant garde, sans tenir compte des grandes découvertes mathématiques de ses contemporains, et se contenter de jouer du traditionnel et classique arsenal modulaire ! Lui avait-il suffit de rattacher de façon éclatante le temple de la Déesse au système du Monde Pythagoricien en choisissant pour sa longueur le produit des deux divines tetractys, la grande multipliée par la petite,

$$\text{soit } 36 \times 10 = 360$$

puis pour l'hécatompedon le symbolique carré du Temple $2 \times 2 = 4$ multiplié par la neuvième partie du produit des tetractys, symbolisant le Monde en 9 pythagoricien, en pensant que l'utilisation du symbolique module sacré de 10 doigts assurait à son œuvre toutes les garanties métaphysiques de l'harmonie.

C'est alors qu'en nous appuyant sur la connaissance certaine des lignes principales du bâtiment, celles que nous avons vu supporter le tracé modulaire utilisé pour la construction, nous avons pu accéder à la secrète perfection du tracé géométrique inclus par Ictinos à sa création.

Le transparent de thème $\sqrt{5}$ (fig. 68) superposé au relevé de Balanos nous a révélé une étonnante conception géométrique, que seuls à cette époque connurent les Initiés.

A. *Tracé géométrique du plan du Parthénon* (fig. 34)

La proportion du stylobate nous a servi de clé ; notre transparent de thème $\sqrt{5}$ nous ayant indiqué que le rectangle AEXT était un rectangle $\sqrt{5}$, nous avons vérifié cette proportion à l'aide des éléments modulaires :

$$\frac{360}{160} = 2,25 \text{ (la valeur décimale de } \sqrt{5} \text{ étant de 2,236).}$$

Ce rapport $\frac{36}{16}$ est le cinquième terme de l'expression des valeurs approchées de $\sqrt{5}$, valeurs que savaient calculer les Pythagoriciens et à leur suite les théoriciens de la Renaissance italienne (voir annexe IV).

Nous allons alors rencontrer dans le tracé du plan du Parthénon, constitué par une décomposition harmonique du rectangle AEXT du stylobate, toute la gamme des rectangles du thème $\sqrt{5}$.

La cella est un rectangle φ GJQN, dont la valeur en fractions décimales approchée est $\frac{160}{100}$ soit $\frac{8}{5}$ (1,6 pour 1,618), c'est-à-dire encore le 5e terme de la série des valeurs fractionnaires approchées de φ de la Série de Fibonacci.

CHAPITRE VIII

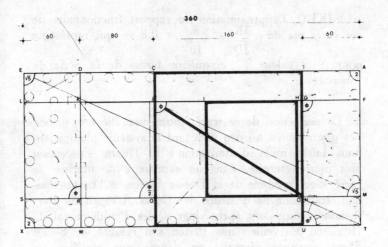

Fig. 34

Tracé géométrique du plan du Parthénon

C'est encore le rapport des cotes des deux carrés divins, symbolique signature du Temple, l'hecatompedon (160) et le carré sacré de la Déesse (100).

La proportion entre la largeur de la cella et la largeur du stylobate $\dfrac{AT}{FM}$ est également la proportion $\varphi = \dfrac{160}{100} = 1,6$. Il en découle que les deux pronaos semblables sont constitués par des rectangles φ^2, décomposés en deux doubles carrés ABGF et MNUT (30/60 modules de côté) et un rectangle φ FGNM de 100 m/60 m = 1,66.

L'hecatompedon BCVU demeure bien entendu un carré parfait de 160/160.

Comme conséquence de la précédente décomposition harmonique du rectangle $\sqrt{5}$ du stylobate, FJQM est un rectangle $\sqrt{5}$ formé de deux rectangles φ accolés ; le rapport fractionnaire de ses cotes est $\dfrac{220}{100} = 2,2$ pour $\sqrt{5} = 2,23$.

Quant à la salle de la Parthenos, c'est un rectangle

$\varphi/2$ JKRQ, l'approximation du rapport fractionnaire de ses cotes est de : $\dfrac{JK}{JQ} = \dfrac{8}{10} = 0,8$ ce qui représente pour φ la valeur $\dfrac{5}{3}$, cinquième terme de la Série de Fibonacci.

La perfection de ce tracé, intimement lié aux principes que révèlera un peu plus tard le système platonicien, nous laisse muet d'admiration : la Divine Proportion unit pour l'éternité, dans un sanctuaire de marbre, le carré sacré symbole de la Déesse Vierge, à l'hecatompedon, traditionnelle demeure des Dieux. L'esprit du Parthénon ressurgissant après vingt siècles d'oubli en fait la Huitième Merveille : que Platon soit rassuré, ce Secret d'une croyance disparue ne pourra que glorifier ses auteurs (voir infra p. 225 : le Secret). La position privilégiée du Parthénon, architecture à la pointe de la connaissance, lui valut dès sa construction d'être l'objet d'un culte ; Ictinos associé à un certain Carpion lui consacra le livre malheureusement disparu, que nous avons déjà évoqué et dont nous connaissons l'existence par Vitruve.

B. *Tracé géométrique de la façade* (fig. 35)

Le dessin de la façade est déterminé par le rectangle frontal vertical $\sqrt{5}$ BEFI, dont le grand côté BI est confondu avec le petit côté du rectangle $\sqrt{5}$ horizontal déterminant en plan le stylobate.

Cette particularité s'exprime dans une proportion géométrique liant les deux éléments majeurs de la façade et du plan :

$$\dfrac{\dfrac{\text{longueur du stylobate, soit } 360}{\text{largeur du stylobate, soit } 160}}{\dfrac{\text{largeur du stylobate : } 160}{\text{hauteur de l'ordre : } 71,5}} = \sqrt{5}$$

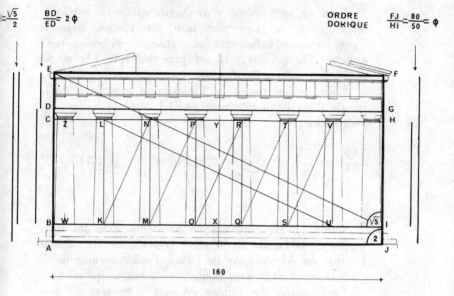

Fig. 35

Tracé géométrique de la façade du Parthénon

$$\text{stylobate :} \quad \frac{360}{160} = \frac{18}{8} = 2,25 \,;$$

$$\text{façade :} \quad \frac{160}{71,5} = 2,237 \; (\text{p.m. } \sqrt{5} = 2,236)$$

ce qui se traduit pythagoriciennement par la proposition suivante :

Les 100 pieds de l'hecatompedon sont moyenne géométrique entre la longueur du stylobate et la hauteur du temple, c'est-à-dire la hauteur de l'ordre dorique complet.

Nous connaissions depuis nos premières recherches (1940-1945) ces deux rectangles $\sqrt{5}$, mais l'insuffisance d'un contexte plus étoffé ne nous avait pas alors permis la lecture du tracé.

L'ARCHITECTURE CACHÉE

C'est ce type même d'$\alpha\nu\alpha\lambda o\gamma\iota\alpha$ qui sera publiquement prôné, un peu plus tard par Platon, dans le Timée, comme définissant une absolue perfection (voir annexe III, p. 284). Il est probable que Platon ait connu le tracé du Parthénon.

Enfin, et en raison de l'inscription modulaire de la façade dans le double carré AEFJ (voir ci-dessus), on peut écrire :

$$\frac{AE}{BE} = \frac{\sqrt{5}}{2} = \frac{80}{71,5} = 0,111 \text{ (p.m.} = 0,118)$$

Ictinos, ayant ainsi mis en harmonie et lié les enveloppes de la façade et du plan, pouvait inscrire dans la hauteur du double carré de façade l'ordre dorique de 80 modules qu'il avait sans doute depuis longtemps médité.

Ceci pouvait être fait en divisant la hauteur du double carré AEFJ en 80 parties égales à 1 module, ou mieux en 160 parties d'un demi-module (qui correspondraient sensiblement au décimètre d'aujourd'hui),

$$\frac{19,24}{2} = 9,62 \text{ cm ;}$$

la hauteur du rectangle $\sqrt{5}$ BEFI correspondait à 143 de ces demi-modules, ou 71,5 modules.

Le fût de la colonne et l'ensemble de l'ordre lui-même sont en proportion dorée,

$$\frac{160}{100} = 1,6 = \varphi$$

De plus, le rapport de la colonne et son chapiteau à l'entablement est égal à 2 φ, soit :

$$\frac{54,5}{17} = \frac{320}{100} \text{(ou } 5\,440 = 5\,450 \text{ à moins de } 1/500 \text{ près).}$$

Nous pouvons espérer qu'Ictonos et Callicratès furent honorés de plusieurs jarres de l'huile des oliviers de la Déesse.

En résumé, il est possible d'essayer de rétablir ainsi qu'il suit la succession des opérations du tracé géométrique de la façade Est.

A. *Détermination du contour*

1) Sur la largeur de 160 modules de l'hecatompedon est construit le rectangle $\sqrt{5}$ BEFI du stylobate.

2) La même largeur constitue le grand côté du double carré ABCD, élément de base du tracé de la façade.

B. *Dessin de l'ordre dorique*

3) AE étant divisé en .... 160 demi-modules

— le soubassement mesure . 17 demi-modules
— le fût de la colonne mesure .... 100 demi-modules
— le chapiteau mesure .... 9 demi-modules
(comme le triglyphe)
— l'entablement mesure ... 34 = 2 × 17 demi-modules

C. *Entrecolonnement*

4) Nous avons vu au paragraphe précédent que les valeurs de l'entrecolonnement avaient été liées au tracé modulaire de l'ordre : mais il apparaît également que les cinq entrecolonnements centraux (les entrecolonnements courants égaux) sont également inscrits dans un rectangle $\sqrt{5}$, KLVU de proportion $\sqrt{5}$,

soit $\dfrac{111,3}{50} = 2,226$ pour $\sqrt{5} = 2,2360$

et que la décomposition harmonique en 5 rectangles $\sqrt{5}$ de ce rectangle correspond aux cinq entrecolonnements centraux. Le rectangle enveloppe BCHI des 7 colonnes de la façade est du même coup un rectangle 2 φ, soit $\frac{160}{50} = 3,2$ (constitué de 2 rectangles φ accolés BCYX et XYHI). Les rectangles BCLK et UVRI sont des doubles carrés et le rectangle WZLK est un rectangle φ^2, $\frac{50}{19,1} = 2,61$; (pour conserver la netteté du tracé, nous n'avons pas matérialisé ces rectangles résultants sur la figure).

Ces particularités ne sont pas que coïncidences dont aurait profité Ictinos pour lier le tracé géométrique et le tracé modulaire de l'ordre, elles sont la manifestation caractéristique et la stricte application de la doctrine arithmologique pythagoricienne consistant à définir une même opération par une sommation arithmétique (1 + 2 + 3 + 4 + 5 entrecolonnement) et par une multiplication (géométrie dynamique du rectangle $\sqrt{5}$, harmoniquement divisé par 5) (N.C., V, VI, VII), tout cela se trouvant encore dans le cas de la métrologie grecque relevé par la particularité que le rapport du module au pied, soit $\frac{16}{10} = 1,6$ permet en plus de jouer de la divine proportion.

Nous verrons bientôt que le tracé de Claude-Nicolas Ledoux pour la Colonnade de la façade de la Maison du Directeur des Anciennes Salines Royales d'Arc-et-Senans, 1775, fait également appel à cette division en cinq du rectangle $\sqrt{5}$; il est bien évident que Ledoux ne connaissait pas le tracé du Parthénon, la similitude des deux tracés résulte simplement de l'identité de la doctrine des architectes.

Après avoir admiré l'extraordinaire tracé double du Parthénon, intime alliance entre l'arithmologie du Croissant Fertile et la géométrie dynamique grecque, nous dirons quelques mots de la personnalité des architectes : même si nos renseignements sont fragmentaires, il est déjà remarquable que leur nom nous soit parvenu. Ictinos était un ami de Périclès ; lorsqu'il fut appelé pour construire le Parthénon, il était en train de réaliser le sanctuaire d'Eleusis, demeuré inachevé, en remplacement de Coroïbos, architecte de Cimon, tombé en disgrâce. Lors du bannissement de Périclès et du rappel de Cimon, deux architectes, Métagénès et Xénoclès, reprirent les plans de Coroïbos. (Tout ce détail nous est rapporté par Plutarque.) Ils exécutèrent malheureusement les colonnes du sanctuaire qu'Ictinos avait projeté de supprimer.

On peut déjà voir là un lointain prélude à la Querelle des Anciens et des Modernes. Ictinos le Moderne avait voulu dégager la salle des mystères de ses colonnes pour mieux voir ; les Prêtres et Coroïbos préféraient (peut-être à juste titre) que les mystères demeurent mystérieux et ne soient qu'entrevus des fidèles.

Nous savons encore qu'Ictinos accompagna Périclès dans son exil et qu'il passe pour avoir alors réalisé le Temple de Bassae, édifice rempli de novations, qui, reprises par ses confrères, hâtèrent l'évolution de l'art grec vers l'art hellénistique. Le Doyen Roland Martin vient de publier dans le Bulletin de Correspondance hellénique, C 1976 — Paris, un article montrant de façon définitive comment Ictinos est l'auteur de la décoration ionique de ce temple, mais que d'autres en avaient antérieurement dessiné le plan.

Callicratès était un architecte en renom ; il avait déjà été, un an avant que Périclès ne forme l'équipe Ictinos — Callicratès, chargé de la construction du temple d'Athena Niké ; il dirigeait également la construction des Longs Murs reliant la ville au Pirée.

En transposant, à l'aide de ce que nous savons des Cabinets d'Architectes d'aujourd'hui, il semble que Périclès ait voulu renforcer par un homme de talent exceptionnel le gros Cabinet d'affaires d'Athènes. Ce qui semblerait le prouver est que Vitruve, lorsqu'il énumère les Architectes illustres, ne cite qu'Ictinos et un certain Carpion, peut-être son calculateur, comme auteurs du livre écrit sur le Parthénon, sans mentionner Callicratès.

Pour un analyste, le tracé du Parthénon, le plus beau et le plus parfait que nous connaissions, paraît avoir bien des chances de demeurer un cas unique.

Le doyen Roland Martin a signalé à plusieurs reprises que le Parthénon constituait un prototype sans filiation ; il est donc également fort possible que le tracé du Parthénon soit un prototype ; dans l'état actuel de nos recherches, nous n'avons pas rencontré d'autre tracé dynamique, géométrique, dans l'Antiquité : ce n'est pour nous qu'après Campanus de Novare (XIIIe siècle, voir p. 66) que le thème $\sqrt{5}$ réapparut dans tout son éclat à Florence (Brunellesco, 1377-1446, Santa Croce, San Lorenzo).

Il faut s'être essayé au jeu des tracés pour en connaître les difficultés. Combiner à la façon d'Ictinos un tracé modulaire remarquable reposant sur des nombres symboliques tenant compte de la dimension du vieil hecatompedon (et probablement avant tout destiné aux exécutants du chantier) avec les servitudes d'un tracé géométrique s'appuyant sur la nouveauté que constituaient les irrationnelles, et ce pour construire un chef-d'œuvre, constitue une performance que nous pensons ne pouvoir être renouvelée. Il ne viendrait d'ailleurs plus à l'esprit d'un architecte d'aujourd'hui de le tenter : nos constructeurs se trouvent portés vers bien d'autres horizons que ceux qui passionnèrent les Grecs du temps de Périclès.

Le tracé d'Ictinos constitue la plus éclatante manifestation de la réalité des doctrines du Théétète et du Timée : qui pourrait encore douter que l'esthétique grecque se soit cantonnée dans le domaine d'abstraites spéculations ? l'histoire des mathématiques et les études de métrologie pourront également trouver sur l'Acropole quelques sûrs jalons. Enfin, nous ne pouvons nous retenir de formuler une hypothèse : à certains elle paraîtra hasardeuse, pour nous c'est presque une certitude ; la statue chryséléphantine de la Déesse mesurait 100 modules de hauteur, c'est à quelque dactyles près ce que mesure la restitution d'Orlandos (*op. cit.*, pl. 11).

Après cette analyse du chef-d'œuvre des temples grecs, il faut, pour mémoire, dire combien l'humanité peut déplorer l'incendie de l'Artemision d'Ephèse (Temple de Diane — Artémis) construit de 620 à 400 avant J.-C., une des sept merveilles du Monde. Le maniaque Erostrate y mit le feu en 356 pour laisser son nom à la postérité et la légende veut que cet incendie ait eu lieu la nuit où naquit Alexandre le Grand (356-323) : celui-ci, lorsqu'il eut conquis l'Ionie sur Darius décréta que le tribut payé jusque-là par Ephèse aux Perses serait désormais consacré à la reconstruction du Temple, déjà en cours lors de son arrivée. La Cyropédie de Xénophon nous rapporte que l'Artémision était un temple ionique diptère comptant 127 colonnes (56 pour le Parthénon) et mesurant 425 pieds sur 220 ; le Parthénon (225 pieds sur 100) était une bien modeste construction à côté de ce colosse ; nous ne savons pas beaucoup plus de cette merveille disparue ; d'abord pillée par les Goths au troisième siècle, elle fut détruite par les Empereurs Chrétiens d'Orient en sa qualité de temple païen.

CHAPITRE IX

LE PARTHÉNON
LES ENTASIS DU PARTHÉNON
(fig. 36)

« Les Entasis du Parthénon. »
Balanos (tableau 1.
op. cit., p. 91)

Nous avons déjà dit qu'au Parthénon il n'existe aucune ligne droite ; la seule constante conforme aux règles habituelles est que les lits d'assises de la maçonnerie sont plans, sans être obligatoirement horizontaux.

Il faut bien noter que les lignes ne sont pas à proprement parler des courbes, mais des éléments de droite, inscrits dans des arcs de courbes. Conformément à ce que rapporte Vitruve, ces déformations réelles des lignes droites et des plans ont pour objet de remédier aux déformations apparentes résultant de la vision perspective ; une droite que l'œil voyait concave était corrigée par une convexité correspondante égale. Ces corrections sont si judicieuses qu'elles ne se jugent pas ; il est probable que dès l'origine, elles provoquaient la même agréable impression que nous ressentons aujourd'hui devant nos architectures séculaires dont les ans et les

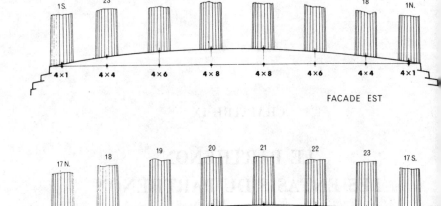

Fig. 36

Entasis du Stylobate Est et du Stylobate Ouest du Parthénon

érosions dues à la vétusté font vivre des parements qui devaient paraître secs quand ils étaient neufs. Les Anciens étaient coutumiers de ces subtilités visant à doter leurs œuvres d'une infinie perfection ; nous avons déjà vu que dans le même esprit, l'architecte de la Pyramide en avait imperceptiblement creusé les faces pour qu'à sa naissance, le soleil d'équinoxe n'éclaire pendant quelques instants que la moitié des faces Nord et Sud.

Dans son « de Architectura », Vitruve a évoqué cette particularité en ce qui concerne les bâtiments à colonne, mais les illustrations de cet ouvrage ayant disparu, son texte est obscur.

Il a écrit (Livre III, chapitre V, 21) :

« Stylobatam ita opportet exaequari uti habeat per medium adjectionem per scamillos impares »,

que Choisy traduit mot à mot (tome II, p. 146) :

« Cette assise d'appui des colonnes, il faut l'araser de telle sorte qu'elle ait, par le milieu, une correction additive par échelons à imparités. »

Ce mot à mot est aussi obscur que le latin (par le milieu, signifie tout simplement dans l'axe, sous-entendu de chaque colonne et impares signifie inégales et non impaires). Choisy rapporte ensuite l'interprétation qu'a donnée de ce passage son ami Aures (1) (Vitruve, *op. cit.*, tome II, p. 146), interprétation qui l'amène à la construction d'une parabole. Malheureusement, Aurès, passionné de tracés et de celui du Parthénon en particulier, sur lequel il a écrit un ouvrage, ne disposait pas du relevé de Balanos. Il aurait alors sans nul doute trouvé ce que nous rapportons ci-dessous.

Grâce aux très soigneux nivellements réalisés par les services officiels grecs sous la direction de Balanos, il est possible d'étudier ces entasis.

Les flèches des courbures des stylobates, cotées en millimètres sont :

	Relevé de Balanos	*Relévé d'Orlandos*
Est	68	66,4
Ouest	107,2	122,8
Nord	121,3	150
Sud	142	90

(1) Aurès fut, comme Choisy, qu'il précède de deux générations, Polytechnicien, Inspecteur Général des Ponts et Chaussées, érudit inépuisable et chercheur infatigable.

Ce furent aussi tous deux des archéologues passionnés, mais Choisy fut plus heureux qu'Aurès car sa traduction de Vitruve et son Histoire de l'Architecture sont encore deux grands classiques *(op. cit.)*, alors que les ouvrages d'Aurès sont bien oubliés.

Nous étudierons la courbure de la façade Est du stylobate. Cette façade par laquelle a sans doute débuté la construction du monument a été à ce titre la plus soignée ; de plus, c'est la seule dont les deux extrémités soient de niveau et c'est enfin celle dont Balanos donne les relevés les plus abondants.

Pour n'y plus revenir, signalons que là encore Balanos et Orlandos n'ont pas établi leurs relevés avec des attachements de cotes identiques.

Nous avons préféré le relevé de Balanos, conforme à la leçon vitruvienne à celui d'Orlandos ; il constitue une monographie des sols du Parthénon, alors que le relevé d'Orlandos ne fait que donner une représentation figurée des entasis périphériques.

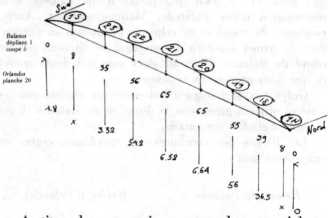

A titre de comparaison, nous donnons ci-dessus parmi les 9 profils de la façade Est le profil δ de Balanos, correspondant à l'unique profil d'Orlandos.

Conservant donc les désignations des colonnes adoptées par Balanos, nous dresserons le tableau récapitulatif suivant, établi d'abord en millimètres, notre mesure habituelle contemporaine qui fait image, et ensuite en minutes de modules.

Ce tableau rend compte en ligne 1 de la différence de cotes par entraxe de colonnes, et en ligne 2 des mêmes cotes cumulées depuis le rebord du stylobate jusqu'à la travée centrale.

CHAPITRE IX 181

Nos des colonnes : Horizontale de référence O Cote Balanos 3,153	Angle Sud 1 S	23	22	21	20	19	18	1 N Angle Nord
progression des cotes travée par travée — en millimètres	0 + 8,00	+ 27,00	+ 21,00	0 + 9,00	10,00	− 22,00	− 25,00	− 8,00
en 1/10 de mn	0 + 0,4158	+ 1,8191	+ 2,9106	+ 3,3784	3,3784	− 2,8586	− 1,7152	− 0,4158
Cotes cumulées au-dessus de l'horizontale — en millimètres	0	35,00	56,00	65,00	65,00	55,00	33,00	0
arrondies en 1/10e de minute	0	18,00	29,00	33,00	33,00	24,00	16,00	4,00
Mode de calcul arrondi proposé	0 4 × 1	4 × 4	4 × 6	4 × 8	4 × 8	4 × 6	4 = 4	4 × 1 0

N.B. — Un module de 19,24 cm = 10 minutes (ou doigts) de 1,924 cm.

ENTASIS DU STYLOBATE DE LA FAÇADE EST DU PARTHÉNON

De ce tableau, nous proposons de déduire la règle ci-dessous :

La progression de l'entasis du stylobate au droit de chacune des colonnes de la façade Est est obtenue en multipliant la quantité constante $4/10^e$ de doigt (c'est-à-dire $4/10^e$ de minute puisque la minute est égale au doigt), soit :

$$4 \times \frac{1{,}924 \text{ cm}}{10} = 7 \text{ millimètres } 70$$

par les nombres 1, 4, 6, 8, correspondant aux emplacements des colonnes 1, 2, 3, 4 ; 4, 3, 2, 1 suivant la règle ci-dessous :

$1 \times 4/10^e$ de minute pour la première colonne (colonne d'angle) ;
$4 \times 4/10^e$ de minute pour la deuxième colonne ;
$6 \times 4/10^e$ de minute pour la troisième colonne ;
$8 \times 4/10^e$ de minute pour la quatrième colonne.

Le coefficient des colonnes d'angle se trouve limité à 1 en raison de leur position particulière qui par suite du retour des façades latérales raccourcit sensiblement de moitié la longueur de la partie du stylobate les concernant.

Cette règle est conforme au texte de Vitruve : une quantité inégale est ajoutée à chaque support de colonne, ou plus clairement la cote de hauteur de l'appui de chaque colonne varie suivant la règle énoncée ci-dessus.

Nous ne reproduisons pas le tableau rendant compte de l'étude des entasis du côté Ouest du stylobate ; sa lecture est plus compliquée en raison de la différence de niveau entre les deux extrémités du stylobate ; la cote de l'angle Nord, soit 3,185 m, est supérieure de 20,5 mm à celle de l'angle Sud qui est de 3,205 m[5]. Nous devons donc prendre comme ligne de référence des entasis, non pas l'horizontale comme nous l'avons fait pour la façade Est, mais l'oblique joignant les deux angles.

L'examen des cotes arrondies montre que la règle de l'entasis Ouest du stylobate est identique à celle de l'entasis Est, avec cependant une netteté moindre (fig. 36).

Nous avons fait les mêmes constatations sur les façades Nord et Sud, en appliquant le même système de correction.

En nous référant encore à Vitruve, une règle analogue a été appliquée pour la pente des colonnes vers l'intérieur du monument, nous n'avons pu la calculer en raison de l'attachement des cotes tant des relevés de Balanos que d'Orlandos, qui ne correspondent pas aux divisions modulaires des lignes principales. Il est probable que les tailleurs de pierre ont dû, munis de leur canne, régler l'entasis des colonnes de 50 modules de hauteur, par parties de 5 ou 10 modules. Le relevé de ces corrections est un minutieux travail de spécialiste à exécuter sur place.

CHAPITRE X

MÉTROLOGIE DES MONUMENTS DE L'ACROPOLE

Après avoir procédé à l'analyse graphique du Parthénon, nous avons cherché si les Propylées et l'Erechtheion, également relevés, mais de façon plus sommaire, par Balanos, avaient été construits en utilisant la même métrologie et suivant des tracés analogues à celui du Parthénon.

La réponse est affirmative ; les deux figures (37 et 38) rendent compte des tracés modulaires de ces monuments et de l'identité de leur module avec celui du Parthénon.

Cela ne saurait nous étonner ; il paraîtrait en effet bien surprenant que deux chantiers voisins réalisés à la suite d'un extraordinaire chantier principal abandonnent le bénéfice de l'expérience et de l'outillage, le bénéfice des éléments répétitifs ou techniques, sans parler de l'élément métaphysique constitué par les dix dactyles d'un pied, d'origine plus ou moins surnaturelle, mais de toute façon d'une tradition très lointaine.

Nous savons en effet que Mnesicles, élève d'Ictinos, entreprit les Propylées en même temps que s'achevait le Parthénon, alors que la construction de l'Erechtheion commençait douze ans plus tard, en 432. Mnesicles était-il initié ? La colonnade des Propylées a 100 coudées d'entraxe, représentant l'élévation à la divine puissance de la tétractys (hécatompédon) ; de plus la somme des jumeaux sénaires 17 et 19 soit 36 et leur double 72 définissent la famille des deux des plus beaux nombres arithmologiques de l'Antiquité. Le nombre parfait 28, symbolise la perfection de la travée centrale N.C. V et VI). La « forme initiale » nous montrera comment ce jumelage du décimal avec le duodécimal symbolisait l'alliance des Dieux avec les Hommes.

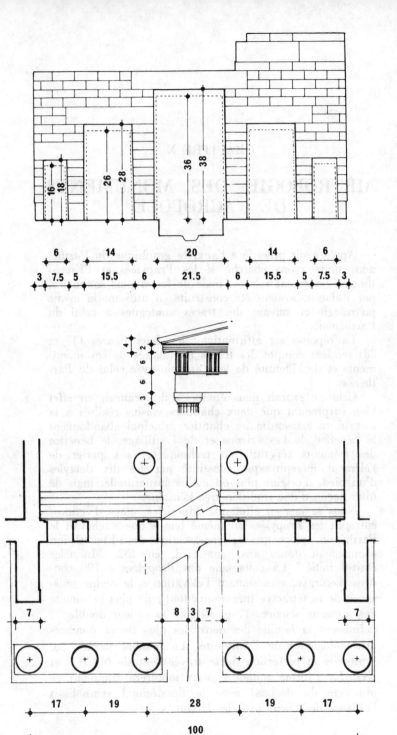

Fig. 37

Tracé des Propylées

CHAPITRE X   187

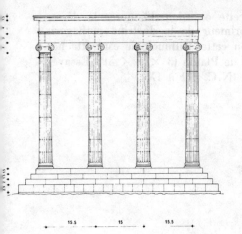 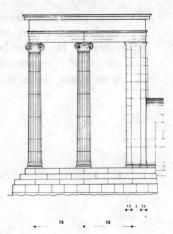

Fig. 38   Tracé de l'Erecthéion

Quant aux tracés géométriques de ces monuments, s'il en existe nous ne les avons pas étudiés, ne disposant pas de relevés d'ensemble.

Le dessin à grande échelle du Préparthénon, récemment publié par Orlandos (*op. cit.*, pl. 3), nous a permis une analyse du tracé des éléments principaux, eux aussi cotés en pieds attiques.

Le stylobate du Préparthénon mesure au niveau du sol 360 modules sur 135, sa largeur au niveau supérieur est de 120 modules.

Les murs Est et Ouest mesurent 10 modules d'épaisseur, comme au Parthénon, les murs Nord et Sud mesurent 6 modules d'épaisseur. Le refend entre la cella et l'opisthodome mesure 5 modules d'épaisseur. La cella hecatompedon mesure 160 modules (c'est-à-dire 100 pieds) sur 60 et est tracée de façon analogue à celle du Parthénon, l'opisthodome mesure 72 modules sur 60.

Le réticulage longitudinal est de 10 modules au lieu de 25 au Parthénon.

Saurons-nous jamais si la décision de bâtir le chef-d'œuvre de l'équipe Périclès-Ictinos-Phidias fut prise au vu de la relative modestie des dimensions du Préparthénon déjà en chantier ? ou plutôt (pensons-nous) si les

trois grands saisirent cette occasion d'honorer la déesse
en lui consacrant la primeur de la doctrine pythagoricienne ? De toute façon cette arithmologie est rattachée
au grand Nombre idéal de Platon $(3 \times 4 \times 5)^4$. Essayez
vous-même de la lire ! (N.C. III à IX).

CHAPITRE XI

TEMPLES DE GRÈCE ET DE GRANDE GRÈCE
LES PISTES DES STADES

> « *Je suis fils de la Terre [2] et du Ciel étoilé [1].* »
>
> Initiation
> aux Mystères d'Eleusis.

A vrai dire, le choix des analyses graphiques des temples de la Grande Grèce auxquelles nous avons procédé résulte plus de la qualité des relevés dont nous avons pu disposer que d'une volonté délibérée (1).

Il se trouve heureusement que les édifices les plus intéressants ont été les mieux relevés.

---

(1) Les analyses graphiques dont les résultats sont présentés dans ce chapitre, ont d'une façon générale été exécutés sur les relevés des très beaux dessins de l'ouvrage de Koldewey et Puchstein (Die Griechischen Tempel in Unter italien und sicilien, Berlin 1899). Les numéros de référence des planches renvoient à cet ouvrage.

I. TEMPLE D'HÉRA II A PAESTUM

C'est dans cet esprit que nous avons retenu le beau relevé de Koldewey et Püchstein (*op. cit.*, pl. 4) pour le temple d'Héra II à Paestum, édifice de bonne qualité, en assez bon état de conservation.

De façon générale, nous avons trouvé un tracé rappelant le tracé arithmétique du Parthénon, mais la dynamique platonicienne ne semble pas être passée par là (fig. 39 et 40).

Le module utilisé mesure là encore 10 dactyles, soit 18,72 cm d'un pied de 29,96 à la précision d'exécution près.

Pochan donne dans son tableau 29,95 cm à ce pied et l'appelle pied ancien naturel égyptien ; il paraît bien correspondre au pied italique grec.

Les dimensions du stylobate, base de départ de la matérialisation du tracé sur le sol, sont :

$$320 \text{ modules}/130 \text{ modules}$$
$$(320 \text{ modules} = 200 \text{ pieds}).$$

Le périmètre du stylobate est égal à :

$$320 + 320 + 130 + 130 = 900 \text{ modules}.$$

Ce sont là beaux nombres pythagoriciens, multiples des nombres premiers [1], 2, 3, 5, 13.

La cella hecatompedon mesure :

$$160 \text{ modules}/64 \text{ modules},$$

c'est-à-dire 100 pieds sur 40 pieds (périmètre 280 pieds = 28 × 10). D'une manière générale, la cella de Paestum et celle des autres temples que nous avons analysés sont rendues facilement perceptibles par une surélévation et une modification du dallage, rappelant les marches des socles des autels de nos églises.

Les lignes déterminantes, situées dans l'axe des laté-

Fig. 39

Plan du temple de Poséidon à Paestum

raux, sont très visibles sur le Koldewey, rappelons qu'au Parthénon l'axe du mur de la cella était également une ligne principale.

Un réseau longitudinal de 16 modules de trame (soit 20 pieds), détermine l'écartement des files de colonnes de la cella.

Le dallage de la cella présente une particularité : alors que le dallage courant comporte trois dalles transversales, la travée située à 50 modules du fond de la cella ne comporte que deux dalles. Il s'agit sans doute là d'une disposition analogue à celle du Parthénon, marquant l'emplacement de l'autel de la déesse ou du dieu.

D'autre part, les murs de la cella ont six modules d'épaisseur, et la colonnade périmétrique est implantée à 6 modules du bord du stylobate, les colonnes courantes ont moins de 10 modules de diamètre et celles d'angles plus de 10 modules, des mesures précises seraient à relever sur place.

Péristyle et pronaos mesurent 40 + 40 = 80 modules, soit 1/4 de la longueur du stylobate ; opisthodome et péristyle Ouest mesurant 30 + 50 = 80 modules, soit encore le quart de la longueur du stylobate ; la porte de la cella est large de 20 modules, son ébrasement de 24, etc.

L'ARCHITECTURE CACHÉE

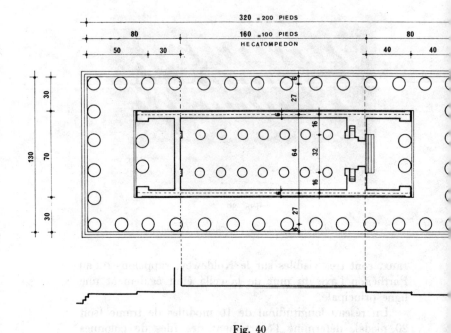

Fig. 40

Tracé du temple de Paestum
Expression des nombres premiers : 2, 3, 5, 7, (13)

En ce qui concerne l'étude de la façade, nous avons utilisé la très belle gravure d'Aurès (Étude des dimensions du grand temple de Paestum, Nîmes, 1868), fleur empoisonnée cotée de façon très précise en fausses cotes comptées en faux pieds.

La largeur totale du stylobate à sa base est de 140 modules ; la hauteur totale de l'ordre y compris corniche de 70 modules, déterminant ainsi le double carré rituel d'inscription des façades.

La hauteur du fût des colonnes est de 40 modules ; l'entraxe courant de la façade est de 24 modules, correspondant à des triglyphes de 5 modules séparés par des métopes de 7 modules.

La hauteur de l'entablement, y compris le chapiteau, est de 30 modules (23,5 + 6,5), etc.

CHAPITRE XI

Là encore, comme au Parthénon et probablement dans les autres temples grecs, l'ordre dorique règne en maître. Inscrit dans un double carré, il commande la coupure majeure de l'élévation, c'est-à-dire le dessous de l'architrave de l'entablement.

*
* *

Il est fort probable que l'architecte de Paestum, monument de très bonne qualité, ait été initié. Mais à quel degré ? Etait-il simple arithméticien, ou connaissait-il tous les secrets des médiétés dynamiques ? Il ne peut être cependant comparé à Ictinos, pas plus que Paestum au Parthénon. Hiérarchie des lieux, hiérarchie des architectes.

Une rapide investigation nous ayant montré que le module de 10 doigts (soit 18,72 cm) du pied italique de 29,96 avait été uniformément utilisé en Sicile, nous avons pu utiliser, pour analyser les monuments siciliens relevés par Koldewey et Püchstein, les échelles graphiques transparentes au 1/600, 1/300 et 1/150e établies en pieds de 29,96 et modules de 18,72 pour l'analyse de Paestum.

Les attachements des mesures de la cella et de l'hecatompedon sont pratiquement dans tous les bâtiments marqués par les différences de niveau très nettes des sols ; la cella et l'hecatompedon étant toujours les parties les plus surélevées des temples.

Nous avons classé les édifices par ordre de grandeur décroissante des stylobates, élément matériel majeur de détermination des mesures des temples ; il est bien certain que les archéologues préfèreront un classement par famille.

Nous avons de plus désigné par cella-hecatompedon la longueur consacrée du temple, qu'elle soit de 100 pieds ou de longueur inférieure.

*
* *

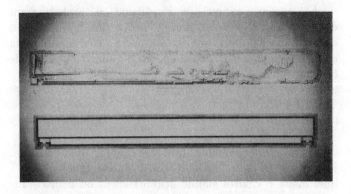

Fig. 41

Grand autel d'Hieron II à Syracuse

II. GRAND AUTEL D'HIERON II A SYRACUSE (planche 10) — LES PISTES DES STADES

Ce bâtiment, édifié par Hieron II (275-216), était réservé aux sacrifices publics (fig. 41).

Il est, au point de vue de la métrologie sacrée, très caractéristique, puisqu'il mesure très exactement 1 000 modules sur 100 (72 + 28) modules.

Une fois encore ces quatre nombres rendent transparente l'arithmologie divine du bâtiment.

Il est à signaler que l'Olympeion d'Agrigente (planche 22), qui présente sensiblement le même parti architectural, mesure 300 modules sur 80.

Les pistes des stades

Les dispositions de ces bâtiments évoquant les proportions des pistes sportives nous ont amené à une diversion pour chercher les mesures utilisées par les Grecs pour tracer ces pistes (2).

---

(2) Nous remercions tout particulièrement Monsieur R. Bousquet Directeur de l'École Normale Supérieure, ancien élève de l'École d'Athènes, de nous avoir communiqué ces dimensions.

CHAPITRE XI   195

a) Le parcours pédestre de la plus célèbre d'entre elles, celle d'Olympie, est de 192,25 m, soit 1 000 modules de 19,225 cm (elle a sans doute inspiré celle du grand autel d'Hieron II) alors que l'hippodrome est exactement 4 fois plus long, 770 m, et mesure donc 4 000 modules.

Ces nombres sont éloquents : cotée avec la valeur du module que nous avons retenue pour le pied attique de l'Acropole, la piste d'Olympie mesurerait 192,40 au lieu de 192,25 ; la différence est d'environ 1/1 000ᵉ.

b) La piste du gymnase de Delphes mesure 173 m soit 900 modules d'Olympie à 1/35 000 près représentant une erreur imperceptible.

Dans les mêmes conditions que ci-dessus, en rapportant la même au module de l'Acropole, l'erreur serait de 16 cm pour 173 m soit environ 1/1 000ᵉ.

c) La piste du stade d'Athènes mesure 184,96 m soit 960 modules ou 600 pieds attiques de l'Acropole, soit un stade, c'est-à-dire l'unité grecque élémentaire de mesure de distances valant 600 pieds.

L'erreur est, dans ces conditions, de 26 cm, soit environ 1,5/1 000.

d) La piste du stade de Milet mesure 191,38 m soit 1 000 modules de 19,13 cm.

Si le pied de Bassae (30,668 soit 16 modules de 19,168) a été utilisé pour son tracé, l'erreur absolue serait de 30 cm soit 2/1 000 environ.

e) La piste d'Epidaure paraît mesurer 960 modules soit 600 pieds (c'est-à-dire, là encore un stade de 600 pieds).

Tous ces nombres sont des diviseurs privilégiés du grand Nombre idéal de Platon $(3 \times 4 \times 5)^i$.

Il semble donc d'après ces chiffres que les Grecs aient déterminé la longueur des pistes sportives où se déroulaient leurs jeux sacrés en les rattachant par des nombres arithmologiques remarquables aux unités de mesures traditionnelles et à leur origine divine ; cela était pour eux aussi indispensable que l'est pour nous aujourd'hui dans le même domaine la précision électronique des chronomètres.

Nous avons groupé, pour plus de clarté, dans l'unique tableau qui fait suite les résultats partiels concernant d'autres édifices du « Koldewey et Puchstein ».

Sans vouloir énoncer de règles, qui ne peuvent reposer que sur un travail exhaustif, nous pensons pouvoir dire que, pour les temples de Sicile tout au moins :

A. *Le module sacré de 10 doigts* a partout été utilisé, comme à l'Acropole.

B. *La cella de chaque temple était mesurée par un nombre remarquable de modules*

Nous ne connaissons par la tradition écrite que l'hecatompedon, soit 100 pieds ou 160 modules ; mais il apparaît que des longueurs de 130 modules, 100 modules, 80 modules, aient pu également être consacrées aux édifices et les consacrer.

C. *La cella était la partie la plus élevée du temple*

Dans des édifices partiellement ruinés, où souvent subsiste seule le dallage, la surélévation du sanctuaire permet de déterminer avec certitude la mesure de la longueur consacrée du temple.

C'est sans doute pour obéir à des obligations liturgiques, analogues à celles qui commandent de surélever le socle des autels de nos églises, que les Grecs surélevèrent leurs sanctuaires.

On peut cependant remarquer que l'ensemble du dallage du Parthénon constitue une exception et est horizontal.

CHAPITRE XI

	Implantation	Pl. Kold. Puchs	Stylobate L	Stylobate l	Cella L	Cella l	Hecatompedon L	Hecatompedon l	Surélév. Cella	Observations
I	Temple d'Hera E près de Selinonte	18	360	138	180 (360/2)	60			5 et 9	Le stylobate a la même longueur que celle du Parthénon.
II	Temple d'Hercule à Agrigente	21			360	136	160	68	3 + 2	Les lignes principales sont constituées par les axes des murs.
III	Temple de Biagis	20								Aménagé en église 100/60.
IV	Temple C à Selinonte	12	336	126			100		9	
V	Temple enneastyle de Paestum	2	288	130	illisible				4	
VI	Temple de Selinonte A	15	216	85	100	40			5	Autel 36/40
VII	Temple de Junon à Agrigente	24	204	90	80	40				
VIII	Temple de la Concorde à Agrigente	25	210	90	100	40			3 + 2	
IX	Temple D à Selinonte	13	300	130	160				6	

Nombres premiers utilisés 2, 3, 5, 11, [17].

IV. TEMPLE D'APOLLON EPICOURIOS A BASSAE PHIGALIE EN ARCADIE

Nous ne pouvions guère terminer cette étude sans avoir jeté un coup d'œil au Temple d'Apollon à Bassae près de Phigalie, qui passe pour être une œuvre d'Ictinos.

Ce bâtiment a fait en 1860 l'objet d'une monographie du professeur anglais Cockerell, bardé des titres universitaires internationaux les plus enviés. Cette monographie était patronnée par le « club des Dilettanti » dont la liste est glorieusement insérée dans l'ouvrage qui s'intitule « Temples at Aegina and Apollo Epicurius at Bassae near Phigaleia in Arcadia » — London, 1860, page 46.

Nous avons été bien déçu en ne trouvant là qu'un banal tracé arithmétique — Pied 30,668 — Module 19,168 — à savoir :

stylobate	200 modules sur 76
cella	90 modules sur 34
défoncé cella	90 modules sur 18
largeur des galeries latérales	16 modules
épaisseur des murs	5 modules
pronaos	30 modules sur 34
largeur de la porte latérale	10 modules
largeur de la porte principale	14 modules
etc.	

Elévation :   Colonne   65 modules
              Chapiteau   6 modules
              Architrave   8 modules
              Frise   9 modules
              Corniche   3 modules

Il n'y a là rien que de très banal. L'explication en est donnée par un récent article du doyen Roland Martin, dans le Bulletin de Correspondance hellénique C, 1976, intitulé « l'atelier Ictinos — Callicratès au temple de Bassae ». Ictinos n'est intervenu que pour transformer un premier plan et doter l'intérieur de la cella d'une parure ionique. Cette constation explique et confirme les résultats de la décevante analyse graphique du bâtiment.

Mais il nous a été agréable de lire qu'un certain William Watkins Lloyd, distingué helléniste britannique, était également amateur de tracés. Il a ainsi complété le titre de Cockerell :

Temples at Aegina,

« to which is added a memoir of the systems of proportions employed in the original design of those structures »

et avait remarqué déjà que le double carré (dopple square) est une forme vouée à la construction des temples.

CHAPITRE XII

TRACÉ DE SAINTE-SOPHIE DE CONSTANTINOPLE CARRÉS ET DOUBLES CARRÉS

Sainte-Sophie de Constantinople fut construite sous Justinien, de 532 à 537, par les architectes Anthémius de Tralles et Isidore de Milet ; ce dernier, excellent mathématicien, passe pour avoir rédigé le quinzième livre des Éléments d'Euclide (Tannery, Œuvres, tome I, p. 64 ; tome II, p. 118). Cette église est tenue à juste titre pour une des œuvres les plus remarquables de l'architecture universelle (fig. 42).

Nous avons utilisé pour notre analyse le relevé d'Antoniades (op. cit.) qui attribue au pied byzantin une longueur de 0,3123 m divisée en 12 dactyles de 0,026.

On voit tout d'abord que la coupole centrale et les deux demi-coupoles qui la flanquent déterminent l'axe du système et mesure 100 pieds de diamètre.

Il apparaît également que le « poché » du plan se présente sous deux aspects : d'une part de grosses masses de maçonnerie (murs extérieurs et support de coupoles), et d'autre part des supports légers (colonnes) qui à première vue ont l'apparence d'être disséminés sans ordre préconçu dans l'ensemble du plan. Mais si l'on examine les figures obtenues en joignant convenablement

Fig. 42

Sainte-Sophie de Constantinople

ces points, on s'aperçoit qu'elles forment deux doubles carrés B2 — E2 — B8 — R8 et G2 — J2 — G8 — J8, et un carré central C3 — I3 — C7 — I7 dont le centre F5 est confondu avec celui de la coupole (fig. 43, 44).

De même, les dimensions de ces figures sont remarquablement simples, puisque les doubles carrés mesurent 100 pieds sur 200 et que le côté du carré central est de 130 pieds.

Et si nous poussons un peu plus l'analyse du plan, nous remarquons que les deux doubles carrés sont espacés de 15 pieds et éloignés des murs de façade également de 15 pieds, distance qui sépare encore le carré inscrivant la coupole centrale du carré C3 — I3 — C7 — I7.

Enfin, nous voyons encore que les deux lignes princi-

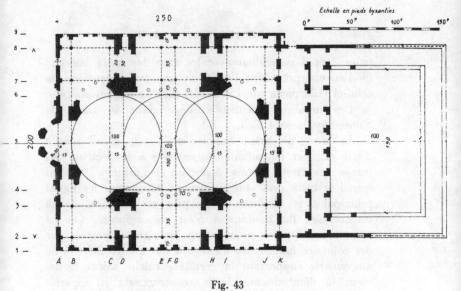

Fig. 43

Plan de Sainte-Sophie de Constantinople

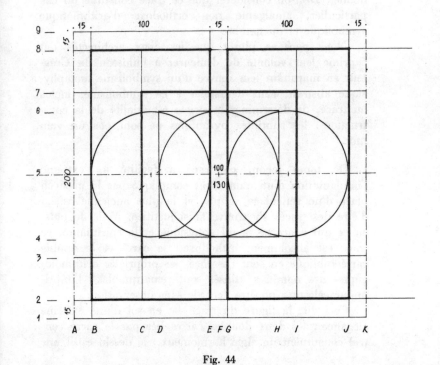

Fig. 44

Tracé du plan de Sainte-Sophie de Constantinople
Expression des nombres premiers : 2, 3, 5

pales 2 et 8 coïncident avec les axes des murs latéraux de l'atrium précédant l'église et que les dimensions de celui-ci (100 pieds sur 150 pieds) sont également simples.

Les nombres premiers utilisés dans le tracé de Sainte-Sophie sont 2, 3, 5, 13.

Le tracé de Sainte-Sophie, aussi pur soit-il mérite d'être cité car il contient des entorses à la doctrine des tracés que nous avons énoncée : le principe suivant lequel le tracé doit obligatoirement déterminer les lignes principales et éléments techniques et matériels de la construction du monument n'est pas respecté. On ne saurait dire que les petites coupoles d'angles portées par des colonnes minuscules au regard des quatre massifs de maçonnerie supportant la grande corniche soient réellement la déterminante de la construction ; il apparaît également que des coupoles rondes sont mises en proportion par des carrés, mélange du rationnel et de l'irrationnel. Doit-on considérer que ce tracé constitue un cas particulier, amalgame non orthodoxe d'arithmétique symbolique et du nombre π :

Nous pensons plutôt que les deux architectes ont exprimé leur volonté de demeurer à l'unisson du Créateur en marquant leur œuvre d'un symbolisme métaphysique abstrait, sans demander à ce symbolisme, inclus au tracé, de déterminer la stricte matérialité de la construction : les subtilités byzantines ne sont pas un vain mot.

De toute façon, ce tracé a facilité à l'extrême l'implantation d'un monument compliqué par la mise en place d'un réticulage simple, et la plus ancienne raison d'être des tracés s'y trouve ainsi justifiée. Mais de plus, en ce qui concerne la métaphysique et la spiritualité, ce tracé est absolument orthodoxe : le carré et le double carré biblique en sont l'essence, les propriétés arithmologiques des nombres utilisés sont remarquables : l'imprimatur céleste a pu être accordé sans observation.

Ceci dit, la figure du tracé est en soi d'une extrême élégance ; les deux doubles carrés liés par le carré central constituent un sigle harmonieux ; le dessin est-il une allusion à la dualité des Eglises d'Orient et d'Occident et à leur alliance sous l'autorité du Dieu 1, personnifié par son propre carré, nous ne le saurons probablement jamais ; mais cela ne nous empêchera pas de comparer la pureté de ce sigle, graphisme arithmétique, à la pureté du graphisme géométrique de la Renaissance italienne présenté en couverture pour évoquer l'union du Ciel et la Terre par la proportion $\frac{(1 + \sqrt{5})}{2}$, graphisme qu'utilisa Philibert Delorme pour le tracé des Tuileries en 1564.

L'examen de la coupe longitudinale de l'église, nous montre qu'on y retrouve le même souci d'emploi de cotes simples qu'en plan (fig. 45).

Les déterminantes se lisent très facilement : ce sont les dessus des trois corniches principales qui règnent dans tout le bâtiment. Les cotes en sont respectivement mesurées à l'échelle du dessin, 44 pieds, 74 pieds, 134 pieds. Il est fort probable que ces chiffres résultent d'un surhaussement au sol et qu'ils doivent se lire 45, 75 et 135 pieds, c'est-à-dire 3 × 15 pieds, 5 × 15 pieds et 9 × 15 pieds, en retrouvant l'élément ordonnateur de 15 pieds de la symétrie du plan ; d'autre part, la coupole culmine à 180 ou 12 × 15 pieds au-dessus du sol.

Or la coupole que nous voyons aujourd'hui n'est pas celle qui fut construite sous Justinien ; cette dernière, qui ne pouvait guère être qu'une coupole elliptique très surbaissée, s'effondra en 558 à la suite des désordres produits par le tremblement de terre de 557. Celle que nous voyons actuellement fut construite par Isidore-le-Jeune, neveu d'Isidore de Milet, et la seconde dédicace de l'église eut lieu le 24 décembre 562.

Le chroniqueur grec Paul le Silentiaire, auteur du poème « La description de Sainte-Sophie » qu'il lut devant Justinien le jour de la seconde dédicace, nous dit qu'Isidore-le-Jeune et les autres architectes donnèrent plus de flèche à la coupole actuelle ; Théophane et Cedrenus ajoutent qu'ils la montèrent de plus de 20 pieds ; Jean Zonaras qui fut fonctionnaire impérial et écrivit vers le milieu du XIIe siècle, après s'être retiré

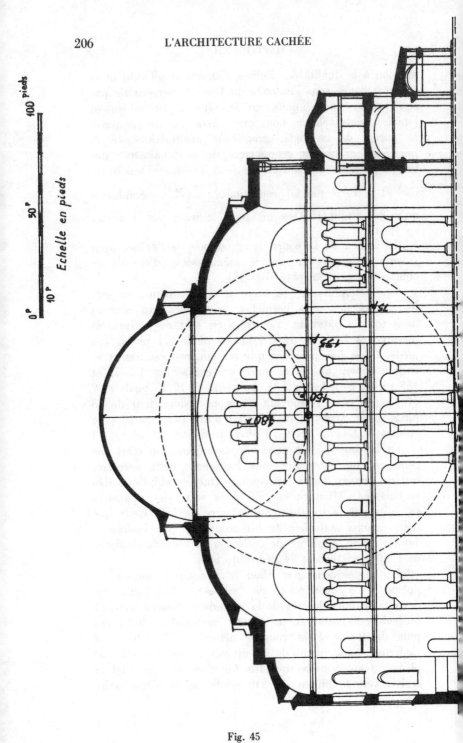

Fig. 45

Tracé de la coupe de Sainte-Sophie de Constantinople

dans un monastère, une vaste chronique universelle s'arrêtant à 1118, donne le chiffre de 25 pieds ; ce qui nous fait supposer que la première coupole cotée aussi simplement que les autres grands éléments du plan culminait à 150 pieds et présentait sensiblement le profil que nous avons tracé en pointillé. La forte poussée due à son surbaissement et son aspect écrasé peuvent expliquer le désir qu'eut Isidore-le-Jeune de la surélever et de marquer sa naissance par la magnifique couronne de lumière que nous voyons encore aujourd'hui.

CHAPITRE XIII

TRACÉS GÉOMÉTRIQUES DE LA PÉRIODE CLASSIQUE FRANÇAISE

Les dessins analysés ci-après sont soit des relevés, soit des maquettes originales non cotées, dessinées personnellement par l'architecte. Ces maquettes étaient suivies de dessins d'exécution établis par l'architecte ou ses collaborateurs ; ces dessins, destinés au chantier, étaient cotés en cotes rondes (toises, pieds, pouces) traduisant les proportions du tracé. Nous sommes bien éloignés de la perfection du tracé d'exécution du Parthénon et de ses nombres symboliques.

L'analyse de très nombreux petits bâtiments tracés du XVIIIe siècle semble montrer qu'il existait alors un répertoire de schémas, par exemple pour les façades, la décomposition harmonique très simple d'un double carré enveloppe ou d'un rectangle $\sqrt{2}$, entourant un avant-corps carré.

Nous avons repris, en conservant leurs lettres d'identification comme pour Sainte-Sophie, quelques-uns des tracés de « Rythme et Architecture » (vous pourrez en trouver d'autres, en vous reportant à l'original) ; cependant, la question des tracés a aujourd'hui suffisamment évolué pour permettre de supprimer les tableaux explicatifs accompagnant alors chaque tracé.

DESSINS DE JACQUES-ANGE GABRIEL

I. ERMITAGE DE MADAME DE POMPADOUR A FONTAINEBLEAU (1749) : THÈME $\sqrt{5}$ (fig. 46-47)

C'est aujourd'hui, entre cour et jardin, une charmante maison d'habitation sur plan carré, élevée d'un rez-de-chaussée et d'un attique. Un plan général datant de 1756 (Archives nationales 01-1426) indique que deux ailes ont été ajoutées par la suite.

Le dessin analysé est excellent, en dépit de quelques irrégularités dans le détail. La ligne d'opération coïncide avec le dessus du perron de trois marches précédant le bâtiment. Les lignes principales coïncident avec les verticales prises au niveau du premier étage. C'est un très beau petit tracé où la masse du bâtiment prise comme base sert à mettre en place au moyen de rapports φ les axes des baies.

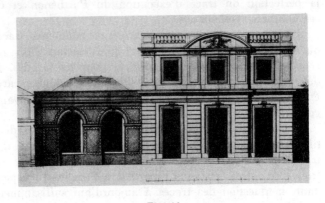

Fig. 46

Ermitage de Madame de Pompadour à Fontainebleau

CHAPITRE XIII

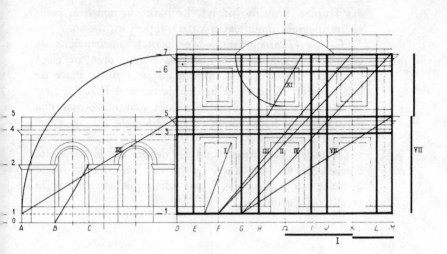

Fig. 47

Tracé de l'Ermitage de Madame de Pompadour à Fontainebleau

Le carré construit sur l'axe des baies peut être considéré comme le centre de l'intérêt du tracé. D'après le calcul des valeurs algébriques des différents éléments précédents, les trois espaces compris entre les refends, soit EG, HI, JL, sont égaux. Le tracé du bâtiment central est donc formé par le croisement de six groupes de deux droites équidistantes de L (DE, GH, IJ, IM, 2-3 et 4-5). Quatre de ces groupes sont verticaux. Deux sont horizontaux et les distances qui les séparent sont en rapports simples du thème $\sqrt{5}$.

Ce tracé constitue l'une des plus remarquables « géométrie » du thème $\sqrt{5}$ que nous ayons rencontrée.

II. PAVILLON DU BUTARD : THÈME $\sqrt{5}$ (fig. 48-49)

Nous devons à la passion de Louis XV pour la chasse ce petit pavillon qui existe encore dans le Bois des Hubies (forêt de Marly). Le bâtiment construit comporte quelques modifications par rapport au dessin.

Ce tracé caractéristique des petites constructions de Gabriel est semblable à quelques points près au tracé des petits bâtiments aujourd'hui disparus de la Place de la Concorde. A partir d'un double carré $A_1H_1A_3H_3$, tous les éléments de la construction sont déterminés par une décomposition harmonique en un rectangle $\sqrt{5}$, un carré et deux rectangles φ.

Il est à remarquer que le dessin de la structure d'ensemble de ce tracé, à savoir un double carré incluant un rectangle $\sqrt{5}$, est identique à celui de la façade du Parthénon.

*
* *

Fig. 48

Le pavillon du Butard à Marly

CHAPITRE XIII

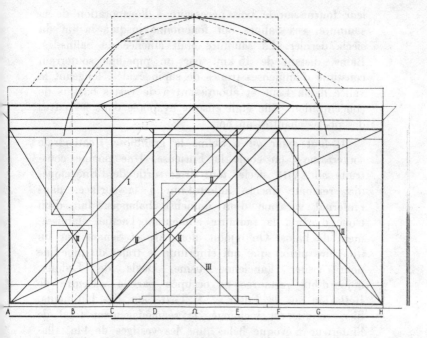

Fig. 49

Tracé du pavilon du Butard

DESSINS DE CLAUDE-NICOLAS LEDOUX

Lorsque nous avons analysé pour la première fois en 1942 les dessins de Claude-Nicolas Ledoux (1736-1806), architecte du Roi, Grand Prix de Rome, membre de l'Académie, reproduits dans l'ouvrage de Ramée (l'Architecture de Claude-Nicolas Ledoux, Paris, 1847), nous ne pensions pas que nous aurions trente ans plus tard le plaisir et l'honneur de restaurer son œuvre la plus célèbre, les Salines Royales d'Arc et Senans. Bâties en 1775 en bordure de la forêt domaniale de Chaux, qui leur fournissait le bois nécessaire à l'évaporation de la saumure, ces Salines ont fonctionné jusqu'à la fin du siècle dernier. La saumure était amenée de Salins-les-Bains, distant de 15 km, par un pipe-line souterrain constitué d'immenses troncs de sapin évidés, longeant la vallée de la Loue et aboutissant à de vastes bassins de concentration. Elle était ensuite évaporée dans les cuves des poêles chauffés au bois.

Il faut avoir vu à Salins la grandiose « cathédrale souterraine » où coule la Furieuse. Une pompe construite au XVIIIe siècle, tout droit sortie de l'Encyclopédie, remonte encore aujourd'hui à la surface, dans l'infernal vacarme d'un immense balancier fait d'un tronc d'arbre, la saumure alimentant l'actuel établissement de bains. On rejoint alors Arc et Senans par un itinéraire pittoresque qui emprunte le trajet du pipe-line pour visiter l'ancienne usine idéale de Ledoux, aujourd'hui restaurée et occupée par le « Centre de Réflexion sur le Futur ». Si l'extérieur des bâtiments, bien connu, est inchangé, le réaménagement total de l'intérieur n'évoque hélas plus les vestiges de l'installation industrielle totalement détruite lors de la première restauration (1936). L'architecture est saisissante de puissance ; cette « Usine Idéale » nous fait aujourd'hui penser à quelque phalanstère totalitaire ; rien n'y manquait : la chapelle, l'administration, les ateliers, les cuisines, les dortoirs et même la prison, que peuplaient, paraît-il, le dimanche soir les charretiers, altérés par la saumure, mais sans doute plus encore assoiffés de liberté.

Les dessins sont tirés de la très belle réédition par de Nobèle de l'œuvre gravée de Ledoux : « L'Architecture considérée sous le rapport de l'Art, des Mœurs et de la Législation », Paris, 1804, rééditée en 1961.

Nous donnons ici l'analyse des plans et de la façade du premier projet de Ledoux. Ledoux établit en effet deux projets, le premier ayant été refusé par Louis XV en raison de son prix trop élevé. (De Nobèle, *op. cit.* — 1er projet, planche 57 — 2e projet, planche 70) ; tous

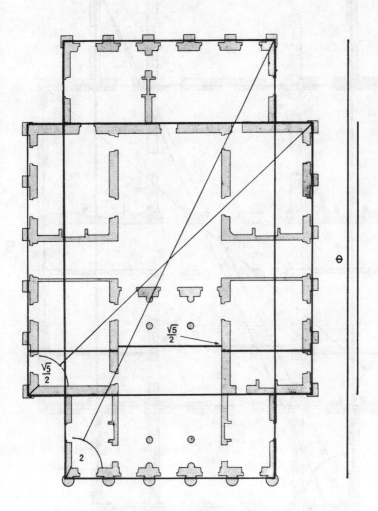

Fig. 50

Salines de Chaux
Tracé du plan du pavillon du Directeur - Projet

216 L'ARCHITECTURE CACHÉE

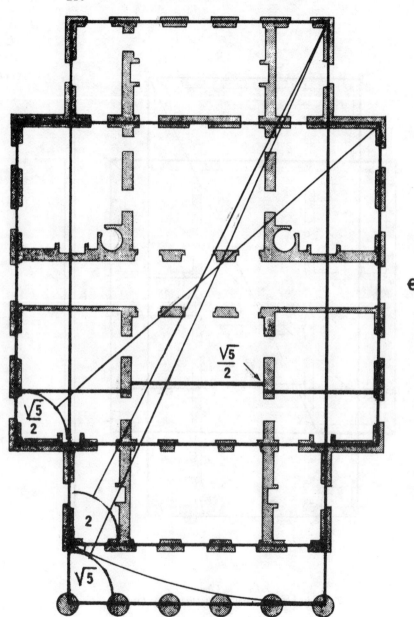

Fig. 51

Salines de Chaux
Tracé du plan du pavillon du Directeur - Exécution

CHAPITRE XIII   217

deux sont tracés suivant des principes identiques (fig. 50-51-52-53).

La façade porte un très beau tracé de thème $\sqrt{5}$ résultant de la division harmonique du rectangle $\sqrt{5}/2$: $A_1 L_1 A_{10} L_{10}$ d'abord en deux rectangles $\sqrt{5}$ superposés, puis en carrés, puis en rectangles φ et ainsi de suite. Les tracés des deux plans successifs sont de thème $\sqrt{5}$, dessinés à partir d'une longueur de 55 pieds.

Une fois encore, là comme au pavillon du Butard, nous retrouvons un élément de tracé identique à celui

Fig. 52

Façade du pavillon du Directeur aux Anciennes Salines Royales de Chaux à Arc-et-Senans

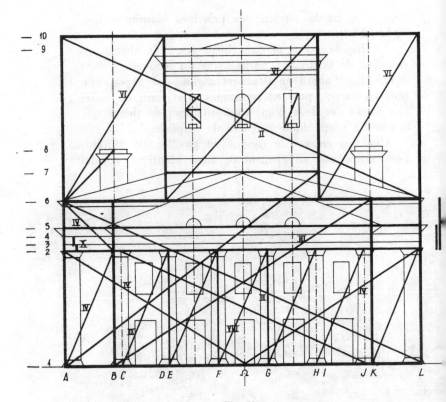

Fig. 53

Tracé de la façade du pavillon du Directeur aux Anciennes Salines Royales de Chaux à Arc-en-Senans, par C.N. Ledoux

du Parthénon : les entrecolonnements de façade sont tous deux dessinés suivant les plus simples des décompositions harmoniques du rectangle $\sqrt{5}$.

A la veille de la disparition des tracés, les initiés durent en connaître parfaitement la grammaire et le caractère. A Arc-et-Senans, Claude-Nicolas Ledoux a utilisé le thème $\sqrt{5}$ pour le pavillon du Directeur-chapelle, et le thème $\sqrt{2}$, dont la vigueur convenait fort bien à sa rusticité, pour le pavillon d'entrée.

Mais Claude-Nicolas Ledoux était également un

Fig. 54

Hôtel de la Guimard à Paris, par C.N. Ledoux

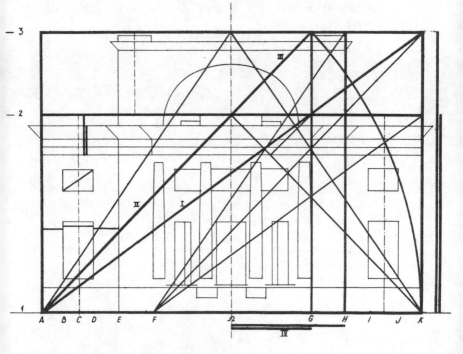

Fig. 55

Tracé de l'hôtel de la Guimard

architecte en vogue ; il se partagea avec Boulée la construction des hôtels parisiens à la mode à la veille de la Révolution, notamment les hôtels de la Guimard (fig. 54), célèbre danseuse, et celui du duc de Montmorency.

Le tracé de l'hôtel de la Guimard est une très classique décomposition harmonique du rectangle $\sqrt{2}$ $A_1K_1A_3K_3$ en un double carré et la cascade de rectangles de thème $\sqrt{2}$ résultants (fig. 55).

De tout récents travaux de Monsieur Serge Conard, ancien pensionnaire de l'Académie de France à Rome *(op. cit.)* nous ont fait connaître une bien curieuse face du personnage de Ledoux : le Ledoux membre d'une Loge se livrant systématiquement dans l'établissement de ses projets à l'astrologie zodiacale (notamment à Aix-en-Provence et à Arc-et-Senans) (voir annexe I, p. 259).

Outre-Manche, à la même époque, le poète William Blake (1757-1827) gravait les seize planches des « Portes du Paradis » ; le XVIIIe siècle finissant jetait ses derniers éclats et mettait fin à plus de cinquante siècles de symbolique sacrée.

CHAPITRE XIV

ESQUISSE DE L'HISTOIRE DES TRACÉS
des origines jusqu'à leur disparition

> « *Ars Sine Scientia nihil.* »
>
> Maxime de Saint Bonaventure *(1222-1274), reprise par Jean Vignot en 1399 lors de l'expertise de la cathédrale de Milan.*

L'Antiquité

La vie sociale a nécessité dès ses débuts l'utilisation de nombres et de mesures. De toute éternité, les providentiels mouvements des astres avaient permis la mesure du Temps. Quant aux longueurs qui nous intéressent plus particulièrement, les dénominations que les Anciens ont dès l'origine données à leurs unités montrent qu'ils les avaient rattachées aux dimensions du corps humain, doigt ou dactyle, main ou palme, coudée, pas. Comme il était par définition impératif qu'elles soient constantes, le Souverain décida d'une valeur fixe, en les rattachant soit à quelque mensuration de la Divinité, soit à une de ses mesures personnelles.

Et c'est une évidence de dire que dès qu'il a existé des mesures de longueur, il a existé des tracés simples : aux époques où l'établissement de documents graphiques était difficile, où l'analphabétisme était la règle, c'était une nécessité de concevoir des bâtiments de forme simple, mesurés par des nombres simples faciles à retenir, tant pour en faciliter l'implantation et la construction que pour en assurer le règlement.

Les esprits pensants des premières sociétés : prêtres, souverains ou leurs commettants, n'eurent alors qu'un pas à faire pour lier à la symbolique les nombres de ces tracés utilitaires ; cette disposition hiérarchisait traceurs et exécutants et assurait ainsi une situation privilégiée tant à la demeure du Dieu ou du Prince qu'à ses occupants. Il est quasi certain que Temples, Palais et Forteresses furent les premiers monuments tracés.

Les Égyptiens, les Chaldéens, et d'une façon générale les habitants du Croissant Fertile biblique, pères de la civilisation méditerranéenne, ont de temps immémorial « tracé » ; trente siècles avant notre ère, le tombeau de Nagada attribué au premier roi d'Égypte, le légendaire Ménès Narmer, est un double carré ; le complexe de l'Horus Sekhem Khet, fils de Zoser, de la troisième dynastie, constitue déjà un dessin de tracé parfaitement évolué. Et ainsi que nous l'avons dit à l'occasion de l'étude de la Grande Pyramide, nous pensons jusqu'à plus ample informé qu'Imhotep, architecte du Pharaon de la troisième dynastie Zoser (vers 2770 avant J.-C.), fils de Kanefer, le premier architecte égyptien dont nous connaissions le nom, divinisé par ses concitoyens à la basse époque, rénovateur de la construction, premier constructeur d'une pyramide, fut le premier théoricien d'Architecture et le père des tracés harmoniques arithmétiques.

Même s'il n'en fut pas le promoteur (puisque Ménès, le premier roi d'Égypte, fut déjà enseveli dans un tombeau tracé en double carré, mesurant 100 coudées sur 50, mettant en œuvre les nombres premiers 1, 2 et 5), il en codifia les règles en fixant par écrit l'ordonnance et la disposition des diverses parties des édifices sacrés.

CHAPITRE XIV

C'est ainsi que le Temple d'Edfou fut reconstruit sous les Ptolémées suivant « Le livre de fondation rédigé par Imhotep, fils de Ptah », livre descendu du Ciel au Nord de Memphis. Sur l'une des parois de la chambre des écrits (la bibliothèque) de ce même temple, est gravé un catalogue comportant douze disciplines ; la sixième précédant les ouvrages d'astronomie (9, 10, 12ème) s'intitule : « Règlement pour disposer les murailles ». La reine Hatchepsout déclare que pour ériger ses obélisques, elle ne fit pas un geste qui ne lui fut dicté par son père, le Dieu Amon. Les représentations du cérémonial d'implantation des temples nous montrent le roi fondateur assisté de toutes les divinités dont il est mandataire ; le rite est formel et fixé depuis toujours : implantation du pieu symbolique par le Dieu et le Pharaon, tracé des quatre sillons délimitant les quatre faces, moulage et pose des quatre briques d'angle, puis dédicace du temple au Dieu.

L'apparition des tracés dynamiques, postérieure à celle des tracés modulaires, est et fut obligatoirement contemporaine des études de philosophes-mathématiciens, sans doute les Grecs. L'Américain Jay Hambidge a montré comment la théorie pythagoricienne des irrationnelles, nombres commensurables en puissance ($\delta\upsilon\nu\alpha\mu\epsilon\iota$ $\sigma\upsilon\mu\mu\epsilon\tau\rho\sigma\iota$), c'est-à-dire des racines qui déterminent et sont la base des thèmes dynamiques des tracés, que nous avons examinés ci-dessus, avait été exposée par Platon dans le Théétète. Ces écrits de Platon, s'ajoutant à ses exposés sur « la tendance vers l'Un par la Recherche du Même dans le Même, du Parmenide, ou la Recherche du Même dans l'Autre » (Timée, Ame du Monde), nous avaient d'abord fait penser que Platon était le père des tracés géométriques. Or les dates sont formelles. Platon est né à Egine en 429, année de la mort de Périclès et le Parthénon, supporté par le plus parfait des tracés, avait été terminé trois ans auparavant, en 432. Platon a donc trouvé une doctrine parfaitement évoluée, sans que Socrate (468-399), son Maître et ami, peu porté vers les Mathématiques, paraisse y avoir participé. Mais si Platon ne fut pas le Père des tracés, il en fut le chantre ; il faut sans doute considérer ses voyages en Égypte comme un pèlerinage aux sources. L'enseignement à l'Académie se situe vers 389 et le séjour à Syracuse peut avant sa mort survenue en 347. Les entretiens de l'Académie ont souvent porté sur la Musique et l'Architecture, tout y a été dit sur leur spiritualité et leur lien avec les Mathématiques ; nous pensons que rien de nouveau n'a été découvert sur les tracés harmoniques, qu'ils soient modulaires ou géométriques, depuis la lointaine époque des philosophes grecs.

L'apparition des tracés dynamiques géométriques résulte d'une double influence. Dans un premier temps, les pères de la géométrie grecque Thalès de Milet (640-546) (1) et Pythagore (582-507 environ), Grecs d'origine phénicienne, voyageurs et marchands, qui avaient l'esprit aussi pratique que spéculatif reprirent le savoir égyptien et le firent progresser en même temps qu'ils le libéraient partiellement de son ésotérisme étouffant. L'évolution et le progrès de la géométrie à cette époque nous sont attestés par une citation de Clément d'Alexandrie (160-220 après J.-C.) concernant Démocrite, l'un des meilleurs esprits grecs, le père des théories atomiques, qui vécut aux environs du Ve siècle à Abdère en Thrace. Démocrite déclare :

« n'avoir trouvé personne qui le surpassât dans l'art de tracer les lignes dans les figures et d'en démontrer les propriétés, pas même parmi les arpedonaptes égyptiens ».

(Rappelons que les arpedonaptes étaient les géomètres égyptiens chargés de rétablir les parcellaires après chaque crue du Nil.) Les écrits de Démocrite, l'un des grands voyageurs de cette génération (il avait visité tout

---

(1) Thalès est né en 640 à Milet en Asie Mineure et est mort presque centenaire. C'était un marchand, mais il était autant ingénieur que commerçant ; il acquit la notoriété en prédisant l'éclipse solaire du 28 mai 585. Il mesura la hauteur de la pyramide par visées, fit des expériences sur l'électricité statique et le magnétisme.

le monde savant d'alors, Égypte, Mésopotamie, Orient, Méditerranée), sont malheureusement perdus : le titre de l'un d'eux « les causes célestes de l'harmonie » nous les fait très vivement regretter. Philosophes et mathématiciens furent alors attirés à Athènes, où Démocrite, Empédocle, Anaxagore (500-428) apportèrent aux philosophes athéniens un solide support scientifique. L'esprit attique, essentiellement spéculatif, sut faire évoluer rapidement à partir de ces éléments la philosophie mathématique en général et par voie de conséquence la doctrine des tracés qui s'y rattache. Tout ceci favorisé par le fait que chacun était alors plus ou moins philosophe et mathématicien.

Ce que nous pouvons en définitive affirmer de façon certaine, en nous appuyant sur les analyses des deux plus anciens monuments égyptiens et grecs que nous ayons pu mener à bien, c'est que les Égyptiens depuis leur plus lointaine origine utilisaient des tracés harmoniques modulaires et qu'Ictinos, architecte du Parthénon, a mis en œuvre en 447 A.J.C. le tracé géométrique le plus élaboré qui puisse être imaginé. D'autres analyses permettront de remonter le temps, car il est presque sûr, dans chacun de ces deux cas, que les tracés perfectionnés que nous connaissons soient le résultat d'une tradition.

Mais si les tracés et leur support intellectuel, les Mathématiques, sont restés secrets dans l'Antiquité et notamment l'Antiquité grecque, les développements philosophiques qui les accompagnaient sont innombrables : il faudrait plusieurs chapitres pour les citer et les commenter, aussi ne nous en tiendrons-nous qu'au plus célèbre.

Chacun connaît ce passage du Philèbe :

> « Ce que j'entends par beauté de la forme n'est pas ce qu'entend généralement sous ce nom le vulgaire, comme par exemple la beauté des êtres vivants, ou de leur reproduction, mais quelque chose de rectiligne, ou de circulaire : les surfaces et les corps composés de droites et de cercles tracés au compas, à la

règle, et à l'équerre, car ces formes ne sont pas, comme les autres, belles sous certaines conditions, mais toujours belles en soi. »

(Platon, *Philèbe*).

Un peu plus tard, le néo-platonicien Plotin (205-270 environ) reprendra dans la vaste synthèse de toutes les doctrines métaphysiques de son temps (la chrétienne y compris) que sont « les Ennéades » la doctrine platonicienne ; après nous avoir averti qu'il n'est pas un spécialiste du « Beau », il nous dit :

« Tout le monde, pour ainsi dire, affirme que la beauté visible est une symétrie des parties les unes par rapport aux autres et par rapport à l'ensemble : à cette symétrie s'ajoutent de belles teintes ; la beauté dans les êtres comme d'ailleurs dans tout le reste, c'est leur symétrie et leur mesure ; pour qui pense ainsi, l'être Beau ne sera pas un être simple, mais seulement et nécessairement un être composé ; de plus, le tout de cet être sera beau et ses parties ne seront pas belles, chacune par elle-même, mais en se combinant pour que leur ensemble soit beau. Pourtant si l'ensemble est beau, il faut bien que ses parties soient belles aussi. Une belle chose n'est pas faite de parties laides et tout ce qu'elle contient est beau. »

Plotin, que nous citons car il eut une grande influence sur les Pères de l'Église, n'apporta rien en ce domaine : il avait même beaucoup perdu.

Le Secret

Et c'est encore Platon qui nous exposera les raisons justifiant le « Secret » et l'ésotérisme des tracés.

La théorie et la pratique des tracés étaient et sont demeurées secrètes jusqu'à leur disparition qui coïncide avec notre Révolution ; les passages des lettres de Platon, cités ci-dessous, montrent que même dans l'Antiquité les tracés étaient loin d'être le fait de tous. Ceux que le philosophe appelle dédaigneusement « le commun » ne participaient pas à ces jeux de l'esprit et cela pour une des deux raisons suivantes : ou bien ils n'avaient pas été jugés dignes d'y être conviés, ou bien encore par nature d'esprit ne s'intéressaient-ils pas à ce genre de pratiques et y demeuraient-ils étrangers.

Voici donc les extraits des Lettres II et VII de Platon à Denys, tyran de Syracuse, sur le secret de la Doctrine :

a) « Tu prétends, à ce qu'il (Archèdèmos) rapporte, qu'on ne t'a pas suffisamment révélé la nature du « Premier ». Je dois donc t'en parler, mais par énigmes, afin que s'il arrive à cette lettre quelque accident sur terre ou sur mer, en la lisant on ne puisse comprendre. »

Lettre (II, 312 d).

....

b) « D'autres, je ne l'ignore pas, ont écrit sur ces mêmes matières. Mais qui ? Ils ne le pourraient dire eux-mêmes. En tout cas, voici ce que je puis affirmer concernant tous ceux qui ont écrit ou écriront et se prétendent compétents sur ce qui fait l'objet de mes préoccupations, pour en avoir été instruits par moi et par d'autres, ou pour l'avoir personnellement découvert ; il est impossible, à mon avis, qu'ils aient compris quoi que ce soit en la matière.

« De moi, au moins, il n'existe et il n'y aura certainement aucun ouvrage sur pareils sujets. Il n'y a pas moyen, en effet, de les mettre en formules, comme on fait pour les autres sciences, mais c'est quand on a longtemps fréquenté ces problèmes, quand on a vécu avec eux que la vérité jaillit soudain dans l'âme, comme la lumière jaillit de l'étincelle, et ensuite croit d'elle-même. Sans doute, je sais bien que, s'il les fallait exposer par écrit ou de vive voix, c'est moi qui le ferais le mieux, mais je sais aussi que, si l'exposé était défectueux, j'en souffrirais plus que personne. Si j'avais cru qu'on pût les écrire et les exprimer pour le peuple d'une manière suffisante, qu'aurais-je pu accomplir de plus beau dans ma vie, que de manifester une doctrine si salutaire aux hommes, et de mettre en pleine lumière pour tous la vraie nature des choses ? Or, je ne pense pas que d'argumenter là-dessus, comme on dit, soit un bien pour les hommes, sauf pour une élite à qui il suffit de quelques indications pour découvrir par elle-même la vérité. »

« Quant aux autres, on les remplirait, ou bien d'un injuste mépris, ce qui est inconvenant, ou bien d'une vaine et sotte suffisance, par la sublimité des enseignements reçus. »

Lettre (VII, 342 b, c, d, e).

Ces extraits se passent de commentaires ; il faut bien dire que cette agressivité envers le commun ne fut pas sans attirer des ennuis au philosophe.

Dion, disciple de Platon et neveu de Denys l'Ancien, tyran de Syracuse, avait invité le philosophe à la cour de son oncle, sans doute avec le secret espoir que les doctrines politiques du Maître auraient une heureuse influence sur le comportement du tyran. Il n'en fut rien : lassé des préceptes moralisateurs et des critiques (sans doute justifiées) du philosophe, Denys l'expulsa avec Dion et le livra aux Spartiates. Platon fut transporté et emprisonné à Egine, ennemie d'Athènes, et condamné à mort. La rançon versée à point par un disciple permit à Platon de rejoindre Athènes en compagnie de Dion.

On aurait pu penser le philosophe guéri par ces mésaventures, il n'en était rien : après la mort de Denys l'Ancien, animé par un tenace esprit de prosylétisme, Platon correspondit avec Denys le Jeune, son successeur, (lettres ci-dessus), revint à Syracuse avec Dion, lassa à nouveau le vigoureux sinon vertueux Denys le Jeune et bientôt, se sentant en danger, n'eut d'autre recours que d'appeler au secours son disciple et ami Archytas de

Tarente, tyran éclairé et heureusement voisin. Celui-ci envoya à Syracuse une galère de guerre à 30 rames, qui ramena Platon à Tarente ; Denys le Jeune n'osa pas s'opposer à l'injonction de son puissant voisin. (Platon, Lettre VII.)

Un demi-siècle avant Platon, Herodote avait été sur le même sujet beaucoup plus mesuré ; se contentant d'écrire dans ses « Histoires » : « Je sais la chose, mais il ne convient pas que j'en parle » (II, 47), ou encore : « Dire ces choses est interdit par la piété » (II, 61), information aussi simple que formelle qui ne pouvait guère lui attirer le ressentiment de ses contemporains.

Basse Antiquité et Moyen Age

Il faut ici, dans le domaine de la théorie, réserver une place à part à Saint-Augustin ; celui-ci constitue en effet un remarquable jalon et une frontière entre l'Antiquité platonicienne et le Moyen Age chrétien sur lequel il exerça une influence prépondérante. Saint Augustin naquit en Afrique en 354, d'un père pythagoricien ou manichéen, et d'une mère chrétienne (celle qui allait être sainte Monique), et mourut en Italie en 430. C'est le plus illustre des Pères de l'Église. Manichéen jusqu'à 33 ans, il fut alors converti par saint Ambroise, évêque de Milan, et fut ordonné prêtre à Hippone où il mourut. Sa philosophie chrétienne demeura toujours imprégnée du rationalisme platonicien de son enfance et il est bien probable qu'il connaissait, au sujet des nombres, tout ce que saint Irénée (évêque de Lyon) (130-205) ne savait plus déjà deux siècles auparavant. Ses théories esthétiques ne sont guère différentes de celles de Plotin, mais il a l'esprit beaucoup plus clair et pose très simplement la question qui nous préoccupe :

« Cela est-il beau parce que cela plaît ou bien cela plaît-il parce que cela est beau ? »

Citons le passage :

« Mais, dites-moi, cela est-il beau parce qu'il plaît, ou cela plaît-il parce qu'il est beau ? Sans difficulté, cela plaît parce qu'il est beau. Je le crois comme vous. Mais je vous demande encore : pourquoi cela est-il beau ? Et si ma question vous embarrasse parce qu'en effet les maîtres de notre art ne vont pas jusque-là, vous conviendrez du moins sans peine que la similitude, l'égalité, la convenance des parties de votre bâtiment réduit tout à une espèce d'unité qui contente la raison. C'est ce que je voulais dire. Oui, mais prenez-y garde. Il n'y a point de vraie unité dans les corps, puisqu'ils sont tous composés d'un nombre innombrable de parties, dont chacune est encore composée d'une infinité d'autres. Où est-ce donc que vous la voyez, cette unité qui vous dirige dans la construction de votre dessin, cette unité que vous regardez dans votre art comme une loi inviolable, cette unité que votre édifice doit imiter pour être beau, mais que rien sur la terre ne peut imiter parfaitement, puisque rien sur la terre ne peut être parfaitement Un ? Or, de là, que s'en suit-il ? Ne faut-il pas reconnaître qu'il y a donc au-dessus de nos esprits une certaine unité originale, souveraine, éternelle, parfaite, qui est la règle essentielle du beau que vous cherchez dans la pratique de votre art. »

Saint Augustin,
De vera religone
(chap. 30, 31, 32).

La philosophie antique n'aurait pas désavoué cette profession de foi ! Le problème était donc encore bien loin d'être considéré comme résolu.

A l'époque carolingienne, le manuscrit du plan de l'abbaye de Saint-Gall est établi sur un classique quadrillage.

En Italie, foyer privilégié directement irrigué après la conquête romaine par la culture grecque, il est possible que le souvenir de la doctrine platonicienne n'ait pas

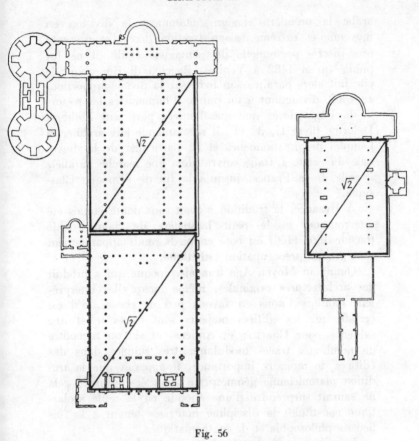

Fig. 56

Tracé des plans de Saint-Pierre de Rome et de Sainte-Praxède

totalement disparu. Nous trouvons le thème $\sqrt{2}$ vitruvien dans le plan de l'ancienne basilique Saint-Pierre de Rome (d'après le manuscrit d'Alfarano). A Sainte-Praxède sera repris un peu plus tard un tracé analogue (fig. 56) et au XIIe siècle le thème $\sqrt{5}$ préside au tracé de la cathédrale de Pise. La tradition reparaît alors de façon éclatante à Santa Croce de Florence et à San Lorenzo (Brunellesco, 1377-1446), tracés suivant des réticulages de rectangles φ. Au XIIIe siècle, le philosophe-géomètre Campanus de Novare avait traduit d'un texte arabe la première version notamment la division en moyenne et extrême raison (section dorée) et présenta une théorie personnelle du pentagone étoilé (il ne fut publié qu'en 1482 à Venise). Paccioli di Borgo qui le cite fait alors paraître son livre sur la divine proportion, en 1509, divulguant à un public d'humanistes les trésors de la Règle dorée que mentionnera plus tard Philibert Delorme (livre II, 31 v) ; il recommande aux architectes l'emploi des irrationnelles et en particulier de la diagonale du carré. L'Italie suivra alors une marche parallèle à celle de la France, jusqu'à la fin de l'Époque Classique.

A Byzance, la tradition n'avait sans doute jamais été interrompue, et le petit baptistère de Sainte-Sophie (façade 1063-1100) est coté en pieds ronds apparemment sans grande préoccupation esthétique.

Quant au Moyen Age français, époque qui a produit des architectures originales, même lorsqu'elles interprètent l'antique, nous en savons peu de choses. S'il est certain que les édifices majeurs sont tracés (c'est une évidence pour Chartres et Amiens) et si l'on rencontre de nombreux tracés modulaires très simples dans des édifices de moindre importance, il apparaît que la tradition platonicienne géométrique avait été oubliée ; cela ne saurait surprendre d'une époque où la seule scolastique constituait la discipline maîtresse tenant à la fois lieu de philosophie et de mathématique.

Le plus grand intérêt d'une recherche systématique serait de faire connaître, si la tradition est alors limitée à l'utilisation des nombres premiers bibliques : 1, 2 (carré et double carré), 3, 5 et sans doute 7 et de leurs multiples et aux rectangles $\sqrt{3}$ et $\frac{\sqrt{3}}{2}$ apparentés au triangle équilatéral.

Ces rectangles furent en effet utilisés non en tant que rectangles dynamiques, mais comme figure inscrivant la plus populaire des représentations de Dieu [1], le triangle équilatéral (cf. *infra*, p. 295) le tracé de Caesariano pour la cathédrale de Milan en est en exemple (cf. *infra*, p. 239, p. 243).

Fig. 57

Les mains de Verneuil-sur-Avre (Eure)

Nous ne pensons pas que la Cabale, refuge de la tradition et à qui il faut réellement beaucoup prêter, ait secrètement conservé la pratique de la géométrie dynamique pythagoricienne.

J. Gimpel *(op. cit.*, p. 130) a publié la reproduction d'une pierre tombale de l'église de Verneuil-sur-Avre (fig. 57), difficile à dater (peut-être XIV° siècle). Elle représente deux mains ouvertes pouces tournés vers l'extérieur, comptant symboliquement jusqu'à 10. Les deux lettres X et A sculptées de chaque côté de la croix représentent les deux nombres grecs 20 et 1, évoquant Dieu et le Temple de Salomon — 21, nombre triangulaire de 6, était le nombre parfait des Loges et constituait la base triangulaire du nombre de la cabale 231. Ces deux mains tendues qui rappellent les « mains de bénédiction », symbolisant les 10 sephirot des Hébreux de la Cabale, ont cependant contrairement à celles-ci les pouces tournés vers l'intérieur ; il est probable que cette particularité impliquait l'appartenance du mort à une loge de bâtiment ; lors de la récente exposition du Grand Palais, les statues égyptiennes représentant les Maîtres d'Œuvre (par exemple, la statue de Ray, Maître d'Œuvre de Ramsès II et de son fils Mineptah) avaient contrairement à celles des scribes les pouces tournés vers l'extérieur. On peut penser que c'est là un signe de reconnaissance à la façon du genou gauche découvert du Christ initié du Moyen Age.

Les procédés de tracé utilisés par les loges au Moyen Age nous sont mal connus ; la doctrine d'ensemble (il en existe certainement une) nous échappe encore ; l'analyse de familles de monuments exceptionnels construits en une seule campagne et la connaissance de leur métrologie (nous pensons aux édifices cisterciens) nous apporteraient de précieux enseignements ; de même que l'étude de quelques grands édifices dont la réalisation a suivi des plans d'ensemble préétablis (abbatiales, cathédrales).

A titre d'exemple, les cotes majeures de l'abbaye cistércienne de Fontenay (Côte-d'Or) sont exprimées en pieds de roi (0 m 32) et sont décimales. La longueur de l'église est de 200 pieds, sa largeur de 60 pieds, sa hauteur de 50 pieds ; la largeur de la salle capitulaire est de 30 pieds... etc.

Cette époque a cependant fait l'objet de nombreuses études de détail ; outre l'inépuisable Viollet-le-Duc, nous retiendrons les deux remarquables ouvrages de P. du Colombier et J. Gimpel, les ouvrages d'Emile Male sur l'Art religieux, les travaux de K.J. Conant sur Cluny, ainsi que l'intéressant article du regretté J.-P. Paquet *(op. cit.)*. Ces études constitueront une indispensable introduction à une recherche systématique. Il semble que la tradition ne disparut pas complètement ; mais elle fut altérée de pratiques artisanales, sans fondement rationnel. Villard de Honnecourt voit simplement dans l'« ars de jométrie » une manière de faciliter son travail :

> « Ci commence li force des trais de portraiture, si con li ars de jométrie les ensaigne, por légièrement ovrer »,

tandis qu'au contraire le vieil adage scolastique « commensuratio pulchrificat » ne s'écarte pas de la pensée antique. Les « bâtisseurs » firent appel à toutes les espèces de triangles, héritage voilé des pythagoriciens. Entre autres pratiques, les Maîtres d'Œuvre médiévaux ont utilisé des tracés quadrillés, à Saint-Maximin (dans la partie la plus ancienne de la nef), à Saint-Lazare-d'Autun, ou à l'abbaye d'Acey (Jura) ; des tracés constitués par des réticulages de rectangles $\sqrt{3}$ à Noirlac (Cher), XIIe et XIIIe siècles. Les nombres bibliques 2, 3, 5, 7 et leurs multiples ont encore joué là le rôle directeur.

La fin des pratiques des Maîtres d'Œuvre du Moyen Age se trouve coïncider avec le Concile de Trente (1545-1563), annonciateur de la Renaissance et de l'Époque Classique ; l'Épître au lecteur de Philibert Delorme, que nous avons citée au début de notre ouvrage, en est le Nouveau Testament. A partir de cette époque, tous les grands noms ont été Initiés. Ecrire l'Histoire des Tracés à la période classique française, ce serait écrire l'Histoire Secrète de l'Académie d'Architecture (1671-1791).

La Renaissance, l'Époque Classique

Ce furent sans doute les architectes italiens appelés en France à la Renaissance qui nous apportèrent l'arsenal de la géométrie néo-platonicienne. Serlio fut le plus remarquable constructeur de ce groupe et le plan d'Ancy-le-Franc (1546), qui lui est attribué, est tracé de façon très simple suivant le thème $\sqrt{5}$ (fig. 58). Le plan de Philibert Delorme pour les Tuileries (1564) (fig. 59), inspiré d'un graphisme italien que nous avons présenté en couverture, le plan des Invalides, les façades de la Galerie des Cerfs (1600) et du baptistère de Fontainebleau, constituent autant d'exemples d'emploi du thème $\sqrt{5}$.

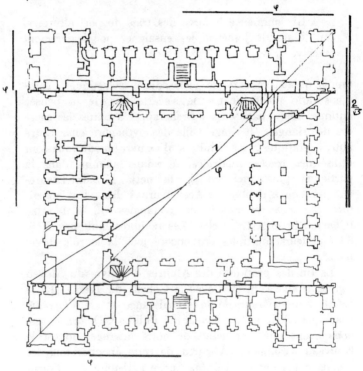

Fig. 58

Tracé du plan du château d'Ancy-le-Franc

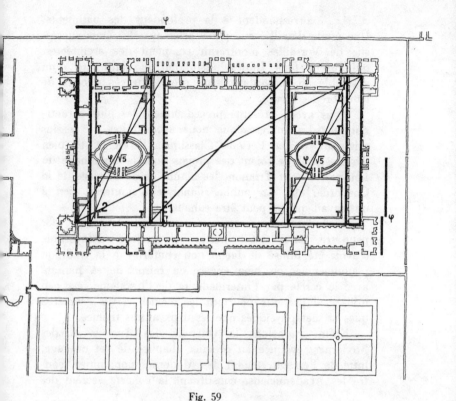

Fig. 59

Tracé du plan des Tuileries

L'élévation sur les jardins de Versailles, de Jules Hardouin-Mansart, est divisée en trois étages de hauteur proportionnelle aux nombres 3 (rez-de-chaussée), 4 (1er étage) et 2 (attique). Le rez-de-chaussée est moyenne arithmétique entre le premier étage et l'attique. Quant au plan de la composition définitive de ce palais (fig. 60), il est ordonné suivant cinq termes consécutifs d'une progression φ : les deux plus grands conditionnent la coupure de l'avant-corps et des ailes, et les trois plus petits la largeur des cours du côté de la place d'Armes. De plus, ces trois derniers $\varphi 1$, $\varphi 2$, $\varphi 3$ sont les trois petits côtés de rectangles $\sqrt{5}$, dont les grands côtés φ',

φ'', φ''' correspondent à la profondeur des bâtiments. Une étude détaillée sur plans originaux des états successifs de Versailles montrerait comment des architectes, qui furent tous Initiés, assurèrent la continuité d'un ensemble en raccordant leurs propres tracés à ceux de leurs prédécesseurs.

Nous avons présenté précédemment les plus caractéristiques des analyses que nous ayons faites de dessins originaux de la Période Classique. Il en existe bien d'autres, que ce soient des projets pour la Colonnade du Louvre, le Petit Trianon, les bâtiments de la place de la Concorde, etc. En publier l'analyse n'ajouterait rien à un travail qui ne peut être exhaustif.

Cependant, nous avons constaté que le thème $\sqrt{3}$, peut-être parce qu'il portait le préjugé défavorable d'avoir été utilisé de façon non conforme à la tradition platonicienne, ou bien encore en raison de sa parenté avec le cercle par l'intermédiaire de l'hexagone, est peu utilisé : il présente pourtant les mêmes vertus géométriques et métaphysiques que les deux autres thèmes.

Enfin, rappelons la Querelle des Anciens et des Modernes, évoquée au premier chapitre de cet ouvrage, lutte de Perrault, tenant des Modernes non initiés, contre les Académiciens, constituant la cohorte secrète des

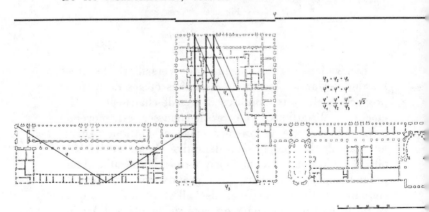

Fig. 60

Tracé du château de Versailles

Initiés ; l'affaire de la Colonnade du Louvre est inintelligible si on ne l'éclaire de cette lumière particulière.

L'Occident classique

Nous ne connaissons pas personnellement l'Histoire des tracés à l'étranger ; elle est sans doute parallèle à celle de la France. Nous savons seulement que les deux plus célèbres architectes anglais, Inigo Jones (1572-1651), surnommé le Palladio anglais, Intendant Général des bâtiments de la Couronne, et Christofer Wren (1632-1723), architecte de Saint-Paul de Londres, mathématicien hors ligne, furent initiés en Italie et qu'ils furent chacun en Angleterre Grands Maîtres de la Loge Maçonnique. L'Italie continua à être le pays d'élection des tracés, n'en citons qu'un exemple : Sansovino, qui avait publié en 1525 son « de Harmonia Mundi », dessina en 1534 l'église San Francisco della Vigna à Venise ; accolant Platon et la Trinité, il adressa alors aux Doges une lettre expliquant ce qu'il voulait faire :

« J'emploierai le rapport 9/27, parce que 9 est le carré du nombre 3, nombre premier, et donc Symbole de la Trinité, et 27 c'est 3 que multiplie 9, le carré et le cube, qui contiennent, comme l'a dit Platon, les harmoniques de l'Univers. »

Toute l'église est fondée sur des rapports musicaux de la quarte et de la quinte, et dans sa lettre, l'architecte donne les indications pour chaque chapelle : celle-ci est suivant la quarte, celle-ci est suivant la quinte (Louis Hautecœur, *op. cit.*).

Civilisations extérieures au Croissant fertile

Nous englobons dans cette appellation l'ensemble des civilisations autres que les civilisations méditerranéennes, sous la seule condition qu'elles aient produit des chefs-d'œuvre universels d'architecture traditionnelle. Ce sont l'Inde, la Chine, le Japon, l'Indonésie, l'Indochine, l'Amérique précolombienne.

André Malraux a caractérisé les architectures de ces pays par un critère aussi général que précis : face au cartésianisme de nos architectures méditerranéennes, ces architectures ne sont pas cartésiennes ; un temple hindou ou japonais ne saurait avoir vu le jour sur les bords de la Loire ou du Pô ; Vignole, Vitruve et Blondel ne pourraient avoir écrit « le Mayamata ou le Manasara » (les deux manuels sanscrits d'architecture traduits jusqu'à ce jour, *op. cit.*), pas plus que les moines-architectes sanscrits ne pourraient revendiquer nos théories de l'architecture. Bien que notre monde soit comme ces civilisations, issu du monde indo-européen, nos voies se sont séparées depuis si longtemps, que chacun a évolué à sa propre manière (cf. Dumézil, *op. cit.*). Tout est différent : écriture, mode de pensée, métaphysique, vocabulaire (le vocabulaire sanscrit, dont sont constellées les traductions des ouvrages hindous, est pour nous difficilement assimilable).

Quant à l'architecture, il n'est pas besoin d'expliquer les mérites respectifs de Chartres et d'Angkor ; ce sont deux chefs-d'œuvre universels, absolus, mais chacun représente un mode de pensée différent.

Extrême-Orient hindou et bouddhique

De toutes récentes études nous ont apporté le privilège de la première lecture métrologique et arithmologique des Temples d'Angkor-Vat (Cambodge) et du Borobudur (Java central).

Ces deux temples sont le support d'admirables tracés et si la structure spirituelle arithmologique de chacun de ces monuments suit pas à pas les traditions du « Mayamata » et du « Manasara » (qui y font régner carrés et cercles), chacun de ces monuments possède cependant une écrasante personnalité).

CHAPITRE XIV 241

Amérique précolombienne

Là encore, les nombres, ceux du calendrier en particulier, ont régné en maîtres (Uxmal, Théotihuacan). La connaissance de la métrologie maya nous a permis l'analyse de quelques temples, palais et forteresses ; ils sont tous rattachés aux nombres que le grand Dieu Hunab Ku, fondateur du Monde, a donné aux hommes pour leur permettre de compter le temps.

*
* *

Nous préparons la publication d'une étude sur les étonnantes arithmologies de ces civilisations, elle sera intitulée : « La Forme Initiale » — arithmologie comparée des bâtiments pyramidaux (Sumer, Égypte, Inde, Orient, Amérique précolombienne).

Pour terminer, nous rapporterons deux épisodes caractéristiques de l'Histoire des Tracés : le retour des tracés antiques annoncé par l'affaire de la cathédrale de Milan, et la disparition des tracés en France, définitivement écrasés à l'époque des « Leçons d'Architecture » de J.N.L. Durand aux Polytechniciens.

La Cathédrale de Milan

L'affaire de la cathédrale de Milan, dont le procès-verbal de 1398 est conservé aux Archives de Milan, est le premier pas d'un maître d'œuvre médiéval français, Jean Vignot, vers la philosophie antique alors en pleine renaissance ; c'est l'aboutissement dans le domaine des tracés des luttes de Léonard de Pise, le Fibonacci (né vers 1175), remettant à la mode les ouvrages hellénistiques et les mathématiques conservées par les Arabes ; en un mot, c'est le retour à la philosophie antique, qui fleurira à la Renaissance après l'éclipse du Moyen Age.

Donc, en 1391, après que la cathédrale de Milan fut sortie de terre, la Fabrique eut quelques inquiétudes sur

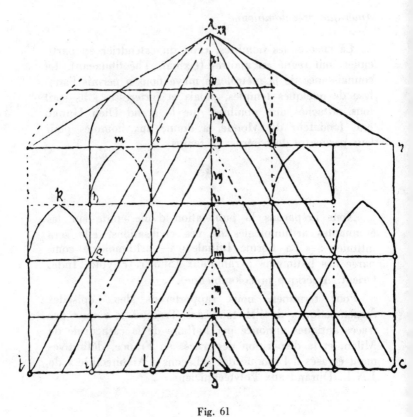

Fig. 61

Tracé de Stornaloco pour la cathédrale de Milan, 1391

la stabilité du projet. On fit venir de Plaisance le mathématicien Stornaloco, qui donna une consultation et indiqua la hauteur que l'on pouvait fixer au monument à l'aide d'un tracé de triangles équilatéraux, encore tout médiévaux (fig. 61) ; ce dessin, qui ne tient guère compte du principe de correspondance des antiques, doit beaucoup plus être considéré comme un barème ou un abaque symbolique, que comme un tracé harmonique. La mise en proportion du plan n'avait donné aucun souci : la référence à la tradition biblique y est si éclatante qu'elle se passe de commentaires (François Blondel

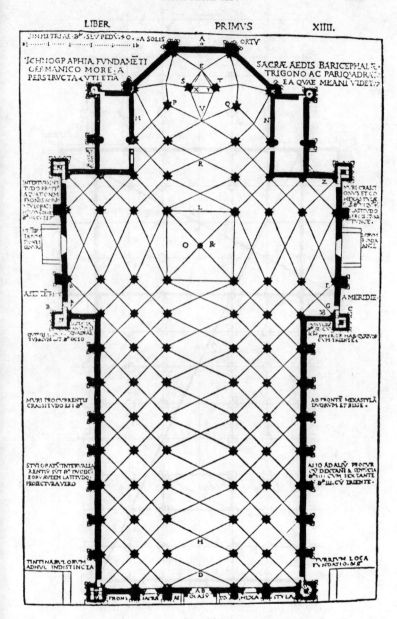

Fig. 62

Plan de la cathédrale de Milan de Caesariano

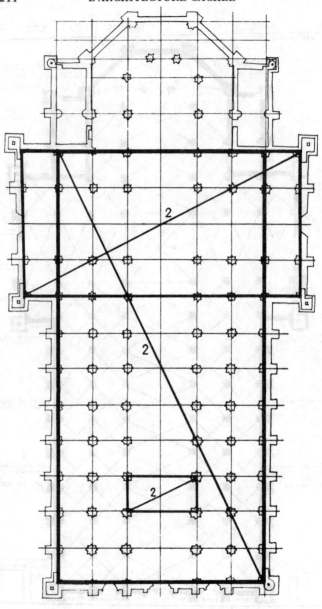

Fig. 63

Tracé du plan de la cathédrale de Milan

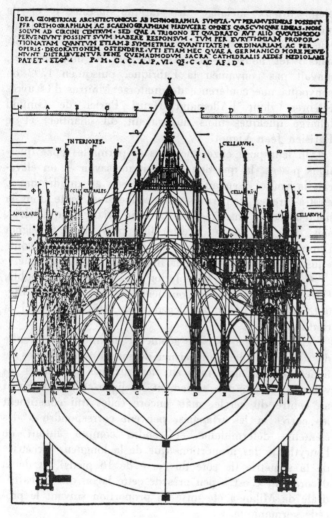

Fig. 64

Tracé de Caesariano pour la cathédrale de Milan

a reproduit ces dessins à la fin de son cours d'architecture) (fig. 62-63). Mais il en était tout autrement pour l'élévation de l'édifice.

Le schéma de Stornaloco est dans sa simplicité un

bien curieux mélange de statique instinctive et de métaphysique, préfigurations de nos modernes et rigoureuses épures de statique graphiques. La science de Stornaloco (et nous pesons avec respect le mot science), n'avait pas convaincu la Fabrique, puisqu'en 1392 on convoqua une conférence de quatorze Maîtres d'Œuvres célèbres, dont l'Allemand Henri Parler de Gmünd (chargé quelques mois auparavant du chantier) et le Parisien Jean Vignot.

On leur posa onze questions et parmi les onze questions posées, la question clé était de savoir si on élèverait la voûte « seu ad triangulum, seu ad quadratum », c'est-à-dire en construisant en coupe une voûte dont la hauteur serait inscrite soit dans un triangle équilatéral, soit dans un carré, c'est-à-dire plus haute ; Vignot l'emporta sur Parler et il fut décidé d'élever la voûte « jusqu'au carré » suivant la manière classique antique.

C'est cependant la solution de Parler, que publia Caesariano dans ses « Commentaires de Vitruve » (fig. 65), accompagnée d'une légende en latin dont voici la traduction :

« Le principe de cette géométrie architecturale résulte du dessin du plan qui permet de mener toutes sortes de lignes pyramidales, tant sur les surfaces que dans les volumes. Ainsi, non seulement les lignes qui convergent au centre du cercle, mais encore celles qui constituent les carrés et les triangles, peuvent correspondre à des éléments déterminants et rendre compte autant de l'eurythmie des proportions que de la longueur directrice de la symétrie (le côté du carré de 16 pieds), et de la décoration. C'est à peu près de cette façon que la cathédrale de Milan a été mise en proportion suivant le procédé germanique. »

Ceci n'est pas exact, puisque ce fut le procédé français qui fut adopté ; mais ce qui est pour nous intéressant, c'est de voir ce que pensaient les illustrations professionnelles de ce temps et comment Caesariano, tout imprégné de culture antique et aussi brillant théoricien classique qu'il ait été, n'a su, au contact des réalités techniques, se dégager des pratiques moyenâgeuses des

Maîtres d'Œuvre germaniques de la Bauhütte et a simplement repris le schéma de Stornaloco, qui rappelons-le n'est pas un tracé. Le tracé de Caesariano, à notre connaissance seul graphisme abouti du XVe siècle, a dû, à cette qualité, de servir d'exemple universel aux chercheurs ; c'était hélas un exemple bâtard : il n'avait plus les qualités des tracés antiques et ne reposait pas encore sur les lois de la statique graphique telles que les expriment dans leurs épures nos modernes ingénieurs.

Disparition des tracés

Quant à la fin des tracés, ce fut un triste enterrement. Les « Leçons d'Architecture » de J.N.L. Durand (1) (Paris, 2 volumes, 1802-1805), première Théorie à avoir été publiée après la Révolution, en sonnèrent le glas ; elles auraient pu tout aussi bien s'intituler « Nouvelles Recettes pour bien bastir à petitz frais intellectuels ». Dans 22 planches, très joliment gravées par Normand, Durand donne l'exemple et les recettes de douanes, phares, bibliothèques, pavillons, loges, porches, escaliers ; y sont joints des édifices de toute taille et de tout genre, dessinés sur un triste quadrillage passe-partout. L'hôpital de l'Hôtel-Dieu, indigent ornement du parvis de Notre-Dame-de-Paris, a trouvé là une facile inspiration.

Alors, tels une flamme privée d'air, les tracés s'éteignirent d'eux-mêmes.

Sapés par l'esprit rationaliste des philosophes du XVIIIe siècle qui avait atteint avec quelque retard le domaine tout traditionnel de l'architecture, sapés par le Romantisme naissant insensible à une croyance d'esthétique formelle, sapés par la disparition du vieux système métrologique duodécimal, sapés par la disparition des deux Académies (Académie d'Architecture et Académie de Saint-Luc) et des structures traditionalistes qui s'abri-

---

(1) Architecte parisien (1760-1834), ancien élève de Boulée et de l'Académie d'Architecture, professeur à l'École Polytechnique.

248   L'ARCHITECTURE CACHÉE

taient derrière elles pour préparer l'enseignement de la doctrine, sapés par la naissance des Sciences exactes et notamment de la Statique (la lecture des formulaires de l'« Annuaire du Bureau des Longitudes » remplace la tradition secrète des Compagnons), sapés par la décadence de la commande et la décadence des agences d'architectes du XIXe siècle (la vulgarisation du papier calque et les facilités qu'il apporte permettent de remplacer la réflexion par une abondance anarchique de dessins et provoquent la décadence de la gravure des dessins d'architecture), les tracés disparurent sans bruit : Le Corbusier lui-même n'a pu les ranimer (Vers une architecture, *op. cit.*, p. 53 à 64). Et c'est tout désabusé qu'il conclut en commentant sa propre doctrine :

« Je n'ai à ce sujet que provoqué l'étonnement ou rencontré l'opposition ou le scepticisme » (fig. 65).

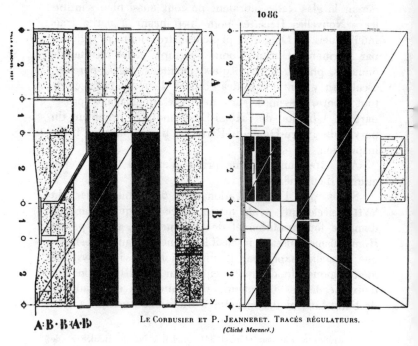

Le Corbusier et P. Jeanneret. Tracés régulateurs.
(Cliché Morancé.)

Fig. 65

Tracé harmonique en φ de Le Corbusier

CHAPITRE XV

LES TRACÉS HARMONIQUES FACE A L'ESPRIT CONTEMPORAIN

CONCLUSION

> « Quand un mystère est bien localisé, il devient fécond à l'égal des vérités les mieux pénétrées. »
> P. Teilhard de Chardin, *Mon Univers, op. cit.*, p. 43.

Chacun a pu constater, sur le plan général de l'architecture, la coupure entre la valeur des œuvres construites jusqu'à la fin du XVIIIe siècle et celles qui les ont suivies. A vrai dire, personne n'a jamais bien nettement défini les raisons de ce phénomène. Pourtant là encore la frontière est marquée par le jalon de notre Révolution, époque que nous avons vu coïncider avec la disparition des tracés et surtout de l'esprit qui les faisait vivre : la Révolution, dans notre domaine l'événement le plus important des temps modernes, présente une dominante de phénomène naturel, indépendant de la volonté humaine. Préparée par l'Histoire, elle est pour nous le début d'un nouveau cycle de civilisation ; elle dépasse

Fig. 66

*La maison de l'éclusier (1770) et la maison du garde-barrière (1880)
(Velars, Côte-d'Or)*

révolutionnaires et philosophes qui n'en sont que des acteurs, elle est l'inéluctable aboutissement du vieillissement d'une Société ; toutes les réformes du monde n'auraient su l'empêcher, pas plus qu'elles ne sauraient empêcher les arbres de porter des fleurs au printemps, des fruits à l'automne et de perdre leurs feuilles en hiver.

Les raisons de l'actuelle décadence architecturale sont aussi nombreuses que mal définies, elles ont été si souvent évoquées (en attribuant d'ailleurs une mauvaise part aux architectes qui n'y peuvent mais) que nous n'y reviendrons pas : le XIXe siècle nous a fait perdre nos feuilles ; qu'il nous suffise aujourd'hui de préparer l'espoir d'un prochain printemps. Si la comptabilité inca est la bonne, ce printemps devrait bientôt revenir (cycle de 260 ans). S'il faut en croire Platon, nous devrons attendre plus longtemps ; les deux cycles partiels du « Politique », les plus favorables, sont de 2 700 et 4 800 ans ; le grand cycle cosmique est de 36 000 ans. Voilà qui donne le temps de réfléchir.

Nous présentons la photographie de deux petits bâtiments d'habitation équivalents et tout voisins, près de Dijon, l'un de garde-écluse sur le canal de Bourgogne construit au XVIIIe siècle sous la direction de l'ingénieur Gauthey, l'autre de garde-barrière sur feu la ligne de chemin de fer Dijon — Epinac-les-Mines, construit par le Paris-Lyon-Méditerranée cent ans plus tard (fig. 66). Nous n'aurons pas la cruauté d'en comparer l'esprit ; notre seul réconfort est que l'autoroute, qui est venu border canal et chemin de fer, présage un agréable renouveau.

Nous n'épiloguerons pas plus ; chacun a pu faire la même constatation, bien que quelques-uns ne veuillent pas en convenir peut-être par pudeur et respect pour notre époque. Pour nous, l'évolution dans ce domaine est liée à l'évolution du monde : nos modestes personnalités sont dépassées.

L'usage des tracés exprimait une croyance. Pour ceux qui n'avaient pas la Foi, inclure un rectangle d'Or dans un plan en pensant que cette empreinte lui donnerait la Beauté était une gageure, pour Philibert Delorme, c'était une certitude. Dans un ordre d'idée parallèle, le même problème se pose dans la Vie Spirituelle : la Communion pour un croyant est la participation au Corps du Christ ; pour un incroyant, c'est la simple ingestion d'un symbolique morceau de pain. A valeur professionnelle égale, l'initié se trouvait avantagé ; disposant du même arsenal professionnel que ses confrères, il jouait en plus de sa certitude spirituelle. Et c'est un lieu commun de dire que les périodes qui nous ont légué les plus grands témoignages architecturaux tant civils que spirituels sont des périodes d'Initiation, que ce soit l'Antiquité grecque et ses temples, notre Moyen Age et ses cathédrales, notre période classique et toutes ses sortes de constructions. La connaissance rationnelle contemporaine saura-t-elle susciter autant d'élans ?

Les Initiés, guidés par des règles précises, composaient et traçaient dans l'exaltation des grandes certitudes, se livrant obligatoirement à un énorme travail de simplification et de systématisation. Pour qu'un bâtiment ait pu être mis en proportion géométriquement, il était indispensable que ses volumes aient été déterminés et hiérarchisés par de grandes lignes très simplement réparties (celles que nous avons appelées les lignes principales) : c'était déjà là un élément majeur de bonne composition. Pour s'en convaincre, il suffit de regarder les mauvais morceaux du XIXe siècle : il est à peu près impossible d'y tracer une seule droite s'appuyant sur l'architecture et traversant de part en part une façade ; l'existence de quelques dominantes aurait singulièrement amélioré ce chaos. Et s'il est un point sur lequel tout le monde peut être d'accord, Initiés comme non Initiés, Anciens comme Modernes, c'est que l'Architecte doit posséder l'esprit de Géométrie, base immuable et nécessaire de toute composition ; et bien que les tracés ne soient pas matériellement perçus, ni faits pour être perçus, certaines architectures clament qu'elles ont été tracées : il en est ainsi du Parthénon que nous avons lu, il en est ainsi de la nef de la Cathédrale de Chartres que nous nous efforcerons de lire quelque jour.

Les non-initiés se trouvaient au contraire dégagés de toute contrainte, jouant directement des qualités spirituelles dispensées par la Providence. Ce qu'exprime bien sur un plan général l'Américain Edgar Poë (1809-1849), autant mathématicien que poète :

> « Les mathématiques ne fournissent pas de démonstration plus absolue que celle que l'Artiste tire du sentiment de son Art. »

En fait, si l'on remonte à l'origine, tout coule de la même Source, et c'est aux mêmes lois profondes que devaient se plier croyants et incroyants, initiés et non-initiés. Pour les initiés, les tracés étaient un moyen de puiser directement, de façon sûre, à cette Source ; pour les non-initiés, les tracés ne représentaient, à condition qu'ils les connaissent, qu'une culture supplémentaire, assimilable aux autres connaissances. Personne n'a d'ailleurs jamais dit ou écrit qu'il suffisait de connaître la métaphysique des tracés pour faire de la bonne architecture, pas plus qu'il ne suffit de connaître les règles de la prosodie pour écrire de la bonne poésie. Les tracés d'ailleurs concernent seulement l'élément majeur que constituent les proportions de l'architecture : ils n'en évoquent ni le décor ni l'échelle autres facteurs importants de cet art.

Pour comprendre ce que furent les tracés, il faut se souvenir du postulat initial sur lequel ils reposent (N.C., chap. I, II, III). Les Anciens pensaient que la Création, le Cosmos avait été calculé : le ou les Dieux avaient utilisé les Nombres (nous disons aujourd'hui les mathématiques), un des innombrables moyens de leur arsenal secret, pour ordonner le Monde. Ensuite, en même temps qu'ils donnaient aux Humains pouvoir de Vie, c'est-à-dire la faculté de se reproduire (avec en corrélatif le binaire absolu de la Mort), les Dieux leur faisaient cadeau des Nombres, ceux-ci constituant le seul concept absolu universel et permanent, possédé à la fois par les Créateurs et leur Création (l'autre absolu, la mort, étant en effet réservé aux seuls Humains). Munis de cet absolu, les Initiés pouvaient dialoguer avec les Dieux et s'efforcer d'imiter la perfection de la divine ordonnance architecturale de la Création.

Nous possédons maintenant assez d'informations pour analyser bien librement et aussi rationnellement que possible le problème global des « correspondances » qui sont en définitive la clé des ésotérismes aussi bien arithmologiques qu'harmoniques. C'est là que se situait le point de rupture entre Initiés, qui croyaient à ces correspondances entre invariants, et non-Initiés qui les récusaient. Bien que ce problème se soit posée à toutes les époques, contrairement à ce que nous avons fait pour conclure la première partie de cette étude où nous avons ramené la contradiction vingt siècles en arrière, nous nous placerons maintenant à la période contemporaine (période postérieure à la Révolution considérée comme point de départ d'un nouveau cycle), pour permettre à nos contemporains de juger si l'usage des tracés fut ou non bénéfique à l'Architecture des Anciens. Nous avons d'ailleurs déjà entrevu tout au long de cet exposé les positions relatives de nos ancêtres.

Le problème des tracés harmoniques étant lié à l'intime personnalité de chacun, il n'est guère possible de présenter une conclusion rationnellement valable pour tous ; aussi proposons-nous, plus qu'une conclusion, réflexions et informations.

Les documents présentés pour permettre l'étude des tracés harmoniques sont de deux sortes : ce sont en premier lieu des documents archéologiques originaux, puis en second lieu des documents résultant de notre travail d'analyse.

I. *Documents archéologiques originaux*

a) Ils consistent d'abord en écrits dont nous avons cité des extraits, qu'ils soient sumériens, égyptiens, hébreux, grecs, romains, médiévaux, italiens de la Renaissance ou français... Ils sont relativement nombreux (nous n'avons cité que les plus caractéristiques).

b) Ce sont ensuite les quelques dessins originaux de tracés architecturaux et d'analyses graphiques. Ils sont italiens et français et sont dus à Stornaloco, Caesariano, Blondel, Briseux.

L'authenticité de ces deux catégories de documents et la nature des problèmes qu'ils traitent les rendent incontestables.

II. *Analyses graphiques*

Les analyses graphiques sont le résultat de l'application à des relevés ou à des dessins originaux des règles énoncées dans les documents originaux ci-dessus ou directement déduites de leur contenu ; ces règles proviennent tant de l'ésotérisme arithmologique que de l'ésotérisme harmonique. Cette procédure a pour objet d'étendre le domaine de nos informations et d'élargir ainsi l'assiette de nos conclusions. Nos analyses ne peuvent par définition recevoir de certification matérielle d'exactitude, puisqu'elles s'appliquent à des éléments secrets d'œuvres dont les auteurs sont depuis bien longtemps disparus. Leur exactitude ne peut alors résulter que de la rigueur apportée à la recherche : n'ont donc été retenus que les tracés résultant d'analyses conduites de façon stricte, suivant les principes théoriques des Anciens, exprimés dans les documents énoncés ci-dessus.

Au-delà de toutes ces précautions, des propos échangés avec nos confrères au cours de ce travail nous ont montré que les prises de position relatives à la doctrine d'esthétique formelle que constituent les tracés tiennent avant tout à la morphologie spirituelle de chacun ; si les uns croient *a priori* à leur existence et à leur valeur passée, d'autres non moins *a priori* nient même leur existence ou s'ils la reconnaissent nient leur valeur,

Il se définit ainsi, deux catégories de physiologies intellectuelles opposées, on pourrait presque dire incompatibles. Nous ne pouvons nous empêcher de faire le rapprochement avec un phénomène purement physiologique dont la science vient tout juste de percer le mystère, celui des groupes sanguins et des facteurs Rhésus : ici comme là, il y a incompatibilité entre individus parfaitement valables présentant extérieurement la même apparence et les mêmes caractères ; croyants et sceptiques, métaphysiciens et agnostiques, rhésus positifs et rhésus négatifs sont délégués sur terre par le Créateur ainsi faits, sans qu'ils y puissent mais. Peut-on alors réellement dire que chacun pourra choisir « librement » sa position ? Et si la proportion entre ces deux physiologies intellectuelles peut varier suivant les époques, en fonction par exemple d'une information plus ou moins approfondie ou de l'évolution de la civilisation, elle n'en demeure cependant pas moins à peu près constante.

Pierre Teilhard de Chardin, dans le domaine de la Foi qui voisine avec le nôtre, a développé un argument très proche que nous avons déjà précédemment évoqué. Citons-le à nouveau.

« Mais je renonce à convertir mes contradicteurs. Je suis en effet arrivé à la conviction qu'il y a parmi les Hommes deux catégories d'esprit irréductibles : les physicistes (qui sont les « mystiques ») et les juridiques. Pour les premiers, l'être n'est beau que s'il se trouve organiquement lié ; et donc le Christ, souverainement attrayant, doit rayonner physiquement. Pour les autres, l'être est inquiétant dès qu'il s'y cache quelque chose de plus vaste et de moins définissable que nos relations sociales humaines... Les uns et les autres ne se comprendront jamais. Entre les deux attitudes il faut opter, *non par des raisonnements mais par ce qu'on voit*. En ce qui me concerne, le choix est irrévocablement fait, et depuis toujours : je suis physiciste d'instinct. »

(P. Teilhard de Chardin, *Mon Univers, op. cit.*, p. 51 sqq.)

Ceci est pour le moins explicite : si Ictinos ou l'auteur du carré Sator avaient été des « juridiques », ils auraient accompagné leurs œuvres d'un « mode d'emploi », à la façon de Sangallo (p. 175) et il n'y aurait plus eu de problème. Peut-être l'auraient-ils fait, si Dieu lui-même, donnant l'exemple, était venu sur la place publique expliquer les Mystères de la Création. Le problème n'a d'ailleurs guère changé depuis les Écritures : par trois fois elles évoquent déjà ceux qui ne voient, ni n'entendent.

CHAPITRE XV

« Ils ont des yeux pour voir, et ne voient pas, ils ont des oreilles pour entendre, et n'entendent pas. »
Ezéchiel 12, 2 ;
Isaïe 6, 10 ;
Matthieu 13, 15.

Il faut au passage bien convenir, que malgré ce mauvais fonctionnement de leurs yeux et de leurs oreilles, les lointains ancêtres de ceux que nous cherchons à convaincre ou plutôt à dessiller n'ont nullement été gênés pour s'assurer une abondante descendance : Ezéchiel, vos lamentations auraient-elles porté dans le désert ?

Si le mystère et l'évidence se cotoient et se mêlent de façon incessante au cours de notre étude, on ne peut nier que le nombre soit le langage matériel écrit de tous les architectes, puisque toutes leurs conceptions se définissent par des mesures et des nombres ; qui et quoi peut donc théoriquement empêcher ces architectes de recourir directement à la richesse du système des nombres, même dans le domaine si mal connu de la Création intellectuelle. Que l'on soit croyant ou sceptique, on ne peut qu'admirer l'ordonnance de ce système : que ce soit celle des nombres premiers, que ce soit celle des surprenantes sommations pythagoriciennes ou celle des splendeurs des corps platoniciens (N.C., III, VI).

Pourquoi l'Architecte qui partout ailleurs s'oblige lui-même à respecter les lois fondamentales du Monde : la pesanteur, la résistance des matériaux et bien d'autres, ne se soumettrait-il pas à ses lois spirituelles structurelles ?

Platon, conformément à ses vues métaphysiques avait présenté les mathématiques comme un moyen d'accès à une vérité en soi et les objets dont elles traitent comme ayant une existence propre dans le monde des idées ; aujourd'hui même ceux qui affectent un intransigeant formalisme souscrivent cependant à cette proposition du mathématicien Hermite (1822-1901) :

« Je crois que les nombres et les fonctions de l'Analyse, ne sont pas le produit arbitaire de notre

esprit : je pense qu'ils existent en dehors de nous avec le même caractère de nécessité que les choses de la réalité objective, et nous les rencontrons ou les découvrons et les étudions, comme les physiciens, les chimistes et les zoologistes. »
(Ch. Hermite - *Correspondance*, Paris 1905. T.II, p. 398.)

Ces problèmes pouvaient bien valablement intriguer nos ancêtres ; l'état de leurs connaissances naissantes les incitait à une décente modestie et leur permettait de se poser encore quelques questions sur ces sujets de base. Les liens entre les nombres et l'architecture s'insèrent de part et d'autre de leur correspondance dans l'inconnu ; c'est une position trop élémentaire que de se contenter de nier l'existence même du problème : le Nombre dépasse sa propre nature et donne la plus intelligible des représentations de l'au-delà.

La seconde génération des tracés harmoniques découverte par les initiés, en quête de perfection (les tracés géométriques dynamiques) ne s'appuie plus seulement sur l'éternel principe de la récurrence des proportions, dont l'abstraite subtilité est difficilement perceptible, mais encore sur la récurrence des formes qui, elle, est matériellement et physiologiquement parfaitement perceptible par tout être sensible ; il est aussi difficile de nier ce postulat que de refuser à un architecte habile le pouvoir d'en tirer parti.

En manière de conclusion, nous poserons deux questions :

Première question : La discipline que s'imposaient les initiés en se soumettant à la règle des tracés les poussait-elle au succès (tout au moins leur servait-elle de guide) ou bien cette discipline leur compliquait-elle inutilement la tâche ? Ces deux hypothèses d'apparence contradictoire ont pourtant l'une et l'autre leur valeur explicative des chefs-d'œuvre des Anciens : la première, parce qu'elle admet que l'accès à la perfection a été facilité par l'utilisation des tracés ; la seconde parce qu'elle considère que la complexité même gratuite de la tâche des architectes a permis une sélection des plus valables.

Seconde question : Le jeu des correspondances entre éléments spirituels abstraits des tracés et éléments matériels de l'architecture n'était-il rien d'autre qu'une superstition dépassée (au mieux, qu'une discipline esthétique), ou bien, au-delà d'un certain anachronisme dans l'expression, ne constituait-elle pas, comme le pensaient les Anciens et comme l'a encore pensé Le Corbusier, un moyen d'établir un dialogue avec l'Invisible ? Ne représentait-il pas la porte étroite permettant de franchir le seuil habituellement interdit au commun des mortels ?

C'est ce que pensaient les Grecs, qui après les découvertes de Pythagore sur l'analogie de la Musique et du système des Nombres avaient, pour justifier les correspondances, sciemment assimilé la notion des rythmes instantanés de l'Espace (architecture → divin rythme de la structure du Cosmos) à celle des rythmes successifs du Temps (musique → divin rythme de la Vie du Monde) ; ils pouvaient justifier cette identification par le fait que les sensations visuelles ne sont ni globales ni instantanées, mais se sérient et se raccordent dans la durée comme les impressions auditives. Il n'y eut plus de différence entre les deux sortes d'ensembles rythmés, le continu (musique et tracés récurrents par médiétés arithmétiques) et de discontinu (architecture et tracés récurrents par surfaces dynamiques), lorsque les pythagoriciens (peut-être d'autres encore avant eux) eurent découvert les surprenantes propriétés de récurrence des formes irrationnelles dynamiques.

Vous avez toute liberté pour répondre à ces deux questions : les tracés ont-ils été « virtuosité inutile ou virtuosité féconde », « règle esthétique ou reflets de l'Absolu » ?

A la première question, nous avons déjà partiellement répondu en inversant les termes du problème : il est fort possible que seuls des architectes de premier plan, dont certains sont les auteurs de chefs-d'œuvre universels aient été Initiés : Imhotep, Ictinos, Anthemius de Tralles, tous les grands noms des Renaissances française et italienne, nos grands classiques, de Mansard à Ledoux... combien d'autres encore et pour terminer, non le moindre, Le Corbusier ; un grand retour sur soi-même s'impose donc avant de porter un jugement définitif sur de tels prédécesseurs, même en le justifiant par la totale modification du contexte spirituel.

Cher lecteur, pour vous remercier d'avoir lu jusqu'ici (si vous l'avez lue) cette étude sur l'architecture de nos pères, nous allons vous confier (si vous promettez de ne pas le dévoiler à ceux qui n'en sont pas dignes) un lourd secret :

« Pour faire de la bonne architecture passée, actuelle et à venir, il a fallu, il faut et il faudra toujours un bon Architecte. »

Nous serions heureux que cette lecture, à défaut de distraction, ait pu vous apporter cette unique certitude.

ANNEXE I

RECHERCHE DES TRACÉS
PRATIQUE DE L'ANALYSE GRAPHIQUE

> « *Lève-toi et mesure le Temple de Dieu.* »
> Apocalypse, 11, 1.

La philosophie mathématique du monde pensant fut jusqu'à la période classique (Fermat, Pascal, Newton, Leibniz) dominée par les « Analytiques » d'Aristote et les « éléments » d'Euclide (cf. Léon Brunschwicg, *op. cit.*).

C'est à l'occasion de leur étude que le mathématicien Paul Tannery *(op. cit.)*, esprit d'élite, totalement étranger cependant à tout ce qui peut se rapporter aux tracés harmoniques d'architecture, écrit : « Ces définitions (d'Euclide) paraissent provenir de la technique de l'art de bâtir, et n'avoir dès lors qu'une portée empirique. » Cet empirisme est pour nous primordial car si (très sommairement) Euclide définit le point comme l'extrémité d'une ligne et la ligne comme l'extrémité d'une surface (définitions III et VI), ces définitions correspondent précisément à celles que nous avons données des « lignes principales ».

C'est pourquoi, à l'occasion de la recherche des tracés, les analystes graphiques (et nos lecteurs) devront toujours avoir présent à l'esprit, l'apparentement des tracés (nous pensons là, avant tout, aux tracés dynamiques grecs) avec l'esprit mathématique bien particulier des Anciens.

Le dessin des tracés harmoniques est rectangulaire, pour la bonne et absolue raison qu'il doit coïncider avec les lignes principales de constructions qui, dans le monde occidental méditerranéen, sont généralement rectangulaires.

C'est en effet un fait que la Providence a bien facilité l'œuvre des Constructeurs en créant la Pesanteur, l'Angle Droit et le Dièdre Droit.

Cette notion ne fait que rendre compte de la pure Théorie platonicienne et traduit bien la pensée du Théétète et du Timée. Lorsque Platon parle de proportions comparables entre surfaces rectangulaires exprimées par des « nombres plans », ce sont toujours des nombres rectangulaires, c'est-à-dire des produits de deux nombres composants $a \times b$ qu'il compare, et non les autres nombres plans polygonaux, tels que les nombres triangulaires par exemple, qui sont uniquement du domaine arithmologique.

Notons que les tracés seraient probablement triangulaires si nos aïeux n'avaient construit et habité que des Pyramides et qu'ils seraient sans doute circulaires (ils le sont pour les Θολος) s'ils s'étaient limités à la construction et à l'habitation de huttes rondes à l'imitation des Esquimaux ; la Grammaire aurait été beaucoup moins riche. On peut aussi évoquer dans le même esprit les maisons sphériques de « l'Architecture visionnaire » de Claude-Nicolas Ledoux, et les études sur le même sujet de nos confrères contemporains.

C'est pourquoi (sans citer de noms) nous considérons avec le plus grand intérêt les réseaux graphiques, cercles segmentés, carrés, rectangles, triangles, diagonales, pentagones, pentagrammes qui fleurissent en surimpression sur des dessins de monuments et que leurs auteurs pensent être les tracés harmoniques de ces monuments ; nous nous bornerons personnellement à les considérer comme des concepts graphiques esthétiques subjectifs valables à ce seul titre. L'erreur de ces auteurs (car nous sommes bien obligé de dire qu'il y a erreur) est de n'avoir pas traité le problème rationnellement avec les seuls secours d'apports archéologiques certains, mais d'y avoir ajouté et mêlé des apports esthétiques subjectifs, les leurs.

Les références authentiques de ces auteurs sont inexistantes et la plupart du temps, lorsque ils accompagnent de justification les graphismes présentés ces justifications sont si surprenantes qu'elles incitent à penser que nos anciens confrères étaient dotés de très modestes quotients intellectuels.

La rigueur dans la recherche des tracés est d'autant plus nécessaire que le résultat de cette recherche ne peut faire état d'aucune certitude autre que celle reposant sur un raisonnement analogique.

Conclusion : il ne faut pas attribuer à autrui ses propres pensées.

Nous connaissons personnellement (sans compter le nôtre) quatorze tracés du Parthénon, tous plus ingénieux les uns que les autres et tous totalement dissemblables ; pour ne pas dire plus, c'est beaucoup pour un seul monument.

Le plus difficile de l'opération de recherche est de savoir si l'on a découvert une volonté du traceur, ou si l'on se trouve devant les infinies coïncidences que comportent *tous* les dessins. La somme de ces coïncidences constitue-t-elle ou non un tracé voulu et pensé autrefois ! Avec quelque habitude, on arrive à « lire » ce qui est tracé ou n'est pas tracé ; mais cela ne doit pas empêcher de rester très prudent.

De l'analyse l'environ trois mille cinq cents documents choisis, sur lesquels nous avons trouvé trois cents tracés, nous avons tiré quelques conclusions.

Si l'on dispose de relevés et non de dessins originaux, il est une règle absolue : *les relevés doivent obligatoirement être cotés*, les cotes sont en effet le seul contrôle qui puisse freiner l'ardeur imaginative d'un analyste trop impatient. L'impossible perfection serait que les cotes soient exprimées en mesures d'origine et attachées aux lignes principales de la construction.

Sans parler de la plus ou moins grande perspicacité de l'analyste, deux points sont primordiaux :

— la qualité du dessin analysé ;
— la connaissance préalable de la métrologie utilisée lors de la construction du monument.

La qualité du dessin

Il est préférable de ne pas analyser, plutôt que d'analyser un mauvais dessin.

Le plus beau relevé dont nous ayons disposé est celui de Balanos pour le Parthénon ; c'est le support parfait d'une analyse graphique, et nous pouvons dire que la qualité de ce document a contribué pour la plus grande part à la découverte du tracé : (nous ne disposions alors pas encore du dessin d'Orlandos). A l'opposé, nous ne pouvons nous empêcher d'évoquer le relevé du temple d'Héra à Paestum publié par Aurès en 1868 : sa gravure et la précision de son dessin sont sans doute supérieures à celles de Balanos, mais chaque cote, au dire même de l'auteur (dont il faut admirer l'honnêteté) résulte d'un pari et d'un choix entre les relevés de trois architectes !

Le système de relevé par restitution photographique mis au point en collaboration par l'Institut Géographique national et le Service des Monuments Historiques est d'une précision absolue, mais il est délicat ; l'absence de cotes le rend beaucoup plus utile pour suivre à des époques successives des désordres et des mouvements de construction, les déformations d'une voûte par exemple, que pour procéder à des analyses graphiques. Le relevé tout récent du Parthénon exécuté pour le compte de l'Unesco sous la direction du Doyen Roland Martin en est un des plus beaux spécimens ; il semble qu'il doive être ultérieurement coté.

Pour les périodes dont nous possédons des dessins originaux : Renaissance et époque classique, on choisira de préférence des reproductions photographiques de dessins ou d'avant-projets de la main même de l'auteur du bâtiment. En effet, bien que les méthodes de travail de nos anciens confrères nous soient imparfaitement connues, nous pensons qu'ils mettaient personnellement au point leurs tracés sur leurs premières études, d'où dérivaient directement les petites maquettes non cotées que l'on présentait alors au client, ou que l'on joignait à la signature du marché. Nous en possédons encore de nombreux exemples et ce seront pour nous des documents de choix. Elles ont, entre autres avantages, celui de ne pas avoir subi les modifications souvent apportées au cours des travaux à l'exécution (comparer le projet du Pavillon du Butard avec les photographies de l'exécution, le projet de la Porte Saint-Denis et son relevé, etc.).

Lors d'une discussion à l'Académie d'Architecture, Jules Hardouin-Mansard, architecte de Louis XIV, s'était plaint que l'entrepreneur Gaubert ait complètement transformé les proportions du château de Saint-Cloud. Et Lepautre, présent à la même séance, déclarait :

> « Oui, et quant à l'aile que j'avais faite moi-même, le même entrepreneur n'a pas suivi mes proportions. »

On pourra également méditer avec profit le Théorème du mathématicien Hermite (1822-1901), polytechnicien, condisciple et ami des archéologues Aurès et Choisy, connu pour avoir résolu l'équation du cinquième degré.

> « Deux longueurs prises au hasard peuvent toujours être reliées par un grand nombre de constructions géométriques de caractère simple. »

Dans notre matière, ce théorème est redoutable.

La Métrologie ancienne

Chaque fois que cela sera possible, nous devrons coter les anciens dessins en unités d'origine.

Aujourd'hui, nous pouvons dire succinctement que nous connaissons de façon quasi certaine la métrologie des pays dont le pouvoir a été longtemps centralisé, l'Égypte ou Rome par exemple qui n'utilisaient qu'un seul système de mesures applicable sur tout leur territoire ; nous la connaissons soit par des étalons conservés dans les musées, soit par la mesure d'éléments dont les dimensions chiffrées nous sont parvenues. Quant aux pays fédératifs, constitués par une mosaïque de cités, dont la Grèce ancienne représente l'exemple type, il est difficile de connaître leurs mesures dont la valeur varie, sous un même nom, de lieu à lieu.

Le tableau officiel de correspondance fourni pour les anciennes mesures françaises, découlant du pied de Charlemagne ou pied de Roi, de 0,32484 m, paraît bien simple :

Toise	1,94904 m	=	6 pieds
Pied	0,32484 m	=	12 pouces
Pouce	0,2707 m	=	12 lignes
Ligne	0,002256 m		

Mais l'affaire se complique lorsqu'on sait qu'il a été établi à la Révolution un tableau de correspondance pour chaque Département, afin de tenir compte des mesures locales ; que certains de ces tableaux ont été publiés, mais que les autres n'existent qu'à l'état de manuscrits dans les Archives départementales (Burguburu, *op. cit.*).

Et comme si cette situation n'était pas encore assez compliquée, certains auteurs ont imaginé qu'architectes et maîtres d'œuvres se servaient autrefois d'un « pied d'œuvre » ou

« pied de chantier », c'est-à-dire d'une unité modulaire arbitraire particulière à chaque chantier et créée pour lui. Nous pensons qu'il s'agit là d'une fausse interprétation ; il y a confusion avec la canne de chantier, canne de référence qui sur les chantiers importants était déposée comme étalon des mesures officielles dans la Loge des Tailleurs de pierre et qui permettait aux compagnons de cranter leurs cannes et leurs piges suivant une référence sûre.

On ne saurait en effet imaginer qu'un maître-d'œuvre, homme par définition respectueux des traditions, renonce tant aux avantages spirituels liés à l'emploi d'une mesure bien souvent d'origine divine, qu'aux avantages matériels et techniques résultant de l'utilisation ancestrale de cette mesure par tous les corps de métier : charpentiers, tailleurs de pierre, métreurs, comptables, etc.

Imaginez simplement une commande au carrier ou au charpentier, cotée en « pieds de chantier », obligatoirement donc reconvertie en équivalents locaux traditionnels ; et pensons à son métré et à son règlement !

Philibert Delorme nous raconte déjà quel profit il avait retiré, pendant son voyage à Rome, de mesurer les Antiquités au moyen du palme romain au lieu de la toise et du pied de roi. Les cotes de la chapelle du Collège des Jésuites de Blois (32,50 m sur 16,25 m), si on les mesure en mètres, ne sont pas particulièrement intéressantes, alors qu'elles s'expriment en pieds de façon très simple : 50 pieds sur 100 pieds (double carré). Les grandes cotes rondes des temples grecs seront exprimées en modules de dix doigts.

Dès que l'on aura, d'une façon ou d'une autre, pu déterminer la valeur de l'unité de mesure utilisée, on établira une échelle transparente ; en la « promenant » sur le dessin (et « Dieu aydant »), on pourra trouver les clés de ce qu'ont voulu dire nos ancêtres.

Si cette façon d'opérer est d'une simplicité élémentaire, il faudra cependant pour en tirer des conclusions valables garder présentes à l'esprit deux particularités qui ne surprendront pas les professionnels.

Une très pertinente étude de notre confrère R. Amy sur la mise en place des pierres de taille du Temple de Bel à Palmyre *(op. cit.)*, posées à joint sec comme celles du Parthénon ou de la Pyramide, fait bien comprendre comment les mesures relevées sur la réalisation peuvent différer des cotes du projet (théoriquement seul document pouvant supporter une analyse). Dans le cas particulier, des blocs dont le poids moyen est de 20 tonnes (le plus gros pèse 32,918 t, le plus petit 9,404 t) étaient amenés prétaillés de carrière et présentés sur lit. Pour en assurer la pose à joint sec à un cheveu près (joint de 0,08 mm d'épaisseur) les tailleurs de pierre les mettaient jointivement en place, puis passaient une scie métallique très probablement suspendue à un « châssis » comme dans nos modernes chantiers de sciage, en arrosant de sable ou de grès très fin ; les blocs étaient rapprochés après l'opération, leurs deux faces présentant alors des surfaçages strictement correspondants.

Nous avons déjà dit ci-dessus que nous préférons retenir la qualité d'une dimension pour déterminer la métrologie du monument plutôt que l'établissement d'une moyenne ; nous avons par exemple retenu pour le Parthénon le module de 19,24 déterminé par la longueur de l'hecatompedon, plutôt que 19,30 déterminé par la moyenne des dimensions du stylobate.

DIMENSIONS DU STYLOBATE DU PARTHÉNON

	Est 160 m	Ouest 160 m	Nord 360 m	Sud 360 m	Valeur moyenne modules 1 040
Relevé BALANOS	— 30,870	— 30,880	+ 69,512	+ 69,519	19,30
Relevé ORLANDOS	+ 30,880	+ 30,961	— 69,503	+ 69,609	19,32
Différence absolue millimètres	10	81	9	90	
Évalué en 1 000	0,3/1 000	2,6/1 000	0,1/1 000	1,3/1 000	

Les monuments n'ont pas été et ne sont pas spécialement construits pour être relevés au millimètre près par d'exigeants exégètes. La précision des ouvrages de bâtiment ne dépasse pas dans les meilleurs cas quelques millimètres ; les écarts peuvent même aller jusqu'à 10 ou 15 centimètres, et même plus ; cela ne saurait porter atteinte à la perfection plastique de l'œuvre ; nous sommes très heureusement là hors du domaine de la précision mécanique.

Enfin, nous avons constaté avec une surprise amusée que nos instruments de mesure, exemplaires exemples d'exactitude, utilisés tant pour implanter les bâtiments que pour les relever, ne sont pas du tout aussi exacts que cela ; par exemple, deux specimens de « kutches », le traditionnel « triple décimètre », issus de la même maison et de la meilleure fabrication, différent d'un demi-millimètre pour 30 centimètres ; quant au mètre, de bois, de fer, de toile, ou de plastique, il faut le créditer d'un grand millimètre de tolérance. Le Service des instruments de mesure du ministère de l'Industrie connaît parfaitement ces problèmes, et les amateurs d'exactitude ont tout intérêt à le consulter.

On n'est plus alors surpris des solennelles déclarations des pionniers archéologues, français ou anglais du XVIIIe et du XIXe, annonçant qu'ils avaient utilisé pour leurs relevés des règles de précision, spécialement fabriquées à leur intention par le meilleur faiseur en instruments de précision.

Enfin, il sera considéré comme certitude acquise que les opérateurs auront autant de bonne foi que d'habileté et que leur conscience professionnelle les poussera à retourner autant de fois qu'il sera nécessaire sur les lieux : Aurès retourna ainsi deux fois en Sicile pour vérifier l'exactitude de ses travaux ; qui ne serait prêt à suivre ce bel exemple ?

Analyse

Le matériel utilisé est réduit ; il suffit pour une première exploration de disposer des transparents des trois thèmes (fig. 67) et d'une règle plate transparente graduée en millimètres que l'on inclinera plus ou moins pour faire coïncider ses divisions avec les lignes déterminant les réseaux.

Sont encore souhaitables un ou deux compas de réduction réglés, une fois pour toutes, pour éviter la fastidieuse corvée des ajustements, une table de décomposition des nombres en facteurs premiers jusqu'à 10 000. Et le progrès obligeant, une calculatrice allègera la fatigue des calculs de vérification.

La précision matérielle atteinte est de l'ordre de 1/10e de millimètre et aussi étonnant que cela puisse paraître, elle n'est pas l'élément déterminant de l'analyse graphique ; car en définitive, ou un dessin est tracé et ce tracé apparaît de façon évi-

ANNEXE I

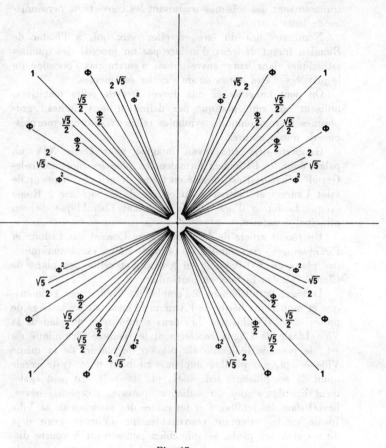

Fig. 67
Transparent de recherche du thème $\sqrt{5}$

dente, ou un dessin n'est pas tracé et quelle que soit sa précision, il est inutile de persévérer dans de décevantes recherches.

Enfin, il est bien certain qu'en dehors des bâtiments dont le dessin ne comporte aucun tracé et de ceux dont le dessin comporte des tracés basés sur le principe du report à l'unité ou de la récurrence des formes, il existe des bâtiments construits suivant des schémas traduisant les convictions personnelles de leurs auteurs.

Nombreux ont dû être en effet ceux qui, à l'instar de Blondel, furent désireux d'inclure par un procédé des qualités esthétiques dans leurs œuvres, mais n'eurent pas l'occasion ou le privilège d'être initiés ou de s'initier eux-mêmes.

On peut imaginer ce que durent être de telles tentatives, utilisant une emblématique par définition sans limites : graphismes hiéroglyphiques, symboles religieux, antropormorphismes de toutes natures.

Gaubert, déjà cité, avait imaginé pour Louis XIV un palais dont les bâtiments formaient en plan les mots Louis-le-Grand. L'Escurial est dessiné en forme de gril en l'honneur de saint Laurent et l'intérieur du collège de la Sapience à Rome évoque la forme d'une abeille rappelant l'héraldique de son principal donataire.

Un récent article de Monsieur Serge Conard sur Ledoux et Piranèse *(op. cit.)* étudie les « implications emblématiques » des plans du XVIIIe siècle en général, et celles des plans de Claude Nicolas Ledoux en particulier.

Ledoux, parallèlement à l'emploi du symbolisme géométrique et numérique hérité de l'Antiquité, meublait ses œuvres de toutes sortes d'emblèmes. Les deux demi-cercles du plan de la Ville Idéale de Chaux représentent le symbole alchimique du sel ; le plan de l'O'$\iota\varkappa\epsilon\mu\alpha$ (la maison de plaisir) de la même Ville évoque un phallus implanté au bord d'un vaste cercle muni de ses pillosités (éd. 1847, pl. 306-307). On peut également lire des signes du zodiaque (poisson, scorpion, chèvre, lièvre) dans les feuillages et les cartes des planches de la Ville Idéale en les orientant convenablement. ' (Vitruve avait déjà dit : « et à ses pieds, est un chien poursuivant à courte distance un lièvre. — sous le bélier et les poissons est placée la baleine —. » Livre IX, II, cité par S. Conard.)

Tout cela est l'héritage d'une longue tradition : les fouilleurs ont trouvé dans les ruines de Khoṛsabad une inscription du VIIIe siècle avant notre ère indiquant que la longueur de la muraille, 16 283 coudées, exprimait la gématrie du nom du souverain qui l'avait fait construire, Sargon II ; voilà un bel exemple de correspondance ; il constitue également la plus ancienne manifestation de gématrie opérative que nous ayons rencontrée ; mais il est difficile, pour ne pas dire impossible, de retrouver les traces de cette sorte sans en connaître explicitement la clef.

Aussi, bien que le domaine des tracés n'ait rien de comparable avec celui des mathématiques, conclurons-nous à la manière du très savant Descartes (« Livre de Géométrie ») :

« Espérons que d'autres nous saurons gré, non seulement des choses expliquées ici, mais aussi de celles qui sont omises afin de leur laisser le plaisir de les inventer. »

ANNEXE II

HISTORIQUE
DE LA RECHERCHE DES TRACÉS

> « *L'essentiel est invisible pour les yeux.* »
>
> Saint-Exupéry.

C'est dès le début du XIXᵉ siècle, alors que les tracés étaient à peine disparus, que, précédant de peu Viollet-le-Duc, les Allemands ont mis à l'ordre du jour la question de leur étude. Ces premiers auteurs ont été repris et publiés chez nous par Henszelmann, archéologue hongrois réfugié en France. Celui-ci fit paraître en 1860 sa « Théorie des proportions appliquées dans l'Architecture », testament spirituel et aboutissement de ses recherches. Nous citons Henszelmann à titre de pionnier, car il est, à notre connaissance, le premier à avoir découvert et affirmé que le Parthénon mesurait 100 pieds sur 225, détail qui tomba ensuite longuement dans l'oubli. Malheureusement les informations incomplètes de cette époque tant sur la philosophie que sur les mathématiques pythagoriciennes et platoniciennes l'amenèrent à attribuer aux Anciens ses théories esthétiques personnelles ; celles-ci basées sur l'utilisation universelle de la diagonale du cube, qui vaut $\sqrt{3}$ (il avait sans doute médité le tracé du Panthéon de Rome de Blondel) (fig. 5 et 6) ne firent rien moins que de l'empêcher de percer un « Secret » pourtant à sa portée.

Au XIXᵉ siècle encore, trois noms bien connus sont à citer

en France, Aurès et Choisy, Inspecteurs Généraux des Ponts et Chaussées, et l'archéologue-architecte Viollet-le-Duc, cheville ouvrière, avec Mérimée, du Service des Monuments Historiques. Nous sommes encore aujourd'hui étonné tant par l'étendue du savoir et de la culture de ces trois hommes que par leur incessant labeur ; nous sommes persuadé qu'Aurès ou Choisy, qui se sont tous deux attaqué au Parthénon et dont l'esprit n'était pas obscurci par des *a priori* romantiques, en auraient découvert le Secret s'ils avaient disposé, d'une part des informations apportées à la fin du siècle par Tannery sur les mathématiques pythagoriciennes et d'autre part des étonnants relevés architecturaux de Balanos.

A la fin du XIXe siècle et au début du XXe, une période d'intense activité intellectuelle révéla et vulgarisa les ouvrages des philosophes mathématiciens grecs de la grande époque (V^e et IVe siècles avant J.-C.). En même temps, quelques-uns des ouvrages de leurs commentateurs tardifs (jusqu'au Ve siècle après J.-C.) étaient également traduits soit du latin soit du grec (les autres continuant encore aujourd'hui à sommeiller au fond des bibliothèques) ; ces ouvrages présentaient l'inappréciable avantage de refléter l'opinion originale des grands maîtres, tirée de documents aujourd'hui disparus.

*
* *

Les architectes, que Platon avait pourtant depuis bien longtemps désigné comme ses disciples les plus chers, ne furent pas touchés par cette nouvelle grâce.

Ce furent les peintres qui reprirent le flambeau : le Salon de 1912 fut le Salon de la Section d'Or, et à la suite de Paul Serusier, de Gleizes, de Roger de la Fresnaye, de Picabia, du sculpteur Beoty, et de Mondrian, les cubistes d'une façon générale mirent à profit la redécouverte du beau géométrique en soi. Ce n'est pas ici le lieu de reprendre cette histoire bien connue, dont l'excellent peintre franco-suisse Gino Severini aura sans doute été un des derniers tenants.

*
* *

Il faut attendre les années 1920 (la Grande Guerre avait entre temps apporté bien d'autres soucis aux chercheurs) pour que l'Américain Jay Hambidge publie à l'Université de Yale toute une série d'ouvrages *(op. cit.)* se rapportant aux études des irrationnelles par Platon, remettant à la mode la géométrie des rectangles dynamiques oubliée depuis vingt siècles.

La diffusion en France des théories pythagoriciennes et platoniciennes de Hambidge reprises par Matila Ghyca en 1930 fut le signe du renouveau de l'étude de leur application à l'architecture (Le Nombre d'Or, Esthétique des proportions dans la Nature et dans les Arts, *op. cit.*). Nous devons notre « initiation » à ces ouvrages et conservons pieusement une trop brève correspondance avec l'esprit d'élite que fut le prince Ghyca, diplomate puis marin, mais surtout humaniste, disparu en 1965. Le sous-titre du « Nombre d'Or », « Rites et rythmes pythagoriciens dans le développement de la civilisation occidentale », est évocateur et définit parfaitement le domaine de la recherche de M.C. Ghyca.

Mais par un fait extraordinaire, pas un seul des auteurs qui à cette époque se sont penchés sur cette question n'a considéré le problème comme une simple recherche archéologique : chacun a puisé à la source pythagoricienne pour se constituer une doctrine personnelle, à laquelle il a tant bien que mal plié l'architecture antique ; comme on pouvait s'y attendre, ces doctrines, qui n'avaient plus le support du milieu ni de la pensée pythagoricienne disparue, ne valent que comme suppositions ou concepts esthétiques. L'archéologie ésotérique non seulement n'y a rien gagné, mais s'est trouvée entachée d'une image de marque fantaisiste, dont elle a aujourd'hui le plus grand mal à se défaire. Ghyca et Hambidge eux-mêmes, à qui nous vouons la plus grande admiration, et qui avaient si bien compris la théorie du beau pythagoricien, n'ont pas su en retrouver l'empreinte matérielle, c'est-à-dire les tracés, dans des réalisations techniques concrètes anciennes.

Nous conservons précieusement la réponse de Matila Ghyca à l'envoi de notre première étude, « Rythme et Architecture ».

Woodville House   9 mai 1951
Lucan
Country Dublin
Ireland

    Cher Monsieur,
    Je vous suis infiniment reconnaissant pour m'avoir envoyé votre beau livre sur « Rythme et Architecture ». Je l'ai lu avec un intérêt passionné, puisque c'est la première

fois qu'un architecte examine sans préjugé les « Théories » de Hambidge et le système de « Symétrie Dynamique » présenté par lui aussi bien comme thèse archéologique que comme méthode pour tracé régulateurs. Je ne connaissais pas le long passage de Philibert Delorme que vous citez et qui prouve que malgré Perrault et ses manifestations antigéométriques, la tradition classique n'était pas morte, en particulier par rapport à l'importance des proportions du Corps Humain ....
....

Matila Ghyca, notre Maître, considérait donc bien que les recherches de Hambidge débouchaient sur une proposition de système esthétique ; ce que nous pensons aujourd'hui personnellement impossible.

Pour faire le point de la question des tracés, nous avons dépouillé toutes les analyses graphiques dont nous avons eu connaissance ; nous n'avons trouvé quelques tracés orthodoxes « valables » que chez les architectes Borissavlievitch *(op. cit.)* et Lambret (non publié), et chez l'ingénieur Trezzini (publication dans des revues professionnelles). Quant aux autres auteurs — et nous mettons dans la même galère Suédois, Allemands, Italiens, Français, Anglais, Russes, Espagnols, Américains — sans posséder l'esprit et la science de Ghyca et de Hambidge, ils nous ont, avec une impressionnante assurance, abreuvé d'invraisemblables analyses graphiques, assaisonnées d'invraisemblables théories (R. Wittkover, *op. cit.*, en donne une bonne bibliographie). Vous pourrez vous y reporter : la Paix soit avec les Pyramidistes !

A l'opposé, nous faisons une mention toute spéciale du tracé publié par notre confrère Robert Amy dans la très belle monographie du Temple de Bel à Palmyre *(op. cit.)*. C'est un très simple tracé modulaire plus constructif que symbolique coté en demi-coudées assyriennes de 0,545 et mettant en œuvre les nombres premiers 2, 3, 7 (fig. 68). Si les nombres exprimant les cotes du plan incitent à penser au classique double carré égyptien de 50 coudées sur 100, il apparaît nettement que ce parti n'a pas été retenu, (l'entrecolonnement étant coté 51/98 coudées) : serait-ce pour éliminer le cinq ?

Robert Amy, architecte de l'Institut français d'archéologie de Beyrouth, a eu le privilège de pouvoir analyser sur place le détail modulaire de la construction (ce qui, nous l'espérons, pourra un jour être fait pour le Parthénon). Nous conseillons

ANNEXE II

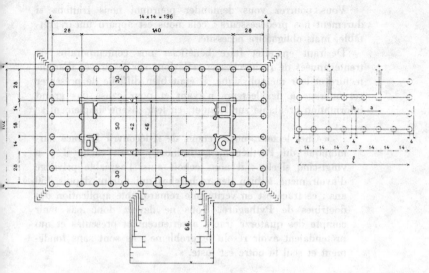

Fig. 69. Plan du temple côté en demi-coudées.

Fig. 70. Plan d'une des extrémités du temple coté en demi-coudées.

Fig. 68

Tracé du Temple de Bel à Palmyre (Ier siècle après J.-C.)
par Robert Amy

à ceux que cette question intéresse de se reporter à ce modèle d'étude.

Nous ne parlons ici que des confrères qui ont publié en librairie (la quasi-totalité de ces auteurs sont en effet des architectes). Mais il s'était constitué, à Paris, vers les années 1950, au sein du Cercle d'Études Architecturales de la Maison des Beaux-Arts, présidé par notre confrère et ami Paul Picot, une section du Nombre d'Or, dont Jacques Grivot fut l'animateur. Cette section a présenté quelques manifestations pleines de santé. Y participaient entre autres des universitaires et des hommes de lettres (le Doyen Chatelet, L. Hautecœur), des architectes (Borissavlievitch, Dameron, Grivot, Jouven, Lambret, Picot, Texier), des peintres (Gino Severini), des sculpteurs (Lagriffoul, Beothy), des médecins (Funck Hellet) ; mais tout ce monde en quête d'idées était dominé par la personnalité de Louis Hautecœur (conférence inédite du 16 mai 1951) qui était le seul à avoir, de par sa culture illimitée, des idées d'ensemble sur la question.

Vous pourrez vous demander pourquoi nous traitons si durement nos prédécesseurs : cela nous est apparu une regrettable, mais obligatoire nécessité.

Désirant en effet faire bénéficier nos contemporains de trente années de recherches et réflexions sur les tracés d'architecture et leur métaphysique, il était bien difficile de présenter cet ouvrage à des lecteurs n'ayant et pour cause pas grand information préalable sur le sujet, en leur disant simplement :

« Cher lecteur, nous venons de redécouvrir le tracé harmonique du Parthénon, qu'Ictinos y avait caché il y a vingt-cinq siècles ; il nous échoit ainsi l'agréable privilège d'avoir mené à bien des recherches qui durent depuis 150 ans ; ce tracé est en vérité une remarquable application des doctrines de Pythagore. Vous ne devrez donc pas tenir compte des quatorze tracés antérieurement présentés et qui prétendaient avoir résolu le problème ; ils sont sans fondement et seul le nôtre est juste. »

Il nous sera immanquablement répondu :

« Cher auteur, votre tracé n'est pas mal du tout : il est fort séduisant ; mais pour nous faire une opinion véritablement définitivement fondée, nous allons attendre le 16e et les suivants qui ne sauraient tarder à voir le jour. »

Quel mauvais rêve !

Il nous faudrait alors expliquer qu'un bâtiment conçu au siècle de Périclès ne pouvait, en cette époque de pensée rigoureuse, exprimer qu'une seule et unique géométrie, représentation formelle de l'expression des théories pythagoriciennes et platoniciennes ; ou bien nous avons retrouvé cette géométrie, ou nous ne l'avons pas retrouvée ; mais si nous l'avons retrouvée (ainsi que nous le pensons) les 14 autres sont obligatoirement fausses.

Cette déclaration ne nous empêche d'ailleurs pas d'être parfaitement conscient qu'une erreur partielle puisse se glisser dans une analyse graphique : elle ne saurait en infirmer l'ensemble.

Les difficultés du grand Le Corbusier, père du Modulor, qui fut, avec l'architecte Vidal, un des seuls à utiliser à l'époque contemporaine des tracés harmoniques dans la conception de ses œuvres (ils exprimaient le nombre d'or et cela de façon parfaitement orthodoxe), donnent à réfléchir. Commentant ses propres tracés, qu'il avait eu l'audace, et nous disons aussi quant à nous l'imprudence de ne pas vouloir ésotériques, il écrit : (Vers une architecture, *op. cit.*) :

« Je n'ai à ce sujet que provoqué l'étonnement ou rencontré l'opposition et le scepticisme »,

ce qui n'a pas empêché cet extraordinaire lutteur de persévérer et de publier en 1948, puis en 1955, ses deux volumes du Modulor, adaptation contemporaine de l'esthétique platonicienne, tenant compte de « l'échelle » architecturale. Cette notion avait été totalement laissée de côté dans les Théories des Antiques, l'échelle étant sans doute considérée comme une notion de convenance laissée aux bons soins de chacun.

*
* *

Jusqu'à maintenant, la Science Officielle, il faut le dire justement effrayée par les fantaisies des Pyramidistes (ce néologisme de Pochan est imagé à souhait), s'est tenue éloignée de l'analyse graphique et de l'archéologie ésotérique qui en découle. Seul, Louis Hautecœur a osé franchir le pas dans la magistrale somme que constitue son « Histoire de l'Architecture classique en France » *(op. cit.)* et proposer un tracé personnel du Pavillon de la Porte Dorée à Fontainebleau (tome I, 1, 341). Pouvons-nous espérer qu'il soit bientôt officiellement procédé à l'exploration de la prodigieuse réserve de renseignements cachés que constitue le domaine construit de notre Planète ? En seront bénéficiaires l'Histoire des Religions, l'Histoire de la Philosophie, l'Histoire des Mathématiques, l'Histoire de l'Architecture ; ce sera de plus réparer un inadmissible oubli et rendre un juste hommage à l'esprit des Anciens.

ANNEXE III

RAPPORTS, PROPORTIONS ET MÉDIÉTÉS
LA MUSIQUE, L'ÂME DU MONDE, LES ORDRES

> « *Je cherche les notes qui s'aiment.* »
> Mozart enfant.

L'identité entre l'expression chiffrée des lois de l'harmonie musicale et les proportions mathématiques fut pour Pythagore la preuve confirmant de façon éclatante le règne du Nombre dans le domaine de la cosmogonie originelle. Le Maître n'a laissé là encore que des indications succinctes ; mais nous savons par la tradition néopythagoricienne postérieure qu'il avait personnellement découvert les lois de l'harmonie et établi mathématiquement les rapports de la gamme, celle que les musiciens appellent encore aujourd'hui « gamme de Pythagore ».

Vint alors Platon qui, désireux de laisser à la postérité un message universel, divulgua une partie des secrets du Maître tout en prônant un ésotérisme qui le protégerait lui-même du vulgaire. Ce message nous a été transmis par le Timée, œuvre majeure de Platon. Le Timée est en réalité une cosmogonie encyclopédique, historique et scientifique ; ces 90 pages surprenantes font penser à la Bible revue par Wells et Jules Verne. Mais ce n'est hélas pas un poème comme la Bible et il est très loin de la santé de « La machine à explorer le Temps » ou de « Vingt mille lieues sous les mers ». Platon eut l'imprudence d'exposer ses conceptions cosmogoniques : les rédacteurs hébreux des Écritures avaient eu la sagesse de laisser prendre ses responsabilités à Yahvé.

Après avoir donc raconté le mythe de l'Atlantide (très probablement l'actuelle Angleterre), Platon expose comment Dieu créa l'âme du monde en utilisant les moyennes mathématiques (rapports, proportions et médiétés) qui avaient permis à Pythagore d'exprimer les lois de l'harmonie musicale. Les humanistes et les architectes de la Renaissance et de l'Époque Classique, pour qui le Timée constituait une seconde Bible, assimilèrent l'âme du monde et l'harmonie musicale à l'harmonie architecturale. Ils s'en inspirèrent pour procéder à la manière du Dieu Un à de savants mélanges proportionnels : l'Académie Royale d'Architecture, comme celle de Platon vingt siècles plus tôt, se lança à corps perdu dans l'aride étude des rapports médiétés et proportions, pour permettre une parfaite « mise en proportion » de l'élément architectural primordial : « l'ordre », c'est-à-dire l'ensemble colonne, base, chapiteau, architrave, corniche, frise et leurs subdivisions. Le dessin fondamental d'un ordre se présente immuablement dans les théories de l'architecture, « Le Vignole » (1) par exemple, sous forme d'un entrecolonnement de deux ou trois colonnes.

S'il suffit d'un seul rapport entre la hauteur de l'ordre et l'entraxe pour déterminer la proportion de l'espacement des colonnes (forme rectangulaire), il faut au contraire faire appel à toute une gamme de rapports linéaires pour déterminer les proportions relatives des éléments de la mouluration horizon-

---

(1) De nombreux théoriciens de la Renaissance italienne ont dessiné des « modèles » d'ordres pour faire bénéficier leurs confrères pressés ou moins savants de leurs recherches sur les proportions. Jacques Barrozio, dit Vignole, du nom de sa ville natale, (1507-1573), architecte italien, théoricien d'architecture, est le plus célèbre. Il séjourna deux ans en France avec Le Primatice (1541-1543), et participa à la décoration des jardins de Fontainebleau. Mais il est surtout connu par son « Traité des cinq ordres d'Architecture » (1563), inspiré de Vitruve. Il y détaille à l'infini les dimensions modulaires des cinq Ordres (Toscan, Dorique, Ionique, Composite, Corinthien). Ce fut pendant bien longtemps l'appauvrissant catéchisme des élèves préparant l'admission à l'École des Beaux-Arts. En réalité, les architectes classiques redessinaient leurs ordres pour leur donner une personnalité. Le nom générique de « Vignole » a été donné aux ouvrages traitant du dessin des ordres.

tale ; leur dessin linéaire est en effet trop allongé pour être déterminé par des rectangles.

L'ordre du Parthénon constitue un exemple de cette mise en proportion classique : les différentes horizontales de l'ordre (corniches, frises, architraves), qui sont l'âme du bâtiment (fig. 30-35), sont mises en proportion au moyen de rapports arithmétiques, valables pour l'ensemble des 46 colonnes du monument, alors que les autres éléments sont déterminés géométriquement par des surfaces. Dans ce cas particulier du Parthénon, le module de l'ordre est le 1/10 du diamètre de base de la colonne mère (colonne angulaire) ; pour les ordres de l'époque classique, tous inspirés par Vitruve, le module est le demi-diamètre de la partie basse de la colonne courante.

Le problème qui se posait aux théoriciens est donc le suivant. Etant donnée une longueur AB, représentant la hauteur totale de l'ordre, comment la diviser de telle façon que les longueurs des parties obtenues présentent tant avec la longueur origine qu'entre elles des rapports déterminés mathématiquement. C'est à la valeur de ces différentes longueurs intercalaires que les Anciens avaient donné le nom de médiétés.

Il apparaît immédiatement au plus profane que le problème présente une infinité de solutions, (ce qui est heureux), mais que cette infinité de solutions suscite une infinité de discussions : les Anciens ne s'en privèrent pas, les Modernes prirent la suite avec ferveur.

Nous ne définirons que les trois plus importantes médiétés, celles qu'utilisa Pythagore : ce sont la moyenne arithmétique, la moyenne géométrique et la moyenne harmonique.

Moyenne arithmétique

On appelle moyenne arithmétique entre deux longueurs a et c la longueur b, égale à la demi-somme de a et c :

$$b = \frac{a + c}{2}, \text{ ex. } a = 1, b = 2, c = 3.$$

On en déduit que les différences entre les longueurs b et a d'une part, et c et b d'autre part sont égales. On peut encore dire que b dépasse a de la même longueur que c dépasse b :

$$b - a = c - b.$$

Moyenne géométrique

On appelle moyenne géométrique entre deux longueurs a et c une longueur b, telle que $b = \sqrt{ac}$.

1) Les rapports entre les longueurs a et b d'une part et les longueurs b et c d'autre part sont égaux,

$$\frac{a}{b} = \frac{b}{c}, \text{ex. } a = 1, b = 2, c = 4.$$

2) Le rapport des différences entre les longueurs c et b d'une part et b et c d'autre part est égal au rapport de c à b :

$$\frac{c - b}{b - a} = \frac{c}{b}.$$

Moyenne harmonique

On appelle moyenne harmonique de deux longueurs a et c la longueur b dont l'inverse est égal à la demi-somme des inverses de a et c :

$$\frac{1}{b} = \frac{\frac{1}{a} + \frac{1}{c}}{2}, \text{ex. } a = 2, b = 3, c = 6.$$

L'inverse de b est donc moyenne arithmétique entre les inverses de a et c. La moyenne harmonique est donc une moyenne arithmétique entre inverses. On en déduit :

1) $b = \dfrac{2ac}{a + c}$ 2) $\dfrac{B - a}{a} = \dfrac{c - b}{c}$

Et l'on peut dire : l'excédent de la longueur b sur la longueur a et l'excédent de la longueur c sur la longueur b sont respectivement proportionnels à a et c.

Le rectangle φ et la notion de moyenne arithmétique, géométrique et harmonique

1) Si nous considérons trois termes consécutifs de la série φ,

ANNEXE III

la moyenne arithmétique entre les deux plus petits est la moitié du plus grand :

$$\frac{\varphi^2}{2} \qquad \frac{\varphi+1}{2}$$

2) Si nous considérons trois termes consécutifs de la série φ, le terme intermédiaire est par définition moyenne géométrique entre les deux autres termes :

$$\frac{\varphi^n}{\varphi^{n-1}} = \frac{\varphi^{n-1}}{\varphi^{n-2}} \qquad \text{Ex.} \qquad \frac{\varphi^5}{\varphi^4} = \frac{\varphi^4}{\varphi^3}$$

3) Si nous considérons trois termes consécutifs de la série φ, la moyenne harmonique entre les deux plus grands est le double du plus petit.

$$\frac{2}{\varphi^n} = \frac{\dfrac{1}{\varphi^{n+3}} + \dfrac{1}{\varphi^{n+2}}}{2}$$

Ex. $\qquad \dfrac{2}{3} = \dfrac{\dfrac{1}{\varphi^4} + \dfrac{1}{\varphi^5}}{2}$

Cette particularité ne constitue qu'une infime partie des étonnantes particularités de la proportion dorée φ.

*
* *

Passons à quelques définitions très simples.

Rapport (P.M.) (notion de symmetria vitruvienne).

On appelle rapport le quotient exact de deux grandeurs de même espèce, mesurées au moyen d'une même unité, le module,

$$\frac{a}{b}, \ \frac{c}{d}, \ \frac{c}{b}, \text{ etc.}$$

Proportion (P.M.)

La proportion est une égalité entre deux rapports.

a) *Proportion géométrique*

Elle s'écrit $\frac{a}{b} = \frac{c}{d}$, ce qui exprime : a est à b, comme c est à d.

Elle comporte quatre termes, a et d sont les extrêmes, c et b les moyens.

$\frac{a}{b}$ sont les antécédents, $\frac{c}{d}$ sont les conséquents.

Chacun des termes est la quatrième proportionnelle des trois autres.

b) *Proportion géométrique courante* (notion d'αναλογια)

Lorsque les moyens sont égaux (b = c), nous obtenons la proportion courante à 3 termes :

$$\frac{a}{b} = \frac{b}{c}$$

génératrice de la moyenne géométrique.

Il faut admirer la beauté du passage du « Timée » où Platon introduit la proportion géométrique :

« Mais, que deux termes forment seuls une belle composition, cela n'est pas possible, sans un troisième. Car il faut qu'entre eux il y ait un lien qui les rapproche tous les deux. Or, de toutes les liaisons, la plus belle est celle qui donne à elle-même et aux termes qu'elle unit, l'unité la plus complète. Et cela, c'est la proportion (αναλογια) qui naturellement le réalise de la façon la plus belle. »

c) *Proportion continue*

On peut, en appliquant le « principe d'économie » cher aux Antiques, réduire le nombre des termes à deux, le troisième étant composé par la somme des deux premiers. La proportion devient alors :

ANNEXE III

$$\frac{a + b}{a} = \frac{a}{b}$$

ce qu'Euclide a appelé le partage en moyenne et extrême raison ; c'est la divine proportion de Paccioli, la règle d'Or ou le nombre φ de Cook, cas particulier de la proportion géométrique que les Allemands appellent proportion continue.

En désignant par φ le rapport $\frac{a}{b}$ et en divisant haut et bas par $\frac{a}{b}$, on obtient :

$\varphi^2 = \varphi + 1$, dont la racine positive est

$$\varphi = \frac{\sqrt{5} + 1}{2} = 1,618.$$

C'est la règle d'Or de ce partage qui s'énonce ainsi :

Le rapport de la plus grande longueur à la plus petite est égal au rapport de la somme de ces deux longueurs à la plus grande ; nous avons examiné ci-dessus (p. 282) les relations de la proportion dorée avec la notion de médiété.

Les trois types de médiétés évoqués ci-dessus étaient connus de Pythagore et de Platon ; il en existe de nombreuses autres espèces qui furent peu à peu découvertes par leurs disciples. Les néo-pythagoriciens en connaissaient 10 types à la fin de l'Antiquité ; leur étude n'est pas de notre sujet.

Revenons alors à Platon.

L'âme du monde du Timée, qui est pour Platon la sphère céleste et le principe qui la meut, régit la vie du Monde. Dieu l'a faite au moyen d'un savant mélange composé du Même et de l'Autre, (l'essence indivisible et l'essence divisible), avec une troisième substance provenant d'un précédent mélange lui aussi déjà fait de ce Même et de cet Autre.

Que l'on nous permette de reproduire dans cette annexe l'énoncé d'une des plus célèbres charades de l'Anquité : il constitue à lui seul une très belle introduction à l'ésotérisme.

« Le démiurge a formé l'Âme du Monde avant le Corps de celui-ci. Partant de la matière subtile parfaitement fixe et de la matière élémentaire décomposable, il a produit une matière intermédiaire entre ces deux extrêmes, et des trois a formé une seule qu'il a partagée en autant de parties qu'il fallait. En premier lieu, il a séparé du total une unité. Puis il a pris le double de cette unité ; ensuite une troisième partie égale à une fois et demie la seconde et trois fois la première ; une quatrième double de la seconde ; une cinquième triple de la troisième ; une sixième égale à huit fois la première ; une septième égale à vingt-sept fois la première. Il remplit les intervalles avec des parties du mélange primitif en les disposant de telle sorte qu'il y ait deux proportions dans chaque intervalle... Il forma ainsi des intervalles de Un plus Un Demi, Un plus Un Tiers, Un plus Un Huitième. Le démiurge remplit alors tous les intervalles de Un plus Un Tiers avec des intervalles de Un plus Un Huitième, laissant subsister des restes définis par le rapport de Deux Cent Cinquante-Six à Deux Cent Quarante-Trois. »

Platon (Timée, 35-36).

L'âme du monde était encore pour nos classiques le mystère des proportions (Kepler, Bouillau) et personne ne se doutait alors que ce rébus, partant de notions mathématiques bien connues posées *a priori*, aboutissait à l'harmonie musicale et à de si lointaines modulations de cette harmonie, qu'elles en deviennent purement théoriques.

Ne cherchez pas, l'Allemand Boeckh a tout trouvé en 1807, après 20 siècles de mystère ; les meilleurs esprits de l'Antiquité y avaient perdu leur grec et leur latin (Crantor, Eudoxe, Eratosthène et bien d'autres), après s'être engagés dans d'invraisemblables calculs. Albert Rivaud a expliqué tout cela très limpidement dans sa traduction du Timée (A. Rivaud — Platon, Timée, Tome X, Les Belles-Lettres, Paris 1925).

Voici la solution. Dieu 1, partant de deux progressions géométriques basées sur la grande tetractys,

soit (1, 2, 4, 8)   et   (1, 3, 9, 27)
      (1, 2, 2^2, 2^3)   et   (1, 3, 3^2, 3^3)

a comblé, après les avoir convenablement disposés, chaque intervalle entre ces nombres, au moyen de deux médiétés constituées par leur moyenne arithmétique et leur moyenne harmonique. Il aboutit alors très exactement à l'« harmonie musicale », souverainement exprimée par la gamme du Maître (l'actuelle Gamme de Pythagore).

Sans savoir comment procéda Platon, nous dirons seulement que c'était un habile arithméticien.

En comblant donc les intervalles de la série 1, 2, 3, 4, 9, 8, 27, voici le résultat présenté par Rivaud pour *le premier*

ANNEXE III

intervalle, soit de 1 à 2 ; les amateurs de beaux calculs pourront établir la suite pour les autres intervalles jusqu'à 27.

Rapport $\quad 1 \quad \dfrac{9}{8} \quad \dfrac{81}{64} \quad \dfrac{4}{3} \quad \dfrac{3}{3} \quad \dfrac{27}{16} \quad \dfrac{243}{128} \quad 2$

DO RÉ MI FA SOL LA SI DO

Médiétés $\quad \dfrac{9}{8} \quad \dfrac{9}{8} \quad \dfrac{256}{243} \quad \dfrac{9}{8} \quad \dfrac{9}{9} \quad \dfrac{9}{8} \quad \dfrac{256}{243}$

On pourrait croire que les classiques qui ne connaissaient pas cette lecture en avaient eu l'intuition : l'architecte d'Aviler (2) (Moderne) écrit, dans son dictionnaire d'architecture (Dictionnaire d'Architecture Civile, Paris 1755), en parlant de l'architecte Briseux (Ancien), spécialiste de l'étude des proportions :

« Celui-ci (Briseux), plus hardi que son précédesseur (Blondel), prétend que la musique est entièrement liée avec l'architecture, et ce qui est encore plus étonnant, que ce qui flatte les oreilles doit plaire aux yeux. »

Nous arrêtons là ces quelques notions : elles sont suffisantes pour imaginer ce que pouvait être au Grand Siècle une séance de la docte Académie Royale d'Architecture consacrée aux proportions ; et ce d'autant plus que nos grands-pères ne détenaient alors qu'une bien faible partie des données.

Aujourd'hui le plus modeste ordinateur saurait démêler le mélange du Même et de l'Autre (même relevé par quelques données statiques supplémentaires) : encore faudrait-il que quelqu'un veuille bien le lui demander.

---

(2) Augustin Charles d'Aviler (1653-1700), architecte des États du Languedoc.
Il fut capturé par des pirates barbaresques en faisant le voyage de Rome par Marseille ; il fut alors conduit à Tunis où il construisit une mosquée. Libéré, il étudia 5 ans à Rome, travailla dans le Cabinet de Mansard (qui était initié, mais ne l'initia pas). Nommé architecte de la province du Languedoc, il construisit à Montpellier la Porte triomphale du Peyrou en l'honneur de Louis XIV. Il est l'auteur d'une Théorie (Cours d'Architecture, publié de 1691 à 1755) et d'un dictionnaire d'Architecture, qui sont deux ouvrages classiques.

ANNEXE IV

GÉOMÉTRIE DES TRACÉS HARMONIQUES DYNAMIQUES

> Μηδεις αγεωμετρητος εισιτω μου την στεγην.
>
> « Que nul n'entre sous mon toit s'il n'est géomètre. »
>
> (Inscription de Platon au fronton de l'Académie.)

I. GÉNÉRALITÉS

Pour étudier les tracés, il est indispensable d'en connaître la géométrie. Cette étude nous sera facilitée par l'emploi de l'algèbre, qui ne se généralisa qu'à partir du XVIIe siècle à la suite des publications de Viète. Nous nous bornerons d'ailleurs au minimum nécessaire à l'intelligence des figures ; et pour alléger le texte, en particulier, nous supprimerons les démonstrations mathématiques.

*
* *

Construction des divers rectangles dynamiques à partir du carré

Nous rappelons simplement la construction des rectangles dynamiques par une figure (fig. 15).

Cette construction est basée sur le théorème de Pythagore appliqué au triangle rectangle constitué par la diagonale du rectangle et ses deux côtés, le petit côté du rectangle étant systématiquement choisi, par hypothèse simplificatrice, égal à l'unité.

Ex.
$$(\sqrt{n} + 1)^2 = \sqrt{n}^2 + 1^2$$
$$\sqrt{4}^2 = \sqrt{3}^2 + \sqrt{1}^2$$
$$\sqrt{5}^2 = \sqrt{4}^2 + \sqrt{1}^2$$

Décomposition harmonique des rectangles dynamiques

Définition : On appelle décomposition harmonique (fig. 70 sqq) d'un rectangle de thème $\sqrt{n}$, n étant $\leqslant 5$, la division en carrés et en rectangles de thème $\sqrt{n}$ de ce rectangle par des droites parallèles à ses côtés. Les abcisses et les ordonnées de ces droites par rapport aux côtés du rectangle s'expriment elles-mêmes suivant des expressions de thème $\sqrt{n}$.

Les tracés sont, au point de vue mathématique, des décompositions harmoniques d'un rectangle du thème employé, généralement représenté par le contour du bâtiment ou certaines lignes déterminantes remarquables.

Théorème : On démontre que la décomposition harmonique d'un rectangle $\sqrt{n}$, ou de thème $\sqrt{n}$, est toujours possible lorsque n est $\leqslant 5$.

Théorème : Le carré et le double carré faisant à la fois partie de tous les thèmes, pourront être décomposés suivant chacun de ces thèmes.

Le nombre de façons dont on peut décomposer harmoniquement un rectangle est infini et ne saurait nous intéresser, car les architectes ne font appel qu'à des décompositions harmoniques simples, les seules que nous étudierons.

On peut construire une infinité de décompositions harmoniques d'un rectangle dynamique de la façon suivante : Tracer les diagonales du rectangle origine et abaisser des sommets les perpendiculaires sur ces diagonales, mener par les points de rencontre de ces perpendiculaires avec les diagonales et avec les côtés du rectangle origine et par les points d'intersection de ces diagonales entre elles des parallèles aux côtés du rectangle origine. On obtient ainsi une première décomposition harmonique du rectangle. En recommençant cette opération un nombre infini de fois dans chacun des rectangles résultant on obtient, déterminés chacun par quatre droites perpendiculaires, une infinité de rectangles du thème considéré.

La loi du non-mélange des thèmes

La loi du non-mélange des thèmes, que nous avons ci-dessus énoncée, résulte mathématiquement des propriétés de la décomposition harmonique.

A l'Époque Classique, il existe cependant deux exceptions à la loi du non-mélange des thèmes. La première concerne un élément non rectangulaire du bâtiment : c'est la construction classique du fronton d'après Vignole, en $\sqrt{2} - 1$, qu'employa par exemple Gabriel dans les **bâtiments de thème $\sqrt{5}$, comme** l'ermitage de Fontainebleau (fig. 69). En second lieu, le cercle, qui détermine de très nombreux éléments d'architecture tels que les arcades, les voûtes, etc., met en jeu un rapport transcendant $\pi = 3,1416$ qui n'est apparenté à aucun rectangle. Cependant, les architectes ont généralement utilisé dans les tracés de différents thèmes des formes circulaires, considé-

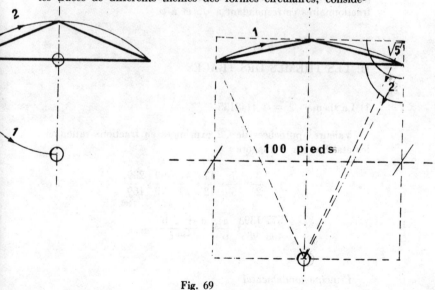

Fig. 69

Construction du fronton classique et du fronton du Parthénon

rant sans doute le cercle comme une forme inscrite dans un carré. Il est d'ailleurs fort possible que ce soit afin de ne pas mélanger deux thèmes qu'un architecte aussi puriste que Gabriel se soit souvent abstenu d'employer des formes circulaires. De même, les Égyptiens, et à leur suite les Grecs, n'avaient pas voulu juxtaposer cercles et rectangles, se privant ainsi de l'emploi des voûtes. Ils les connaissaient cependant puisqu'on a retrouvé des berceaux dans de nombreux édifices : fortifications, entrepôts, égouts, etc. Les Architectes de Sainte-Sophie n'ont pas eu ces scrupules (et c'est heureux !).

Valeur approchée des racines exprimée en fractions rationnelles **(TRÈS IMPORTANT)**

A la suite des anciens auteurs, nous avons donné pour chacune des racines sa valeur exprimée en fractions rationnelles. L'Antiquité et le Moyen Age ont toujours cherché à ramener l'irrationnel au rationnel, c'est-à-dire le discontinu au continu, ces approximations facilitent l'utilisation matérielle des nombres irrationnels : le Parthénon en est le plus bel exemple, il apparaît certain qu'Ictinos disposait d'un tableau des valeurs fractionnaires correspondant à $\sqrt{5}$ et à φ.

II. LES THÈMES DES TRACÉS

1) Le thème $\sqrt{2} = 1,4142135$

Valeurs approchées de $\sqrt{2}$ exprimées en fractions rationnelles établies par Pythagore :

$$1, \frac{3}{2}, \frac{7}{5}, \frac{17}{12}, \frac{41}{29}, \frac{99}{70}, \frac{239}{169},$$

$$\frac{577}{408}, \frac{1393}{985}, \frac{a}{b}, \frac{a+2b}{a+b}, \text{etc.}$$

Principe fondamental

Le thème $\sqrt{2}$ se compose des rectangles $\sqrt{2}$ et $\dfrac{\sqrt{2}}{2}$ (p.m.)

ANNEXE IV

et des rapports $\sqrt{2}$ et $\dfrac{\sqrt{2}}{2}$ Le carré et le double carré font également partie de ce thème comme de tous les autres.

Construction du rectangle $\sqrt{2}$

On l'obtient en rabattant autour d'un sommet une diagonale du carré sur un de ses côtés. Pratiquement, on se sert d'un compas de réduction pour construire le rapport $\sqrt{2}$. Et, pour ne pas alourdir le texte, nous laisserons aux lecteurs que cela intéresse, le soin de construire les décompositions harmoniques simples de $\sqrt{2}$ que l'on rencontre dans les tracés (fig. 70).

Gnomon

On appelle gnomon d'une figure une autre figure qui, ajoutée à la première, n'en change pas la forme. Le rectangle $\sqrt{2}$ est donc à lui-même son propre gnomon. Les gnomons ont été étudiés par les mathématiciens de l'École platonicienne et de l'École d'Aristote. Nous avons ci-dessus déjà évoqué les gnomons des nombres carrés, matérialisés par l'équerre des gnomons (N.C., fig. 2).

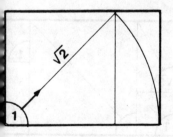
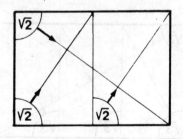

Fig. 70

Le thème $\sqrt{2}$, décomposition harmonique simple

2) Le thème $\sqrt{3} = 1,73205$

Valeurs approchées de $\sqrt{3}$ exprimées en fractions rationnelles :

$$1, 2, \frac{5}{3}, \frac{7}{4}, \frac{19}{11}, \frac{26}{15}, \frac{71}{41}, \frac{97}{56},$$

$$\frac{265}{153}, \frac{a}{b}, \frac{c}{d}, \frac{a+b+c+d}{c+d}, \frac{a+c}{b+d}$$

la suite des termes des valeurs approchées étant alternativement formée des expressions $\dfrac{a+b+c+d}{c+d}$ et $\dfrac{a+c}{b+d}$.

Principe fondamental

Le thème $\sqrt{3}$ se compose des rectangles $\sqrt{3}$ et $\dfrac{\sqrt{3}}{2}$, et des rapports $\sqrt{3}$ et $\dfrac{\sqrt{3}}{2}$, ainsi, toujours p.m., que du carré et du double carré (exemple que nous avons vu à la cathédrale de Milan).

A. *Construction du rectangle $\sqrt{3}$*

On l'obtient par exemple en rabattant un grand côté du double carré sur le côté opposé autour d'un sommet (fig. 71).

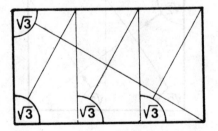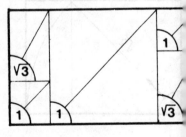

Fig. 71

Le thème $\sqrt{3}$, décomposition harmonique simple

ANNEXE VI   297

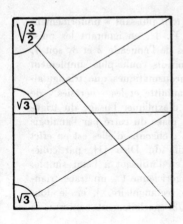
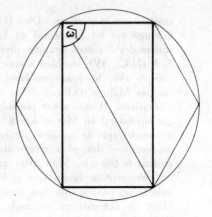

Fig. 72

Le thème $\sqrt{3/2}$, décomposition harmonique simple
Décomposition harmonique du rectangle $\sqrt{3}$

La figure 71 en donne un exemple simple.

B. *Construction du rectangle $\dfrac{\sqrt{3}}{2}$*

Le rectangle $\dfrac{\sqrt{3}}{2}$ inscrit le triangle équilatéral, sa construction et ses propriétés en découlent (fig. 72).

Le thème $\sqrt{3}$ est apparenté au triangle équilatéral et à l'hexagone, lui-même apparenté au cercle par son rayon ; la figure 72 servit de point de départ aux innombrables et impossibles calculs de la quadrature du cercle.

Et pourtant, bien que ce thème ait été abondamment utilisé au Moyen Age, qu'il soit mathématiquement parfaitement valable et qu'il soit le support de la seule analyse graphique explicitement présentée par un théoricien initié, l'Architecte François Blondel (1618-1686), nous n'en avons pas rencontré d'application à l'époque française classique (fig. 5 et 6).

Les Initiés, tous fervents chrétiens, ont-ils ainsi voulu marquer leur respect à la divine Trinité, de la même façon que l'Antiquité, d'Homère et saint Jean, avait arithmologiquement

298 L'ARCHITECTURE CACHÉE

marqué son respect au « Dieu [1] tout puissant » uniformément exprimé par les puissances de 1, 1^2, 1^3, en ignorant les puissances des 2 autres nombres divins de l'énnéade 2 et 3, soit 4, 8, 9 (N.C., IV), ou bien encore ont-ils voulu plus simplement rompre avec les pratiques aussi acousmatiques que triangulaires des Maîtres d'Œuvre de la Bauhütte et les « hérésies » de Caesariano. Il est encore possible d'expliquer l'usage du triangle équilatéral au Moyen Age à la place du carré par l'analogie arithmologique de ces deux figures : chacune d'elles est en effet un symbole des plus représentatifs du Dieu [1], particulièrement le triangle. Mais alors qu'en l'utilisant à l'état simple, on s'éloignait de la doctrine pythagoricienne (... un tracé triangulaire ne peut définir une forme rectangulaire...), en le doublant on obtenait un rectangle $\sqrt{3}$, parfaitement conforme à l'orthodoxie (fig. 73).

3) Le thème $\sqrt{5} = 2,22361$

C'est de beaucoup le plus extraordinaire au point de vue mathématique ; c'est aussi celui que, non sans étonnement, nous avons trouvé le premier utilisé et de plus par un initié de

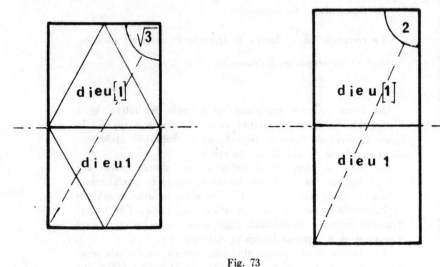

Fig. 73

Analogie arithmologique du rectangle $\sqrt{3}$ et du double carré marque, Ictinos, pour le Parthénon. C'est le THÈME, par excellence.

Principe fondamental

Le thème $\sqrt{5}$ se compose :

I) A ; B : de rectangles et rapports en $\sqrt{5}$, soit $\sqrt{5}$ et $\dfrac{\sqrt{5}}{2}$.

II) C ; D ; E : de rectangles en φ, soit φ, $\dfrac{\varphi}{2}$ et φ^2, ainsi que du carré et du double carré (p.m.).

I. *Les rectangles en* $\sqrt{5}$

A. *Le rectangle* $\sqrt{5} = 2,23661$

Valeurs approchées de $\sqrt{5}$ exprimées en fractions rationnelles.

$$1, \ \frac{3}{1}, \ \frac{4}{2}, \ \frac{7}{3}, \ \frac{11}{5}, \ \frac{18}{8}, \ \frac{29}{13}, \ \frac{47}{21},$$

$$\frac{76}{34}, \ \frac{123}{55}, \ \frac{199}{89}, \ \frac{322}{144}, \ \frac{a}{b}, \ \frac{c}{d}, \ \frac{a+c}{b+d}, \text{etc.}$$

Construction (fig. 74)

— Il s'obtient en rabattant la diagonale du double carré sur le grand côté autour d'un sommet.
— Expression de $\sqrt{5}$ en fonction de φ :

$$\sqrt{5} = 2\varphi - 1.$$

— De plus, la moyenne arithmétique entre les côtés du rectangle $\sqrt{5}$ est égale à φ, en effet $\varphi = \dfrac{\sqrt{5}+1}{2}$.

Décompositions harmoniques simples

(Fig. 74.)

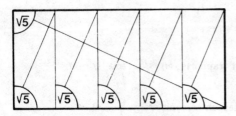
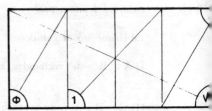
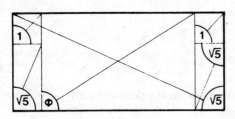
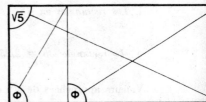

Fig. 74

Le rectangle $\sqrt{5}$ et décomposition harmonique

B. *Le rectangle* $\dfrac{\sqrt{5}}{2}$

Construction

a) On l'obtient en rabattant la diagonale du double carré sur le petit côté du double carré. (Le rectangle complémentaire EFCD est un rectangle φ).

b) On peut le considérer comme deux rectangles $\sqrt{5}$ accolés par leur grand côté (fig. 75).

*
* *

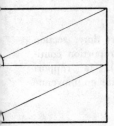 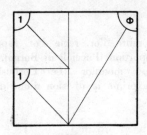 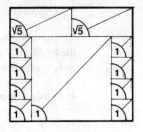

fig. 75

Le rectangle $\frac{\sqrt{5}}{2}$ et décomposition harmonique

II) *Les rectangles en φ* (la divine proportion de la Renaissance)

C. *Le rectangle $\varphi = \dfrac{1 + \sqrt{5}}{2} = 1{,}61803398875$*

Kepler, dans son « Mysterium cosmographicum de admirabile proportione orbium caelestum » (1596), dit que la divine proportion est un joyau précieux, l'un des deux trésors de la géométrie, l'autre étant le théorème de Pythagore.

Valeurs approchées de φ exprimées en fractions rationnelles : La suite de Fibonacci est une suite régulière de nombres tels que chacun soit la somme des deux précédents. Le rapport des deux termes adjacents tend vers le Nombre d'Or et est connu sous le nom de Série de Fibonacci.

$$\frac{1}{1},\ \frac{2}{1},\ \frac{3}{2},\ \frac{5}{3},\ \frac{8}{5},\ \frac{13}{8},\ \frac{21}{13},\ \frac{34}{21},$$

$$\frac{55}{34},\ \frac{89}{55},\ \frac{144}{89},\ \frac{233}{144},\ \frac{277}{233},\ \frac{610}{277} \ldots$$

$$\frac{a}{b},\ \frac{a+b}{a},\ \text{etc.}$$

Cette série était connue des Égyptiens (problème du grain de blé, du rat et du chat). Fibonacci la divulgua en l'illustrant par la reproduction d'un couple de lapins.

L'ARCHITECTURE CACHÉE

Définition

On appelle nombre d'or, règle d'or, rapport doré, section dorée, divine proportion (Paccioli di Borgo), proportion continue, nombre φ, modulor (Le Corbusier), le rapport qui exprime la division d'une droite en moyenne et extrême raison.

$$\frac{a}{b} = \frac{a+b}{a} = \frac{\sqrt{5}+1}{2} = \frac{1}{0,168} = 1,618.$$

Divisons haut et bas le deuxième terme par b, on obtient :

$$\frac{a}{b} = \frac{\frac{a+b}{b}}{\frac{a}{b}} \quad \text{ou} \quad \frac{a^2}{b^2} = \frac{a}{b} +$$

et en remplaçant $\frac{a}{b}$ par son symbole φ, on obtient l'équation fondamentale $\varphi^2 = \varphi + 1$, équation du second degré ayant pour racine positive $\frac{\sqrt{5}+1}{2}$.

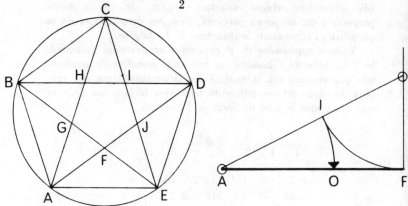

Fig. 76

Division d'une droite suivant le rapport de moyenne et extrême raison, parenté de φ avec le pentagone et le pentagramme

$$\frac{AC}{AB} = \frac{AB}{AG} = \frac{AG}{GH} = \frac{1+\sqrt{5}}{2} = \varphi$$

ANNEXE IV

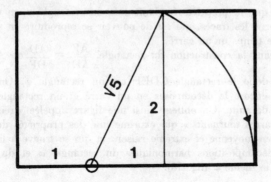

Fig. 77

Construction du rectangle φ

Nous avons déjà dit que le partage en moyenne et extrême raison ne fut divulgué qu'au IIIᵉ siècle avant J.-C. par Euclide. Il était connu bien auparavant par les Initiés, Égyptiens et Grecs. Le tracé d'Ictinos pour le Parthénon nous en fournit la preuve éclatante.

Diviser un segment en moyenne et extrême raison, c'est le diviser en deux parties, telles que le rapport du segment entier à la plus grande soit égal au rapport de la plus grande à la plus petite (fig. 76).

La proportion dorée est la plus simple de toutes les proportions, c'est la seule à mettre en jeu deux longueurs au lieu de trois comme la proportion géométrique dont elle est un cas particulier, ou la proportion arithmétique, ou harmonique.

Construction du rectangle φ (fig. 77)

Rabattre la diagonale GC du demi carré ABCD sur le côté AD, en F, $\dfrac{AF}{AD} = \dfrac{\sqrt{5}+1}{2}$.

Propriété fondamentale

Les propriétés géométriques du rectangle φ sont innombrables, nous ne pouvons les énumérer toutes ici et renvoyons aux ouvrages de M.C. Ghyca par exemple. Aussi ne signaleronsnous que la propriété fondamentale du rectangle φ en ce qui concerne les tracés, qui est de pouvoir se reproduire en soi, en même temps qu'un carré.

Dans la construction du rectangle, $\dfrac{AF}{AD} = \dfrac{AD}{DF}$ ou $AD = CD$, donc le rectangle CDEF est un rectangle φ. On peut donc encore le décomposer en un carré et un rectangle φ et ainsi de suite. On obtient ainsi une figure appelée « rectangle des carrés tournants » qui exprime une des propriétés du partage en moyenne et extrême raison, et qui se trouve à la base des décompositions harmoniques du rectangle φ et du carré dans le thème φ (fig. 78).

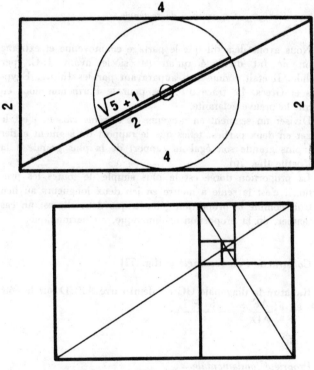

Fig. 78

Construction du rectangle des carrés tournants - Le Ciel et la Terre
Comptabilité du sigle de la couverture
Union du Ciel et de la Terre par la divine proportion

ANNEXE IV

Calcul des termes de la série φ connaissant l'un d'entre eux

Soit à chercher la valeur des segments qui suivent et précèdent un segment de base de longueur φ (ou proportionnel à φ) dans une série φ.

On les obtient facilement en multipliant ou en divisant par φ les termes de l'équation fondamentale :

Série supérieure : Base

$$\varphi^2 = \varphi + 1 = \frac{\sqrt{5}+3}{2} \ldots\ldots\ldots \varphi^n = \varphi^{n-1} + \varphi^{n-2}$$

Exemple : $\varphi^3 = \varphi^2 + \varphi = 2\varphi + 1 = 3 + \dfrac{2}{\varphi} = \sqrt{5} + 2$.

Il est aisé de traduire géométriquement ce résultat ; le rectangle φ^3 se composera de deux rectangles φ et d'un carré accolé ou de deux carrés et d'un rectangle $\sqrt{5}$ accolé par leur grand côté.

Série inférieure : Base φ

$$\frac{1}{\varphi} = \varphi - 1 = \frac{\sqrt{5}-1}{2} \ldots\ldots\ldots \frac{1}{\varphi^n} = \frac{1}{\varphi^{n+1}} + \frac{1}{\varphi^{n+2}}$$

Nous avons déjà examiné (annexe III, p. 282) les relations liant les termes de la série φ avec leurs moyennes arithmétiques, géométriques et harmoniques.

*
* *

D. *Rectangle* $\dfrac{\varphi}{2} = \dfrac{\sqrt{5}+1}{4} = 0{,}8090169$

Construction :

On peut le considérer comme composé de deux rectangles

φ accolés par le grand côté. Les propriétés résultent de celles du rectangle φ (fig. 79).

$\dfrac{\varphi}{2}$ peut s'écrire :

$$\dfrac{\sqrt{5}+1}{4} = \dfrac{(\sqrt{5}+1)(\sqrt{5}-1)}{4(\sqrt{5}-1)} = \dfrac{1}{\sqrt{5}-1}$$

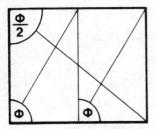 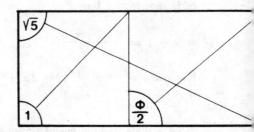

Fig. 79

Construction du rectangle $\dfrac{\varphi}{2}$ et décomposition harmonique simple

On pourra considérer ce rectangle comme la différence entre un rectangle $\sqrt{}$ et un carré.

E. Le rectangle $\varphi + 1 = \varphi^2$

Construction (fig. 80)

Ce rectangle est composé d'un rectangle φ et d'un carré construit sur son petit côté.

Décomposition harmonique du carré en φ et φ^2

Un carré de côté a se décompose en un rectangle φ (côtés a et $\dfrac{a}{\varphi}$) et un rectangle φ^2 (côtés a et $\dfrac{a}{\varphi^2}$).

ANNEXE IV

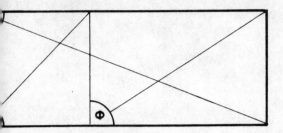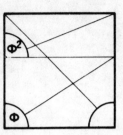

Fig. 80

Construction du rectangle $\varphi^2 = \varphi + 1$, et décomposition simple

ANNEXE V

ÉTUDE MATHÉMATIQUE THÉORIQUE DES THÈMES

Nous faisons suivre le développement concernant les thèmes de deux études mathématiques, l'une due à M. Boris Maldant, ancien élève de l'École Polytechnique et l'autre à M. Jean-Pierre Perez, professeur honoraire à la Faculté de Lille. Toutes deux montrent que le choix restreint des thèmes dans l'utilisation du principe de la récurrence des formes est impérativement commandé par des raisons mathématiques et que les initiés, sans disposer de notre arsenal mathématique, avaient parfaitement résolu le problème de s'inclure au monde du Dieu géométricien de Platon. Pour ne pas alourdir le texte, nous ne donnons que les conclusions des études de M. Boris Maldant et Jean-Pierre Perez, qui ont été reproduites intégralement dans notre premier ouvrage.

*
* *

I. *Étude et justification analytique du principe de la récurrence des formes*

Le problème se pose de la façon suivante : soit un rectangle R ; quelle forme doit-on lui donner pour qu'il puisse être décomposé en rectangles semblables à R, en rectangles de thème R, et en carrés, par des droites parallèles à ses côtés ; c'est-à-dire quelle doit être la forme R du rectangle pour qu'elle puisse donner lieu à une décomposition harmonique de thème R ?

Après examen de tous les systèmes possibles de décomposition par la méthode indiquée ci-dessus, on trouve que la généralité des rectangles dynamiques exprimant les racines des entiers rationnels répond au problème, mais que c'est seulement dans les trois thèmes choisis par les Anciens ($\sqrt{2}$, $\sqrt{3}$, $\sqrt{5}$) que l'on rencontre plusieurs autres rectangles du thème possédant les mêmes caractéristiques. Nous présentons les résultats obtenus sous forme de tableau.

On voit qu'il y a identité presque parfaite entre la solution qu'avaient donnée au problème les Anciens et celle que l'analyse nous permet de calculer avec certitude.

Si nous trouvons, en effet, une forme nouvelle dans chacun des thèmes $\sqrt{2}$ et $\sqrt{3}$, et si cette forme n'est pas utilisée par les Anciens comme forme primaire, nous la rencontrons cependant, souvent comme résultant des combinaisons des rapports fondamentaux. Par contre, l'emploi de la forme primaire $\varphi 2$, souvent utilisée par les Anciens, ne se trouve pas justifié par l'étude analytique du principe de la récurrence des formes ; elle doit alors être considérée comme la forme $\varphi + 1 = \varphi 2$.

	Formes utilisées par les architectes	Formes résultant de l'étude analytique du principe de la récurrence des formes
Thème $\sqrt{2}$	1, 2, $\sqrt{2}$	1, 2, $\sqrt{2}$, $\dfrac{1+\sqrt{2}}{2}$
Thème $\sqrt{3}$	1, 2, $\sqrt{3}$, $\dfrac{\sqrt{3}}{2}$	1, 2, $\sqrt{3}$, $\dfrac{\sqrt{3}}{2}$, $\dfrac{3+\sqrt{3}}{2}$
Thème $\sqrt{5}$	1, 2, $\sqrt{5}$, $\dfrac{\sqrt{5}}{2}$, φ, $\dfrac{\varphi}{2}$, φ^2	1, 2, $\sqrt{5}$, $\dfrac{\sqrt{3}}{2}$, $\varphi = \dfrac{1+\sqrt{5}}{2}$, $\dfrac{\varphi}{2} = \dfrac{1+\sqrt{5}}{4}$

Cette démonstration prouve simplement que du jour où les Initiés voulurent appliquer le principe de la récurrence des formes, il ne leur fut pas possible d'employer d'autres rectangles que ceux qu'ils utilisèrent et que nous avons signalés.

Boris Maldant, Edelbach, 1943.

*
* *

II. *Représentation algébrique des thèmes*

Comme B. Maldant en a montré la voie, il convient de définir la démarche d'esprit qui consiste à poursuivre un thème. Nous débarrassant de tout ce qui n'est pas essentiel et nous maintenant toujours au maximum de généralité, nous sommes conduit au langage de l'algèbre.
Que nous apprend ce langage ?

= Respecter un thème, c'est rester à l'intérieur d'un même *corps algébrique* (système clos par rapport aux quatre opérations de l'arithmétique).

2) Parmi les corps algébriques ne sont à retenir que ceux qui sont finis et de plus constructibles au moyen de la règle et du compas. On démontre que, de ce fait, ils appartiennent au corps rationnel, ou, s'ils sont irrationnels, ils sont *quadratiques*, c'est-à-dire en $\sqrt{D}$, D entier rationnel quelconque.

3) Vient ensuite la restriction qui, dans la suite infinie des corps quadratiques, limite le choix aux trois premiers dans l'ordre croissant de D, soit $\sqrt{2}$, $\sqrt{3}$, $\sqrt{5}$. Cette fois, ce n'est plus la logique qui le demande. C'est une affaire de goût, le goût de la simplicité, la simplicité la plus riche comme l'a ci-dessus montré B. Maldant.

D'autre part, une opération naturelle dans un corps quadratique est la recherche de la *base minimale*. Elle tient en deux éléments : l'un est l'unité rationnelle 1, commune à tous ; l'autre, caractéristique de chaque corps, est le plus petit entier de ce corps autre que 1. On le calcule :

pour le corps en $\sqrt{2}$, c'est $\sqrt{2}$
pour le corps en $\sqrt{3}$, c'est $\sqrt{3}$
pour le corps en $\sqrt{5}$, c'est = $\dfrac{1+\sqrt{5}}{2}$ entier du corps plus petit que $\sqrt{5}$ soit φ.

Analyser le thème n'est pas autre chose que chercher sa base minimale.
C'est ainsi que l'algèbre est capable de réunir inexorablement en quelques lignes tracées pas à pas tout ce qui commande la réalité des thèmes et le comportement à leur égard.

J.-P. Pérez, Edelbach, 1943, Paris, 1977.

*
* *

En conclusion, nos anciens confrères initiés utilisant les plus simples des thèmes pouvant géométriquement donner lieu à décompositions harmoniques se livraient sans le savoir à des opérations ressortissant de la théorie des corps algébriques. Mânes de Pythagore, Socrate, Platon et Aristote, votre infaillible intuition nous pose bien des problèmes.

LISTE DES PRINCIPAUX OUVRAGES
CITÉS DANS LE TEXTE OU A CONSULTER

Se référer également à la bibliographie des Nombres cachés, Paris, 1978.

ALBERTI (Leone-Batista), *De Re Aedificatoria*, Milan, 1512.
ALBERTI (L.-B.), *L'Architecture et l'Art de bien bastir du Seigneur Léon-Baptiste Albert, Gentilhomme Florentin*, divisé en livres, Paris, 1553, traduit de latin en français par deffunct Jan Martin.
ANTONIADES (Eugène-M.), *Sainte-Sophie considérée au point de vue architectural et archéologique*, Paris, 1906, en grec.

BALANOS (Nicolas), *Les Monuments de l'Acropole, relèvement et conservation*, Massin, Paris, 1938.
BELL (E.T.), *La Magie des Nombres*, trad. Paris, 1952.
BERVE (H.) et GRUBEN (G.), *Temples et sanctuaires grecs*, Hirmer, München, 1961, Flammarion, Paris, 1965.
LA BIBLE, *La Bible Osty*, édition commentée, Paris, 1973.
BLONDEL (François), *Cours d'Architecture*, Paris, 1675, 1688.
BORCHARDT (L.), *Langen und Richtungen der Viergrundkanten der grossen Pyramide*, Berlin, 1926.
BORISSAVLIEVITCH (M.), *Les Théories de l'Architecture*, Paris, 1951.
BORISSAVLIEVITCH (M.), *Traité d'esthétique scientifique de l'Architecture*, Paris, 1954.
BOURBAKI (N.), *Éléments d'histoire des Mathématiques*, Paris, réed. 1974.
BRUNSCHVICQ (L.), *Les étapes de la philosophie mathématique*, Paris, 1912, réed. 1972.
BURGUBURU (P.), *Essai de bibliographie métrologique universelle*, Paris, 1932.

CAESARIANO (Caesar), *Commentaires de Vitruve*, Côme, 1521.

CONARD (S.), *De l'architecture de Claude Nicolas Ledoux considérée dans ses rapports avec Piranèse. Actes du colloque Piranèse et les Français*, Rome, 1978.

DELORME (Philibert), *L'Architecture*, Paris, 1567.
DIDEROT et D'ALEMBERT, *L'Encyclopédie*, Paris, 1765.
DU COLOMBIER (P.), *Les chantiers des cathédrales*, Paris, 1953.

GHYCA (M.-C.), *Esthétique des proportions dans la Nature et dans les Arts*, Paris, 1927.
GHYCA (M.-C.), *Le Nombre d'Or*, tome I *Les Rythmes*, tome II *Les Rites*, Paris, 1931.
GIMPEL (J.), *Les Bâtisseurs de cathédrales*, Paris, 1958.
GROS (P.), *Nombres irrationnels et nombres parfaits chez Vitruve*. Mélanges de l'École française de Rome, 1976, 2 tomes.
GUTTON (A.), *Conversations sur l'Architecture*, 4 tomes, Paris, 1952, 1959.

HAMBIDGE (J.), *Dynamic Symetry*, Yale University Press, 1924.
HAUTECOEUR (L.), *Mystique et Architecture, symbolisme du cercle et de la coupole*, Paris, 1954.
HAUTECOEUR (L.), *Histoire de l'architecture classique en France*, 9 tomes, Paris, 1943, 1957.
HÉBERT-STEVENS (F.), *L'Art ancien de l'Amérique du Sud*, Paris, 1972.
HENSZLMANN (E.), *Théorie des proportions appliquées dans l'Architecture depuis la XIIe dynastie des rois Égyptiens jusqu'au XVIe siècle*, Paris, 1860.
HILL (B.-H.), *Le Préparthénon*, American Journal of Archeology, 16, 1912.
HULTZSCH (E.), *Griechische und Romische Metrologie*, Berlin, 1882.

JOUVEN (G.), *Rythme et architecture*, Paris, 1951.
JOUVEN (G.), *Les Nombres Cachés*, Paris, 1978.

KOLDEWEY (R.), et O. PUCHSTEIN, *Die Griechischen Tempel in Unter italien und sicilien*, Berlin, 1899.

LASSUS (J.-B.), *Album de Villard de Honnecourt*, manuscrit à la Bibliothèque Nationale, publié en fac-similé, Paris, 1858.
LAUER (J.-P.), *Fouilles à Saqquarah, la pyramide à degrés*, 3 tomes, Le Caire, 1936, 1939.
LAUER (J.-P.), *Le Mystère des pyramides*, Paris, 1974.

LECLANT (J.), *Le Temps des Pyramides*, Paris, 1978.
LE CORBUSIER, *Vers une architecture*, Paris s.d.
LE CORBUSIER, *Le Modulor*, Paris, tome I 1948, tome II 1955.
LEDIT (Ch.), *Revue Tetraktys*, nos 4 et 8, Troyes, 1976.
LEDIT (Ch.), *Jérusalem, capitale messianique*, Troyes, 1977.
LEDOUX (C.-N.), *L'Architecture considérée sous le rapport de l'Art, des Mœurs et de la Législation*, Paris, 1804. Réédition de Nobèle, 1961.

MALE (E.), *L'Art religieux du XIIIe en France*, Paris, 1923.
MANASARA *(Architecture of.)*, traduction Archaya (P.R.), Londres, 1927.
MARAGIOGLIO (V.) et RENALDI (C.), *L'Architecture della Pyramidi Menfite, parte IV. La Grande Pyramide de Chéops*, Rapallo, 1961.
MARTIN (R.), *Manuel d'architecture grecque*, Paris, 1965.
MARTIN (R.), *L'Architecture universelle. Monde grec*. Fribourg, 1966.
MAYAMATA, *Traité sanscrit d'architecture*, traduction Dagens (B.), 2 tomes, Pondichéry, 1970-1976.

ORLANDOS (A.), *L'Architecture du Parthénon, I. Planches*, Athènes, 1976, grec.

PAQUET (J.-P.), « *Les tracés directeurs des plans de quelques édifices du domaine royal au Moyen Age* », dans les *Monuments Historiques de la France*, 1963-2, p. 59, Paris.
PETRIE (F.), *The Pyramids and Temples of Guizeh*, Londres, 1883.
PLATON, *OEuvres complètes*, collection Guillaume Budé, Paris.
POCHAN (A.), *Contribution à l'étude de la Métrologie des Anciens Égyptiens* (avec tableau en couleur). Extrait du Bulletin de l'Institut d'Égypte, tome XV, session 1932-1933, Le Caire, 1933.

SCHWALLER DE LUBICZ (R.A.), *Le Temple de l'Homme*, 3 tomes, Paris, 1977.
SEYRIG (H.), AMY (R.), WILL (E.), *Le Temple de Bel à Palmyre*, Paris, 1968.

THUREAU-DANGIN (F.), *Esquisse d'une histoire du système sexagésimal*, Paris, 1932.

VERCOUTTER (J.), *Les Architectes célèbres*, sous la direction de Francastel (P.), *Les Égyptiens : Imhotep, Senenmout*, Paris, 1958.

VITRUVE, *Les dix livres d'Architecture de Vitruve*, traduits par Claude Perrault, Paris, 1684.

WITTKOVER (R.), *Architectural principles in the age of humanism*, Londres, 1952.

TABLE DES ILLUSTRATIONS

Pages

Couv.	Sigle de l'union du Ciel et de la Terre par la divine proportion	18
Fig. 1 :	Dessin et tracé de la Colonnade du Louvre	
Fig. 2 :	Villard de Honnecourt - Le mouvement perpétuel	24
Fig. 3 :	L'admirable architecte. Dieu 1 personnifié par un point dans un cercle	35
Fig. 4 :	Le Panthéon de Rome (église Sainte-Marie-des-Martyrs)	41
Fig. 5 :	Le Panthéon de Rome - Tracé de Blondel	43
Fig. 6 :	Lecture du tracé de Blondel	43
Fig. 7 :	Légende de l'implantation de la basilique de Cluny	56
Fig. 8 :	Le chapiteau ionique de Caesar Caesariano	58
Fig. 9 :	Dessin de la Porte dorique de Philibert Delorme	59
Fig. 10 :	Tracé du Portique d'une façade	60
Fig. 11 :	Tracé d'une petite chapelle par Philibert Delorme	61
Fig. 12 :	Preuve par l'expérience de Briseux - Tracé de la Villa Capra	64
Fig. 13 :	Le rectangle $\sqrt{2}$ et sa décomposition harmonique	69
Fig. 14 :	Rectangles de base des thèmes dynamiques et leurs décompositions harmoniques les plus simples	72
Fig. 15 :	Construction des rectangles dynamiques à partir du carré	73
Fig. 16 :	Les rectangles apparentés des thèmes $\frac{\sqrt{3}}{2}$, $\frac{\sqrt{5}}{2}$, φ^2, $\frac{\varphi^2}{2}$, ...	74
Fig. 17 :	Tracés d'églises en doubles carrés	94

Pages

Fig. 18 :	Les Pyramides de Guizeh	99
Fig. 19 :	Le complexe funéraire de l'Horus Sekhem Khet d'après Lauer	101
Fig. 20 :	Tracé du complexe de l'Horus Sekhem Khet	102
Fig. 21 :	Coupe de la Grande Pyramide	106
Fig. 22 :	Tracé de la Grande Pyramide	107
Fig. 23 :	Plan du Préparthénon, d'après Orlandos	130
Fig. 24 :	L'Acropole d'Athènes	133
Fig. 25 :	Plan de l'Acropole	133
Fig. 26 :	Relevé du Parthénon par Balanos	137
Fig. 27 :	Relevé du Parthénon par Orlandos	139
Fig. 28 :	Tracé modulaire du plan du Parthénon	147
Fig. 29 :	Relevé de la façade Est du Parthénon par Balanos	152
Fig. 30 :	Tracé modulaire de la façade Est du Parthénon	153
Fig. 31 :	L'ordre dorique du Parthénon	154
Fig. 32 :	Ligne principale sous les chapiteaux en miche de Paestum	155
Fig. 33 :	Triglyphes et métopes du Parthénon	160
Fig. 34 :	Tracé géométrique du plan du Parthénon	167
Fig. 35 :	Tracé géométrique de la façade du Parthénon	169
Fig. 36 :	Entasis du Stylobate Est et du Stylobate Ouest du Parthénon	178
Fig. 37 :	Tracé des Propylées	186
Fig. 38 :	Tracé de l'Erecthéion	187
Fig. 39 :	Plan du temple de Poséïdon à Paestum	191
Fig. 40 :	Tracé du temple de Paestum	192
Fig. 41 :	Grand autel d'Hieron II à Syracuse	194
Fig. 42 :	Sainte-Sophie de Constantinople	202
Fig. 43 :	Plan de Sainte-Sophie de Constantinople	203
Fig. 44 :	Tracé du plan de Sainte-Sophie de Constantinople	203
Fig. 45 :	Tracé de la coupe de Sainte-Sophie de Constantinople	206
Fig. 46 :	Ermitage de Madame de Pompadour à Fontainebleau	210
Fig. 47 :	Tracé de l'Ermitage de Madame de Pompadour à Fontainebleau	211
Fig. 48 :	Le pavillon du Butard à Marly	212
Fig. 49 :	Tracé du pavillon du Butard	213
Fig. 50 :	Salines de Chaux - Tracé du plan du pavillon du Directeur - Projet	215
Fig. 51 :	Salines de Chaux - Tracé du plan du Pavillon du Directeur - Exécution	216
Fig. 52 :	Façade du pavillon du Directeur aux	

		Pages
	Anciennes Salines Royales de Chaux à Arc-et-Senans	217
Fig. 53 :	Tracé de la façade du pavillon du Directeur aux Anciennes Salines Royales de Chaux à Arc-et-Senans, par C.N. Ledoux .	218
Fig. 54 :	Hôtel de la Guimard à Paris, par C.N. Ledoux	219
Fig. 55 :	Tracé de l'Hôtel de la Guimard	219
Fig. 56 :	Tracé des plans de Saint-Pierre de Rome et de Sainte-Praxède	231
Fig. 57 :	Les mains de Verneuil-sur-Avre	233
Fig. 58 :	Tracé du plan du château d'Ancy-le-Franc	236
Fig. 59 :	Tracé du plan des Tuileries	237
Fig. 60 :	Tracé du château de Versailles	238
Fig. 61 :	Tracé de Stornaloco pour la cathédrale de Milan, 1391.	242
Fig. 62 :	Plan de la cathédrale de Milan de Caesariano	243
Fig. 63 :	Tracé du plan de la cathédrale de Milan ..	244
Fig. 64 :	Tracé de Caesariano pour la cathédrale de Milan	245
Fig. 65 :	Tracé harmonique en φ de Le Corbusier ..	248
Fig. 66 :	La maison de l'éclusier (1770) et la maison du garde-barrière (1880) (Velars, Côte-d'Or)	251
Fig. 67 :	Transparent de recherche du thème $\sqrt{5}$ ...	269
Fig. 68 :	Tracé du Temple de Bel à Palmyre (Ier siècle après J.-C.) par Robert Amy	277
Fig. 69 :	Construction du fronton classique et du fronton du Parthénon	293
Fig. 70 :	Le thème $\sqrt{2}$, décomposition harmonique simple	295
Fig. 71 :	Le thème $\sqrt{3}$, décomposition harmonique simple	296
Fig. 72 :	Le thème $\frac{\sqrt{3}}{2}$, décomposition harmonique simple	297
Fig. 73 :	Analogie arithmologique du rectangle $\sqrt{3}$ et du double carré	298
Fig. 74 :	Le rectangle $\sqrt{5}$ et décomposition harmonique	300
Fig. 75 :	Le rectangle $\frac{\sqrt{5}}{2}$ et décomposition harmonique	301
Fig. 76 :	Division d'une droite suivant le rapport de moyenne et extrême raison, parenté de φ avec le pentagone et le pentagramme	302 303
Fig. 77 :	Construction du rectangle φ.	

Fig. 78 : Construction du rectangle des carrés tournants - Le Ciel et la Terre 304
Fig. 79 : Construction du rectangle $\dfrac{\varphi^2}{2}$ et décomposition harmonique simple 306
Fig. 80 : Construction du rectangle $\varphi^2 = \varphi + 1$, et décomposition simple 307

Illustrations Pierre Jouven, architecte.

ORIGINE DES ILLUSTRATIONS

Originaux de l'auteur, dessins P. Jouven : 6, 13, 14, 15, 16, 17, 20, 22, 28, 30, 34, 35, 36, 37, 38, 40, 43, 44, 45, 47, 49, 50, 51, 53, 56, 58, 59, 60, 63, 67, 68, 69, 70, 71, 73, 74, 75, 76, 77, 78, 79.
Originaux anciens : 5, 46, 48, 61, 62.
Reproduction d'originaux anciens dans des ouvrages modernes : 1, Hautecœur, *op. cit.* ; 2, Lassus, *op. cit.* ; 3, 7, 57, J. Gimpel, *op. cit.* ; 8, Caesariano, *op. cit.* ; 9, 10, 11, Ph. Delorme, *op. cit.* ; 5, 2, 54, C.N. Ledoux, *op. cit.* ; 46, 48, Gromort, J.A. Gabriel ; 61, 62, 64, Ghyca, *op. cit.*
Photographies tirées de divers ouvrages : 4, 18, 61, Francastel, *op. cit.* ; 19, Lauer, *op. cit.* ; 21, Maragioglio et Renaldi, *op. cit.* ; 23, 27, Orlandos, *op. cit.* ; 24, 25, Gutton, *op. cit.* ; 26, 29, Balanos, *op. cit.* ; 32, R. Martin, *op. cit.* ; 31, 33, 40, W. Hege, l'Acropole, Paris, 1950 ; 39, 41, Koldewey et Püchstein, *op. cit.* ; 65, Le Corbusier, *op. cit.*
Photographies : 7, photo Grivot ; 42, photo X ; 66, photo G. Jouven.

TABLE DES MATIÈRES

		Pages
	Introduction	7
Chapitre I	: *La Querelle des Anciens et des Modernes. La nature du Beau. La Colonnade du Louvre*	11
Chapitre II	: *La notion de tracé et les théories de l'architecture*	23
Chapitre III	: *Le tracé modulaire arithmétique — Le report à l'unité*	47
Chapitre IV	: *Le tracé géométrique ou dynamique — La récurrence des formes*	65
Chapitre V	: *Le carré et le double carré — Dieu et son Temple*	83
Chapitre VI	: *Le tracé arithmétique égyptien — La pyramide de Chéops à Guizeh*	97
Ann. chap. VI	: *Examen et rejet de diverses hypothèses concernant le tracé de la grande pyramide*	117
Chapitre VII	: *Le Parthénon — Le tracé arithmétique modulaire du Parthénon*	129
Chapitre VIII	: *Le tracé géométrique du Parthénon*	165
Chapitre IX	: *Les entasis du Parthénon*	177
Chapitre X	: *Métrologie des Monuments de l'Acropole*	185

		Pages
Chapitre XI	: *Temples de Grèce et de la Grande-Grèce*	189
Chapitre XII	: *Carrés et doubles carrés de Sainte-Sophie de Constantinople* .	201
Chapitre XIII	: *Tracés géométriques de la période Classique française*	209
Chapitre XIV	: *Esquisse de l'histoire des tracés* .	221
Chapitre XV	: *Les Tracés harmoniques face à l'esprit contemporain — Conclusion*	249
Annexe I	: *Recherche des tracés — Pratique de l'analyse graphique*	261
Annexe II	: *Historique de la recherche des tracés*	273
Annexe III	: *Rapports, proportions et médiétés — La musique, l'âme du Monde, les ordres*	281
Annexe IV	: *Géométrie des tracés harmoniques dynamiques*	291
Annexe V	: *Etude mathématique théorique des thèmes*	309

Liste des principaux ouvrages cités dans le texte .. 313

Table des illustrations 317

Table des matières 323